윤리학 강의

윤리학 강의

김양현 · 장복동 지음

철학과현실사

차 례

머리말

도덕을 설교하는 것은 누구나 할 수 있는 쉬운 일이다. 그러나 도덕의 근거를 묻고 그 정당성을 정립하는 것은 어려운 과제다. 이 책은 도덕적 사고훈련을 위해서 질문의 방식으로 윤리학의 고전과 현대의 문제들을 다루는 데 그 목적을 두고 있다. 한편으로는 서양의 고전 철학사상가들, 아리스토텔레스, 칸트, 벤담과 밀, 롤스와 샌델, 다른 한편으로는 동양의 고전 사상가들, 공자와 맹자, 노자와 장자, 한비자 등에 대한 논의가 이 책의 주요 대상이다.

큰 틀에서 보면 이 책은 윤리학의 고전과 현대 두 부분으로 구성되어 있다. 구성 내용을 간략하게 소개하면 다음과 같다. 먼저 도덕적 물음의 성격, 윤리학의 주요 개념들, 실천윤리학의 문제 영역 등이 무엇인지 살펴본다. 다음으로 아리스토텔레스의 행복론, 칸트의 의무론, 벤담과 밀의 공리주의, 롤스와 샌델의 정의론을 문제의식과 질문 방식으로 접근, 서술한다. 서양의 고전 사상을 다룬 후에 공자와 맹자의 유가 윤리, 노자와 장자의 윤리사상, 한비자의 법치사상을 오늘의 문맥에서 살펴본다. 마지막으로 현대사회의 구체적인 삶의 문제들 중에서 동물의 도덕적 지위, 안락사, 차이와 차별, 인공지능의 문제 등을 토론의 주제로 제시한다.

우리는 이 책이 도덕적 사고훈련과 토론을 위한 중요한 자료로 활용되기를 기대한다. 또한 대학에서 교양이나 전공 윤리학 교재로서도 일정한 역할을 할 수 있기를 희망한다. 완성도가 높은 책을 만들기 위해서 이러저런 노력을 했지만, 여러모로 부족한 점이 많아 보인다. 초고를 읽고서 수정, 보완 사항을 제시해 준 전남대학교 철학과 박사과정 박의연, 안현석, 김태준 선생에게, 그리고 여러모로 도움을 아끼지 않은 인문대학 학장실 김혜미 선생에게 이 자리를 빌려 심심한 감사를 드린다. 마지막으로 출판 시장의 어려운 여건에도 불구하고 이 책의 출판을 기꺼이 맡아주신 철학과현실사에 특별한 감사를 드린다.

2018년 1월
김양현·장복동

1부

고전적 물음들

1장 도대체 왜 도덕적이어야 하는가?

1. 문제 제기

우리는 항상 도덕적 요구에 직면한다. 착하게 살아라! 약속을 지켜라! 어려운 사람을 도와라! 다른 사람을 괴롭히지 마라! 다른 사람에게 손해를 입히지 마라! 악플 말고 선플을 달아라! 타인의 이익을 고려해라! 타인의 권리를 침해하지 마라! 최근에는 자연을 보호해라, 환경을 파괴하지 마라, 동물에게 고통을 주지 마라 등 도덕의 요구 목록은 끝이 없으며, 갈수록 늘어나고 있는 추세다. 도덕의 요구는 우리에게 어떤 행위를 하거나 어떤 행위를 하지 말 것을 추천하거나 권고하거나 지시하거나 명령한다. 그것은 어떤 행위를 하는 것이 좋으며 어떤 행위를 하는 것이 나쁘다고 말한다.

그런데 여기서 우리는 근본적인 물음을 던져볼 수 있다. 그럼 왜 도덕적으로 행해야 하는가? 도덕적으로 행해야 할 이유는 무엇인가? 대부분 사람들은 별다른 생각 없이, 특별한 문제의식 없이 도덕

쉽고 간단한 살인!!

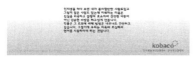

kobaco

공익광고협의회의 악플 관련 광고
(출처: 구글 이미지)

적 요구를 따른다. 도덕의 요구를 마땅하고 자명한 것으로 생각하기 때문이다. 그렇지만 도덕의 근거가 무엇이며, 그 정당성이 무엇인가라는 근본적인 물음을 던진다면, 그에 대한 설득력 있는 답을 제시하기란 결코 쉬운 일이 아니다. 설령 어떤 답을 찾아 제시한다고 하더라도 모두가 동의할 수 있는 것은 없다. 수많은 도덕이론만큼이나 도덕의 근거와 정당성에 대한 이론도 다양하다.

사실 도덕을 요구하거나 설교하는 것은 쉬운 일이지만, 도덕의 근거와 정당성을 정립하는 것은 정말 어려운 일에 속한다. 그리고 일정한 방식으로 도덕의 근거와 정당성을 제시한다고 하더라도 사람들의 동의를 얻는 데 적지 않은 어려움이 있다. 왜냐하면 우리는 서로 달리 생각하고 서로 다른 것을 추구하기 때문이다. 현대사회는 민주주의, 다원주의, 다문화주의가 지배적이다. 말하자면 사람들의 생각과 가치관의 차이, 그리고 삶의 방식의 차이를 인정한다. 서양의 중세 기독교주의, 동양의 전통 유교주의 사회에서는 어떤 통일적인 가치와 근거, 그리고 문화가 정당한 것으로 인정되었다. 오늘날 자명한 사실은, 어떤 특정 이념이나 종교, 그리고 문화와 세계관이 우리를 통일적으로 지배할 수 없다는 점이다. 이 점을 분명하게 이해하고 인식해야 한다. 따라서 윤리학의 이론과 역사가 보여주는 것처럼, 사람들의 세계관, 종교관, 가치관만큼이나 도덕이론과 정당성의 근거 제시도 다양할 수밖에 없다.

물론 도덕의 문제가 우리의 항상적인 고민거리는 아니다. 왜냐하면 우리의 일상이 온통 도덕의 영역에 속한다고 볼 수 없으며, 삶의 많은 부분은 도덕으로부터 자유로운 영역에 속하기 때문이다. 또한 세상은 항상 도덕적으로 작동하지도 않으며, 사람들도 항상 도덕적인 행위를 하지 않기 때문이다. 역설적인 이야기이지만, 우리는 어쩌면 도덕적으로 행하지 않을 자유를 가지고 있다고 하겠다. 왜냐하면 도덕의 끝없는 요구에도 불구하고 보통 인간은 항상 도덕적으로 행하는 '도덕 자동기계'는 아니기 때문이다.

우리가 도덕의 문제를 심각하게 고민하거나 생각할 때는 크게 두 가지 경우다. 첫째, 나 자신과 관련된 문제로서 나에게 부과된 도덕적인 요구가 크게 부담되거나 아니면 가치 갈등을 일으키는 둘 이상의 행위 선택의 갈림길에 서 있을 때다. 둘째, 타인 혹은 사회와 관련된 문제로서 다른 사람들의 부도덕한 행위를 마주치는 경우다.[1] 언론 보도의 사건이나 사고를 접할 때마다, 다수의 사회 구성원들은 도덕의 문제를 심각한 사회문제로 인식한다. 그러나 우리는 사람들이 대체로 성실하게 노력하며 도덕적으로 행하려고 한다는 점을 믿어야 한다. 우리의 현실이 사람에 대한 긍정보다는 부정적 의식을, 희망보다는 패배 의식을 조장한다고 하더라도, 공동체의 구성원으로서 이러한 생각과 믿음을 갖는 것은 무엇보다도 중요한 일이다. 항상 더 좋은 삶, 더 나은 사회를 위한 희망은 있다!

사이코패스와 같은 도덕 감정이 결여된 사람이 아니라면, 사람들

---

1) 쿠어트 바이어츠, 박창용·심지원 옮김, 『도대체 왜 도덕적이어야 하는가?』, 솔과학, 2009, 23쪽 참조.

은 보통 도덕적으로 행하려고 노력한다고 믿을 수 있다. 그래서 어쩌면 도덕을 위해서 철학의 전문적인 논의와 통찰력이 반드시 필요하지는 않을 수도 있다. 오히려 도덕의 실천을 돕는 적절한 프로그램의 시행이 중요하다고 지적할 수도 있다. 그러나 최소한 대학의 교육과정에서는 도덕의 설교나 실천의 차원을 넘어서는 도덕적 사고훈련이 중요하다고 하겠다. 도대체 왜 도덕적으로 행해야 하는가 하는 '왜 물음'에 대한 생각의 훈련이 필요한 것이다. 물론 윤리학 혹은 도덕철학의 반성 작업은 어떤 새로운 것을 발견하거나 발명하는 일은 아니다. 오히려 그것은 이미 알려져 있지만 불분명한 사실들을 명확하게 분석, 정리하고 재구성하며 그 정당성을 정립하는 것을 중요한 과제로 삼을 수밖에 없다.[2] 이러한 문제의식을 기초로 아래에서 우리는 먼저 윤리학의 기본 개념들을 간략하게 정리, 정돈한 다음에 구체적인 도덕의 물음들을 다루어나갈 것이다.

2. 윤리학의 탐구 대상

윤리학은 존재론 혹은 형이상학, 인식론 등과 나란히 철학의 중요한 학문 분과로 간주되어 왔다. 윤리학의 탐구 대상은 인간 삶의 실천과 행위 문제다. 그러나 윤리학은 단순한 행위이론은 아니다. 심리학이 인간의 정신과 심리 활동의 일반법칙을 발견하고 심리적 문제를 해결하기 위하여 인간의 행위를 다룬다면, 인류학은 다양한 인종의 행태 및 관습을 파악하고 인간의 행위를 연구한다. 또한 역사학은 역사적 인물이나 사건을 통해 인간의 행위를 고찰한다. 윤

---

2) 같은 책, 19쪽 참조

리학이 다루는 대상은 인간의 도덕적 행위 문제다.3) 따라서 윤리학은 도덕적 행위에 관한 학문 혹은 도덕의 본질과 근거에 관한 철학적 탐구라고 정의될 수 있을 것이다. 여기서 도덕이란 말은 행위에 대한 도덕적 판단, 규범, 기준, 그리고 규칙을 가리키는 일반적인 명칭이다.4) 물론 윤리학은 개인 차원의 올바른 행위 문제뿐만 아니라, 정의 문제와 같은 사회정치적 차원의 문제를 다룬다.

그런데 오늘날 윤리 혹은 도덕, 윤리적 혹은 도덕적, 윤리학 혹은 도덕철학 등의 용어는 별 구분 없이 같은 의미로 사용된다. 그러나 그것을 애써 구별한다면 도덕이라는 용어는 주로 인간의 도덕적 행위와 판단 일반을 통칭하는 용어로, 윤리학은 이러한 도덕에 관한 학문적 탐구나 이론적인 체계를 나타내는 말로 이해되고 있다. 참고로 말하자면 서양 최초로 학문을 분류한 아리스토텔레스는 학문 혹은 철학을 이론철학(논리학, 자연학, 수학, 형이상학)과 실천철학(윤리학, 정치학, 경제학)으로 나누었다. 이론철학이 변화하는 존재자와 불변적 존재자를 다루는 데 반해, 실천철학은 인간의 행위와 행위의 산물을 문제 삼는다.5) 실천철학의 한 분과로서 윤리학은 인간의 올바른 행위나 그 방식을 연구하는 규범적인 학문이다. 어떤 사실을 있는 그대로 기술하고 설명하는 사실적인 학문이 아니라, 마땅히 있어야 할 것과 행해야 할 것, 그리고 바람직한 것을 제시하고 근거 짓는 규범적인 학문이라고 하겠다.

---

3) 존 호스퍼스, 최용철 옮김, 『인간 행위의 탐구』, 지성의 샘, 1996, 11쪽 참조.
4) 폴 테일러, 김영진 옮김, 『윤리학의 기본원리』, 서광사, 2008, 11쪽 참조.
5) 안네마리 피퍼, 진교훈·유지한 옮김, 『현대윤리학의 입문』, 철학과현실사, 1999, 29쪽 이하 참조.

3. 윤리학 용어 설명

1) 윤리학과 도덕

윤리학이란 명칭은 그리스어 에토스(ethos)에서 유래한다. 그리스어 에티코스(ethikos)는 라틴어 모랄리스(moralis)로 번역되었다. 모랄리스의 어원인 단수 모스(mos, 복수는 mores)는 관습, 관례, 풍습, 습관을 뜻한다. 간단히 말해서 모스(mos)라는 말에서 모랄(moral)이 유래하였다. 그런데 아리스토텔레스는 『니코마코스 윤리학』에서 성격 혹은 성품을 뜻하는 에토스(ēthos, 장음 e)라는 말뿐만 아니라, 관습 혹은 습관을 뜻하는 에토스(ethos, 단음 e)라는 말을 동시에 사용한다.

그러나 라틴어로 쓴 철학에서 모랄리스는 곧 철학의 전문용어가 되었는데, 그것은 더 이상 관습 혹은 습관이란 의미로 생각되지 않았고, 오늘날의 의미인 도덕으로 줄곧 사용되었다. 따라서 우리는 윤리(ethics)나 도덕(moral)의 의미를 그 본래의 어원에서 곧이곧대로 취할 수는 없고, 그것을 철학의 전문용어로 받아들일 수밖에 없다.6)

---

6) E. Tugendhat, *Vorlesungen über Ethik*, 2.Aufl., Frankfurt am Main, 1994, 34-35쪽 참조.

윤리와 도덕의 사전 정의와 자해(字解)

윤리와 도덕의 우리말 대사전의 정의를 살펴보고, 글자 해석을 통해서 관련 용어에 대한 이해를 도모하고 궁금증을 해소할 수 있다.

■ 윤리(倫理) : 사람이 지켜야 할 도리, 실제의 도덕규범이 되는 원리.

윤(倫)은 人 + 侖의 결합이며, 侖의 자형은 갑골문(甲骨文) 𣍹 , 소전(小篆) 龠 이다. 『설문해자(說文解字)』의 분석에 따르면 '人'과 죽간(竹簡)을 책처럼 엮어놓은 모양인 '冊'의 결합이다. 즉, 倫은 죽간을 한 군데 모아 책으로 엮음에 있어서 그 순서나 차례가 중요하다는 의미의 侖과 사람 人이 결합된 것이다. 말하자면 옛날 사람들이 책(이를테면 1책은 10권으로 되어 있는데, 권이란 오늘날로 말하면 책의 장이나 절을 뜻한다)을 꾸미기 위해 글을 모으는데, 그 차례에 따라 조리를 세운다는 데서 '순서를 잡다', '조리를 세우다'의 뜻을 나타낸다. 따라서 윤(倫)자를 사람(人)의 차례나 순서(侖)라고 풀어보면, 윤리는 인간 상호간의 질서와 순서를 정하는 이치나 원리라고 풀어볼 수도 있겠다.

■ 도덕(道德) : 인간으로서 마땅히 지켜야 할 도리 및 그에 준한 행위. 덕(德) : 공정하고 포용성 있는 마음, 품성, 기질.

덕(德)의 자형은 갑골문(甲骨文) 𢓊, 금문(金文) 𢔂 , 소전(小篆) 𢛳 이다. 덕(德)은 직(直)과 심(心)으로 구성된 글자다. 直은 소리부의 기능도 하지만 의미의 결정에도 관여하고 있다. 즉, 直과 心이 결합된 구조를 글자 그대로 해석하면 '곧은 마음'인데, 이것이 바로 덕이다. 위의 갑골문 徝은 直과 行(절반)의 결합구조이다. 즉, 直은 물체를 살펴보는 눈과 전방의 물체를 본다는 의미의 세로선이 결합된 글자로서, 사방으로 난 길에서 눈을 들어 똑바로 본다는 의미에서 直의 의미가 생겨났고, 여기에서 '곧바른'이라는 뜻이 생겼을 것으로 추측된다. 이렇게 보면 갑골문 徝(德)은 目 + ─(전방을 의미하는 세로선) + 行(사거리의 줄임 형태)의 결합이며, 금문에 이르러 '마음'이 곧바르다는 것을 강조하기 위해 心이 아랫부분에 추가되어 현재의 德이 되었다.[7]

2) 도덕적, 비도덕적, 무도덕적

도덕이론에서 뿐만 아니라 일상어에서 자주 사용되는 형용사 도덕적(moral)이란 말은 두 가지 방식으로 이해된다. 첫째, '그 행위는 도덕적이다' 혹은 '그 사람은 도덕적인 사람이다'라고 말할 때의 경우처럼 도덕적 기준이나 규범에 맞는 행위나 그런 행위를 하는 사람을 가리킨다. 이 경우의 반대말은 비도덕적(혹은 부도덕한, im-moral)이란 말이 될 것이다. 둘째, 도덕적이란 말은 올바른 것과 좋은 것, 즉 가치 판단을 할 수 있는 인간의 도덕적 능력을 가리킨다. 이와 달리 무도덕적(도덕과 무관한, non-moral 혹은 unmoral)이란 말은 문자 그대로 도덕과의 무관성을 의미한다. 예를 들어 어려움

---

7) 문자학 전공자인 김태완 교수(전남대 중문과)는 학문적 권위를 가지고 이러한 글자 해석의 내용을 설명하고 정리해 주었다. 이 자리를 빌려 존경과 감사의 마음을 전한다.

에 처한 사람을 도울 것인지 말 것인지는 도덕적인 문제이지만, 난 초 화분을 탁자의 왼쪽에 놓을 것인지 오른쪽에 놓을 것인지 아니 면 창가에 놓을 것인지의 여부는 도덕과 무관한 문제다. 인간의 삶 에서 모든 선택과 결정이 도덕과 관계된 것은 아닐 것이다. 오히려 우리의 행위의 대부분은 도덕적으로 가치중립적인 것이다. 따라서 행위의 선택과 결정에서 도덕과 무관한 삶의 영역 또한 광범위하다 는 것을 놓쳐서는 안 될 것이다.8)

3) 선(善)과 좋음

우리말에서 한자어 '선(善)'은 '착할 선' 혹은 '좋을 선'으로 풀이 된다. 그러나 한자어 '선'은 주로 도덕적인 맥락에서 사용되고 있 다. 이와 달리 서양어의 'good'은 우리말처럼 두 가지 의미를 가지 고 있으나 훨씬 더 포괄적이고 광범위하게 사용된다. 우리는 선 혹 은 좋음을 세 가지 의미로 구분하여 이해할 수 있다. 첫째로 도구적 의미에서 유용성을 나타낸다. 예를 들어 좋은 집, 좋은 자동차, 좋 은 자전거, 좋은 노트북, 좋은 핸드폰, 좋은 의자 등등. 이를테면 좋 은 의자라면, 편안하게 앉아서 원하는 작업을 하는 데 안성맞춤의 도구일 것이다. 둘째로 심신의 만족감을 표현한다. 우리는 우리의 몸과 마음을 즐겁게 하거나 기쁘게 하는 것에도 좋다는 말을 쓴다. 이를테면 식사를 맛있게 먹고 난 후에, 맛있게 먹었다, 잘 먹었다고 말하기도 하지만, '식사가 참 좋았다'라고 표현하기도 한다. 심신의

---

8) 존 호스퍼스, 최용철 옮김, 『인간 행위의 탐구』, 지성의 샘, 1996, 14-15 쪽; W. S. 사하키안, 송휘칠·황경식 옮김, 『윤리학의 이론과 역사』, 박 영사, 1997, 3쪽 참조.

전체적인 만족감을 한마디로 드러낸 것이다. 셋째로 도덕적인 의미에서 선 혹은 좋음이다. '어려움에 처한 사람을 돕는 것은 좋은 일이다', '그 친구, 참 좋은 사람이다'라고 말한다면, 그것은 어떤 행위나 사람에 대하여 은연중에 도덕적인 평가를 내리는 것이다. 도덕적인 의미에서의 선이나 좋음은 사람과 관련하여 사용된다. 그런데 '네가 그 일을 했다니 참 착하구나'와 같은 표현이 나타내듯이, 오늘날 착하다는 말의 쓰임새를 살펴보면 보통은 어른이 아니라 어린이에게만 적용되고 있음을 알 수 있다.

이 세 가지 요소를 비교해 보면 어떤 공통점이 있음을 알 수 있다. 칭찬, 승인, 허가의 요소를 포함하며 기준, 표준, 규범과 일치하는 속성들이 있다. 좋은 자동차는 잘 나갈 것이며, 고장이 거의 없으며, 연료도 적게 들고, 나쁜 배기가스도 내뿜지 않으며, 디자인도 멋질 뿐만 아니라 가격도 저렴할 것이다. 내가 좋다고 하는 사람은 나의 마음속에 품고 있는 어떤 종류의 기준이나 표준과 일치하는 사람일 것이다. 따라서 내가 무엇이 좋다고 말한다면, 나는 그것을 칭찬하고 승인하며, 또한 어떤 기준이나 표준에 맞는다고 주장하는 것이다.

4) 사실 판단과 가치 판단

'이 세미나실에는 30개의 의자가 있다'라는 판단 혹은 명제는 있는 그대로의 객관적 사실에 대하여 진술하는 것이다. 그러나 '이 세미나실에는 40개의 의자가 있어야 한다'라는 판단은 예정된 40명의 세미나 참석자들을 위해서 마땅히 그렇게 준비되어 있어야 함을 지시하는 것이다. 그리고 '너는 지금 잘못된 방식으로 일처리를 하고 있다'라고 한다면, 그것은 일의 목적을 달성하기 위해서 여러 가지 방법이 있는데 시도한 방법이 적절하지 않다는 점을 지적하는 것이다. '주운 지갑을 주인에게 돌려주는 것은 옳은 행위다'라고 말한다면, 그것은 그 행위가 도덕적으로 옳다고 칭찬하는 것이다. 또한 우리는 '버스를 놓치지 않기 위해서 서둘러야 한다'라는 무도덕적 명령과 '약속시간을 마땅히 지켜야 한다'라는 도덕적 명령을 구분할 수 있다. 이처럼 사실 판단이 있는 그대로의 사실에 대한 객관적 진술이라고 한다면, 가치 판단 혹은 도덕 판단은 마땅히 그렇게 되어야 할 것을 지시하거나 어떤 기준, 표준, 규범 혹은 모범에 따르는 것이어야 함을 나타낸다고 하겠다.

4. 실천윤리의 문제들

최근에 많은 윤리학자들은 현실의 구체적인 삶의 문제들을 도덕적으로 해결하는 데 큰 관심을 가지고 있다. 그들은 전통 윤리학의 원칙이나 규범들을 가지고서는 현대사회가 안고 있는 수많은 삶의 문제들을 해결할 수 없다고 생각한다. 이러한 문제의식에서 실천윤리학 혹은 응용윤리학이라는 윤리학의 새로운 학문 분과가 생겨났다. 실천윤리학의 문제들은 현대사회의 복잡한 문제들만큼 다양한데, 우리는 그것을 다음 세 가지 영역으로 나누어 이해할 수 있다.9)

(1) 정치, 경제, 사회에서의 '인간과 다른 인간과의 관계 문제'다. 이는 전통 철학이 줄곧 다루어온 문제이지만, 현대사회의 복합성과 관련하여 새롭게 논의되고 있다. 좁은 의미의 정치와 관련된 실천

---

9) 실천윤리학 혹은 응용윤리학에 대하여는 이진우, 『도덕의 담론』, 문예출판사, 1997, 149-170쪽 참조.

윤리는 개인이 국가에 대해 어떤 권리를 어떤 범위에서 요구할 수 있는가를 밝혀주고, 동시에 국가는 개인에 대해 어떤 의무를 어떤 수단을 통해 요구할 수 있는가 등의 문제를 다룬다. 넓은 의미의 정치는 인간 상호간의 모든 관계를 규정할 수 있는 규범적 장치를 의미한다. 특히 이기적인 인간의 경제행위를 어떻게 규제할 수 있는가 하는 문제는 자본주의 사회가 안고 있는 중요한 문제다. 구체적으로는 시민권의 문제, 형사정의의 문제, 기회균등의 실현 문제, 차별철폐 정책, 여성고용할당제, 인재지역할당제, 인종과 소수민족의 문제, 경제적 분배정의 등등, 법, 정치, 사회, 여성, 경제 문제가 여기에 속한다.

(2) '인간과 자연의 관계 문제'다. 이는 인류의 과학기술문명의 발전이 낳은 심각한 환경파괴, 생태계 위기의 문제다. 자원의 고갈, 물과 공기의 오염, 땅의 황폐화, 오존층의 파괴, 기후의 변화, 동물이나 생물 종의 멸종 등으로 집약되는 환경파괴와 생태계 위기의 문제다. 이는 현존하는 인류의 생존뿐만 아니라, 미래 세대의 생존권의 확보와 직결된 중대한 문제다. 환경파괴의 이러한 심각성에 직면하여 우리는 인간의 자연이용을 되돌아보고, 바람직한 자연이용과 자연보호의 실천원리를 이끌어내야 한다. 이러한 문제의식에서 볼 때, 환경파괴의 정신사적 원인을 분석하고 새로운 자연관과 가치관의 정립을 통해서 환경보호의 도덕적 원칙과 구체적인 실천원리를 정립하는 일이 중요하다.

(3) 현대 과학기술의 발전과 더불어 야기된 '인간의 자기 자신과의 관계 문제'다. 현대의학은 의료기술의 눈부신 발전과 더불어 불치병의 치료, 더 건강한 삶, 수명의 연장 등 사람들에게 긍정적이고 희망찬 확신을 심어주었지만, 그것은 원치 않은 결과나 부작용을

낳고 있으며, 쉽게 해결하기 어려운 많은 문제를 불러일으켰다. 또한 생명유전과학과 그 연구 결과의 기술적, 의학적 응용은 특히 농업, 의학, 제약 등의 분야에 혁신을 불러일으켜 인류의 미래에 더 많은 복지와 안녕을 가져다줄 것으로 기대된다. 그러나 생명유전과학과 그 연구 결과의 산업기술적 응용은 자세히 들여다보면 그냥 지나칠 수 없는 적지 않은 미래적 위험을 내포하고 있다. 따라서 과학기술문명에 내재된 부정성을 윤리적 반성을 통해 규명할 필요가 있으며, 학문의 자유와 책임의 문제를 재정립할 필요가 있다.10)

---

10) 이 장은 김양현 외, 『윤리학의 이해』, 철학과현실사, 2011, 1장 내용을 전체적으로 수정·보완한 것임을 밝혀둔다.

토론 주제 예시

■ 고갱의 예

버나드 윌리엄스(Bernard Williams)는 『도덕적 운(*Moral Luck*)』[11] 이라는 유명한 글에서 고갱의 예를 들고 있다. 고갱은 화가로서의 소명을 느낀다. 그는 자신의 예술적 재능을 충분히 계발하기 위해서 자신의 아내와 자식을 남겨두고 남태평양의 섬 타히티로 떠난다. 그곳에서 그는 홀로 예술 작품의 창작에 헌신한다. 고갱은 많은 사람들이 자신의 삶을 윤택하게 한다고 여기는 훌륭한 예술 작품들을 남겼다. 도덕적 요구나 지시들이 자신이 세운 일생의 계획에 방해가될 때, '왜'라고 묻는 것은 중요하다. 가족에 대한 모든 도덕적 의무를 제쳐두고 남태평양으로 떠난 고갱의 행위는 도덕적으로 정당화될 수 있는가? 정당화될 수 있다면 어떤 이유에서인가?[12]

-- 토론 용어 : 도덕적 요구, 도덕적 지시, 도덕적 의무, 도덕적 근거, 도덕의 한계, 도덕의 의미, 개인의 삶의 계획, 가족의 행복, 위험한 결정, 행위의 최종 결과, 의무의 위반, 인류에의 헌신, 문화의 발전, 예술 혼, 도덕적인 사회

-- 폴 고갱(Paul Gauguin, 1848-1903) : 고갱은 단란한 가족을 꾸리고 있었으며, 주식 중개인이라는 안정된 직업에 종사하고 있었다. 하지만 고갱은 타고난 예술적 기질을 버릴 수 없었다. 그는 원시의

---

11) Bernard Williams, *Moral Luck*, Cambridge: Cambridge University Press, 1981.

12) 쿠어트 바이어츠, 박창용 · 심지원 옮김, 『도대체 왜 도덕적이어야 하는가?』, 솔과학, 2009, 80-83쪽.

섬 타히티에서 예술의 원초적 감성과 근원을 발견했다. 고갱은 타히티의 원시림에 묻혀 강렬한 색채와 새로운 예술의 구성을 시도했다.

■ 김선행 씨의 고민

김선행 씨는 평범한 직장인이다. 그는 눈이 오거나 날씨가 궂은 날에는 안전한 지하 주차장에 차를 주차하곤 한다. 그날도 밤새 폭설이 올 거라는 예보를 듣고 조금은 귀찮지만 지하 주차장으로 내려갔다. 그런데 주차장은 이미 차들로 꽉 차 있다. 가장 아래층까지 내려간 후에야 겨우 빈자리 하나를 발견했다. 시동을 끄고 차에서 내리는데 바닥에 두툼한 지갑이 떨어져 있었다. 지갑을 주우면서 순간 주위를 둘러보니 아무도 없었다. 지갑 속에는 100만 원권 수표 100장과 약간의 현금, 신용카드, 신분증 등과 함께 주인의 것으로 보이는 명함이 들어 있었다. 그는 곧바로 그 지갑의 소유자가 부동산 투기로 일확천금의 부자가 된 이땅산 씨라는 것을 알게 되었다. 그는 주운 지갑을 주인에게 마땅히 돌려주어야 한다는 것을 알고 있다. 그런데 순간적으로 다른 생각이 들었다. 그는 오래전부터 전 세계 100여 개국에서 1억 명의 지구촌 이웃들을 위한 구호, 개발 사업을 진행하는 국제구호개발 NGO 단체인 월드비전(www.worldvision.or.kr)을 적극적으로 후원하는 정회원이다. 그는 생각한다. '이 정도의 돈이면 아프리카의 한 지역에 의료시설이나 학교를 세워 그들의 열악한 삶의 질을 개선하는 데 매우 유용하게 쓸 수 있다. 수백억의 재산을 가지고 있는 부동산 투기업자가 1억 정도 잃어버렸다고 해서 큰 손실은 아닐 것이다. 그리고 그 사람이 모두 정당하게 돈을 번 것도 아니지 않은가.'
김선행 씨는 심각한 고민에 빠져 있다. 어떻게 하는 것이 좋을까?

무엇이 도덕적으로 옳은 일인가? 그는 선택의 갈림길에서 며칠간 계속 고민하고 있다. 한편으로는 비록 그가 주운 것이긴 하지만 다른 사람의 물건을 돌려주어야 한다는 의무를 느끼고 있다. 다른 한편으로는 아주 나쁜 삶의 상황 속에 있는 아프리카 사람들을 도와야 한다는 의무감도 강하게 느끼고 있다.

■ 어연수 씨의 고민

어연수 씨는 대학교 2학년 학생이다. 그는 오래전부터 영어권 국가에서 한 학기 정도 어학연수를 할 계획을 가지고 있다. 그러나 집안 형편이 어려워 꿈만 꾸고 있지 그 계획의 실행은 요원한 일이다. 그런대로 부유한 부모님의 전폭적인 지원 덕택에 최근에 필리핀 어학연수를 다녀온 친구 녀석이 토익 870점을 얻었다고 자랑하는 것을 보고 더욱더 생각이 간절하다. 심란한 마음으로 무료하게 겨울방학을 보내고 있는데, 학교 중앙도서관 앞에서 얼굴이나 한번 보자고 그 친구에게서 연락이 왔다. 학교로 가기 위해 버스를 탔는데, 출근 시간이 한참 지나서인지 평소와 달리 한가했다. 학교 앞 버스 정류장에서 내려 시계를 보니 약속시간이 얼마 남지 않았다. 눈에 익은 상점들과 은행을 지나 학교 쪽으로 빠른 걸음으로 이동하고 있는데, 조그만 빨간색 핸드백이 인도 위에 떨어져 있는 것을 발견했다. 순간 주변의 눈치가 꽤 신경 쓰였지만, 그것을 주워 잽싸게 가방에 넣었다. 학교에 도착하여 핸드백을 열어보니 화장품 등 소지품과 함께 수백만 원은 될 것 같은 5만 원권 지폐 한 다발이 들어 있었다. 얼른 다시 그것을 가방 속에 집어넣고 만나기로 한 친구에게 갔다. 친구와 함께 있는 동안에도 계속 흥분되고 심장이 요동쳤다. 그래서 집에 급한 일이 있다고 핑계를 대고서 허둥지둥 집으로 갔다. 조심스럽게 핸드백을 열고 확인해 보니 800만 원이 들어 있었다. 어느 정도 마음이 진정되고 생각해 보니 아마도 누군가 학교 앞 은행에서 돈을 찾아 나오는 길에 핸드백을 잃어버린 것으로 추측되었다. 그는 주운 것은 주인에게 돌려주어야 한다는 것을 기본적인 도덕적 의무라고 알고 있다. 그런데 그는 용돈을 포함하여 한 달에 150만 원에서 200만 원 정도 비용이 드는 필리핀 어학연수를 오래전부터 꿈꾸어왔다. 그는 생각한다. '이 돈이면 4-5개월 정도의 어학연수를 할 수 있는 충분한 돈이지 않은가. 이제 나에게도 드디어 기회가 온 것이다.'[13)]

---

13) 같은 책, 24-33쪽에 실린 두 가지 사례, 즉 밀러의 문제와 마이어의 문제를 참조하여 우리의 사정에 알맞게 재구성한 것이다.

■ 참고문헌

김태길, 『윤리학』, 박영사, 1997.

쿠어트 바이어츠, 박창용·심지원 옮김, 『도대체 왜 도덕적이어야 하는가?』, 솔과학, 2009.

W. S. 사하키안, 송휘칠·황경식 옮김, 『윤리학의 이론과 역사』, 박영사, 1997.

마이클 샌델, 이창신 옮김, 『정의란 무엇인가』, 김영사, 2010.

마이클 샌델, 안진환·이수경 옮김, 『왜 도덕인가?』, 한국경제신문, 2010.

이진우, 『도덕의 담론』, 문예출판사, 1997.

폴 테일러, 김영진 옮김, 『윤리학의 기본원리』, 서광사, 2008.

안네마리 피퍼, 진교훈·유지한 옮김, 『현대윤리학의 입문』, 철학과현실사, 1999.

존 호스퍼스, 최용철 옮김, 『인간 행위의 탐구』, 지성의 샘, 1996.

오트프리트 회페, 임홍빈 외 옮김, 『윤리학사전』, 도서출판 예경, 1998.

2장 아리스토텔레스
어떤 삶이 좋은 삶인가?

1. 문제 제기

어떻게 살 것인가? 어떤 삶이 좋은 삶인가? 어떻게 하면 잘 살수 있을까? 어떻게 하면 성공할 수 있을까? 행복한 삶은 또 무엇인가? 사실 이러한 물음들은 흔하기도 하고 어쩌면 진부하게까지 들린다. 그러나 이러한 질문들은 인간의 삶에서 가장 중요한 실천적인 물음에 속한다. 인간이라면 어느 누가 이 질문을 비켜갈 수 있겠는가! 그것은 인류 역사의 과거와 현재, 그리고 미래를 관통하여 수없이 반복적으로 제기되는 가장 근본적인 물음이다. 우리가 죽지 않고 살아 있는 한 피할 수 없으며, 따라서 인간의 삶과 실천에서 가장 긴요하고 불가피한 물음이라고 말한다고 해도 틀리지 않는다. 필자의 개인적인 인생 경험에 비추어 보아도 제기된 물음들은 항상 새롭게 내 삶과 실천 활동들을 비추어 보는 거울과 같은 역할을 한다. 그래서 삶의 중요한 고비마다, 뭔가 일이 잘 안 풀릴 때, 혹은

행복의 기준? (출처: 구글 이미지 http://success-d.tistory.com/123)

틈나는 대로 순간순간을 아껴서 스스로에게 이렇게 질문을 던져본다. 어떻게 살 것인가? 잘 살고 있는가? 행복한가? 이렇게 살아도 괜찮은가?

그런데 문제는 딱 떨어진 정답이 없다는 것이다. 분명하고 시원한 답이 있다면 얼마나 좋겠는가! 위 그림 이미지가 보여주듯이, 행복과 성공, 아니 잘 사는 삶의 요소를 어떤 무엇이라고 확정하는 것은 정말 쉬운 일이 아니다. 좋은 집과 돈, 사이좋은 가족들, 좋은 자동차, 갖고 싶은 물건 등등 사람마다 생각이 다르고, 인생의 국면과 시기, 그리고 일의 성패에 따라 다르다. 어쩌면 무엇이 중요하고 의미 있는지 순간순간 사정에 따라 바뀌기 때문에, 그것이 무엇인지 확정할 수 없다고 생각할 수도 있다. 설령 우리 모두가 동의할 수 있는 삶의 지혜와 혜안이 있다고 치자. ― 오늘날 인문학의 진흥과 부흥기에 삶에 대한 탁월한 지혜와 번뜩이는 통찰들이 넘쳐나고 있지 않은가! 문제는 또 다른 데에 있다. 삶의 지혜와 깨달음을 얻었다고 하더라도 실천하지 않는다면 무슨 소용이 있겠는가! 그래서 소크라테스, 공자 등 동서고금의 수많은 철학 사상가들이 '앎을 곧 실천하는' 지행합일(知行合一)의 중요성을 간파하고 강조했을 것이다.

우리는 이 장에서 인간이면 누구에게나 통용되는 실천적 질문들에 대한 답을 그리스 철학자요 학문의 아버지인 아리스토텔레스의 생각을 빌려 논의해 보려고 한다. 본격적인 논의에 앞서 아리스토텔레스가 어떤 철학자인지 그의 생애와 저작에 대하여 간략하게 정리해 보자.

2. 아리스토텔레스의 생애와 저작

아리스토텔레스(Aristoteles, B.C. 384-322)는 그리스의 북부 지역인 스타게이로스에서 기원전 384년에 의사의 아들로 태어났다. 18세에 아테네에 있는 플라톤 아카데미에 입학했으며, 플라톤이 세상을 떠난 347년까지 약 20여 년을 그곳에서 머물면서 스승으로부터

고대 그리스 지도 (출처: 구글 이미지)

가르침을 받았다. 그 후 아리스토텔레스는 아테네를 떠나 소아시아 연안 지역인 아소스와 레보스 섬 등에서 생물학에 대한 연구로 시간을 보냈다.

기원전 342년에 마케도니아 왕의 초청을 받아 그 아들인 알렉산

아리스토텔레스
(출처: 구글 이미지)

드로스의 스승으로 그곳에 약 7년 간 머물렀다. 335년에 알렉산드로스가 왕에 즉위하자 아테네로 돌아가 그곳에 리케이온(Lykeion) 혹은 페리파토스(Peripatos)라 불리는 아카데미를 열어 12년간 제자들을 가르쳤다. 아리스토텔레스의 아카데미는 매우 성공적이었으며, 그곳에서 아리스토텔레스는 자연과학, 인문사회과학을 망라하는 세상의 거의 모든 학문에 대한 연구를 진행하였다. 323년에 아리스토텔레스는 아테네를 떠나 거처를 에우보이아로 옮겼는데, 그 이듬해에 그곳에서 62세의 나이로 세상을 떠났다.

아리스토텔레스는 실로 방대한 저술을 남겼다. 그가 남긴 저술은 천문학, 신학, 수학, 자연과학, 심리학, 철학, 문학, 기술공학 등 학문의 전 분야를 포괄하는 것이라고 말해도 전혀 어색하지 않다. 그 주요한 저술의 제목을 열거하면 다음과 같다. 『형이상학』, 『자연학』, 『정치학』, 『니코마코스 윤리학』, 『변증론』, 『영혼론』, 『수사학』, 『시학』 등이다.[1]

여기서 조명해 볼 아리스토텔레스의 『니코마코스 윤리학』[2]은 약

---

1) J. L. 아크릴, 한석환 옮김, 『철학자 아리스토텔레스』, 서광사, 1992 참조.
2) 『니코마코스 윤리학』은 두 종류의 우리말 번역서가 있다. 최명관 옮김 (서광사, 1984)과 이창우 · 김재홍 · 강상진 옮김(이제이북스, 2006)이 그 것이다. 아래에서 인용은 후자의 번역서를 사용하고 원문의 쪽수를 표기

2,500년 전에 나온 서양 최초의 윤리학 저술이다. 그런데 왜 책의 제목을 『니코마코스 윤리학』이라고 붙였을까? 정확한 것은 알 수 없지만 전문가들의 추측은 이렇다. 아리스토텔레스에게는 니코마코스(Nicomachus)라는 이름의 어린 아들이 있었는데, 아들을 가르칠 목적에서이거나 아들에게 책을 준다는 의미를 담고 있다는

것이다. 이러한 점을 반영하여 프랑스어 번역본은 『니코마코스에게 주는 윤리학』이라는 제목을 택하고 있다. 그러나 이러한 추측을 뒷받침할 만한 증거는 없다.3)

3. 잘 사는 삶 = 성공적인 삶 = 행복한 삶

우리에게 제기된 질문에 대한 답을 아리스토텔레스를 통해서 찾아보는 일은 '옛것을 익히고 그것을 미루어서 새것을 안다'는 온고지신(溫故知新)의 정신과 태도에 맞닿아 있다. 빛이 바랜 아주 오래된 이야기를 한번 끄집어내는 것 이상의 의미를 갖는다. 말하자면 아리스토텔레스의 철학은 오늘 이 시대를 살아가는 우리에게 여전히 되새겨볼 만한 충분한 가치를 제공한다고 하겠다.

모든 사람은 행복을 추구하지만 행복이 무엇인가에 대한 대답은

한다.

3) J. O. 엄슨, 장영란 옮김, 『아리스토텔레스의 윤리학』, 서광사, 1996, 26쪽 이하 참조.

십인십색(十人十色), 즉 열 사람이면 열 사람이 다 각기 다르다. 어떤 사람은 행복을 부나 명예 혹은 권력에서 찾으며, 어떤 사람은 건강과 장수에서, 또 어떤 사람은 진리 탐구와 이론적인 활동에서 행복을 찾는다. 심지어 학교 끝나고 집에 가니 통닭이 있어서 행복하다고 말하는 친구도 있다. 말하자면 일상의 소소한 즐거움이 행복이라는 것이다. 우리나라의 경우에 전통적으로 수(壽), 부(富), 귀(貴), 다남자(多男子)가 오랫동안 복의 상징이었다. 또한 장수, 부귀, 강녕(건강), 유호덕(덕스러운 삶), 고종명(편안한 죽음)을 오복(五福)으로 간주해 왔다.4) 이와 유사한 방식으로 서양에서도 대중들은 부, 명예, 권력, 건강, 장수 등을 행복이라고 생각해 왔다. 사실 대중들의 이러한 견해는 철학의 학문적 발전과 무관하게 시대의 변천을 넘어 지속되어 왔다고 볼 수 있다. 널리 퍼져 있는 대중들의 행복에 대한 이러한 이해는 오늘날 자본주의 사회의 다양한 물질적 조건과 토대를 고려한다면 충분히 공감할 수 있는 내용이다.

그러나 철학자들은 대중들의 이해 방식과 분명히 다른 관점에서 행복의 문제를 이해하고 다룬다. 철학에서 말하는 행복은 좋은 우연, 곧 행운도 아니요, 욕망 충족의 결과인 한순간의 편안한 심정의 만족 상태도 아니다. 일반적으로 철학에서 행복의 개념은 인간의 활동성 자체에서 생겨나 오랜 시간 동안 지속되는 어떤 종류의 만족감으로 이해된다. 이러한 관점을 최초로 그리고 체계적으로 제시한 사람이 바로 철학자 아리스토텔레스다.5)

---

4) 최정호, 「복(福)의 구조: 한국인의 행복관」, 『계간 사상』, 1990년 여름호, 163-210쪽, 173쪽 이하 참조.
5) 아리스토텔레스 철학에 대한 입문서로 J. L. 아크릴, 한석환 옮김, 『철학자 아리스토텔레스』, 서광사, 1992를, 아리스토텔레스의 윤리학에 대한

오늘날 우리가 보통 생각하는 것처럼, 서양 문명의 탄생지였던 고대 그리스 사회에서도 사람들은 행복을 부, 명예, 권력, 건강, 장수 등으로 이해했던 것처럼 보인다. 그런데 무엇이 행복인가라는 질문에 대해서 아리스토텔레스는 당시 사람들의 생각과 다른 주장을 『니코마코스 윤리학』에서 전개한다.[6] 먼저 행복(eudaimonia)이라는 그리스어의 어원적인 의미를 살펴보자. 합성어인 에우다이모니아는 '잘(well)'을 뜻하는 '에우(eu)'와 신적 존재인 '다이몬(daimon)'의 결합이다. 어원적으로 따져보면 '신적인 것이 잘 맞춰주고 있는 상태'를 뜻한다. 말하자면 행복을 위해서는 인간의 내적인 탁월성이 일차적이고 중요한 요소이지만, 여기에 덧붙여 인간 자신의 직접적인 통제 밖의 작용 요소(이를테면 행운, 불운 등)인 외적인 좋음들이 행복에 영향을 미칠 수 있다는 뜻이다. 이렇게 보면 완전한 행복을 위해서는 신의 도움이 필요하다고 해석할 수 있다. 행복이란 말의 우리말 번역에서 유의할 점은 아리스토텔레스가 에우다이모니아를 "주관적 만족과 같은 개인의 감정 상태"가 아니라 "인간이 인간으로서 실현해야 할 기능이나 본성을 잘 실현하거나 발휘하는 상태 혹은 활동을 행복이라고 정의"한다는 사실이다.[7]

그런데 아리스토텔레스는 개인의 행복뿐만 아니라 공동체의 안녕과 질서, 그리고 행복을 중요한 대상으로 삼아 논의하고 있다. 행

입문서로는 J. O. 엄슨, 장영란 옮김, 『아리스토텔레스의 윤리학』, 서광사, 1996을 추천한다.

6) 행복에 대한 논의는 주로 『니코마코스 윤리학』, 제1권과 제10권에 집중되어 있다. 『니코마코스 윤리학』에 대한 해제와 주요한 용어의 해설은 언급한 번역서 406-464쪽을 참조하길 바란다.

7) 아리스토텔레스, 이창우·김재홍·강상진 옮김, 『니코마코스 윤리학』, 이제이북스, 2006, 458쪽 이하 참조.

복한 삶은 개인적인 차원을 넘어 사회 혹은 공동체 속에서의 좋은 삶, 잘 사는 삶, 성공적인 삶이다. 달리 말해서 아리스토텔레스는 행복을 공동체 속에서의 삶 전체에 대한 인간 자신의 만족과 연관시켜 파악하였고, 선하고 올바른 삶을 통하여 참된 행복을 얻는다고 보았다. 사회적 존재이며 정치적 존재인 인간이 행위를 통해 도달할 수 있는 목적들 중에서 최고의 좋음(agathon)[8]을 바로 행복이라고 본 것이다. 그러나 행복이 무엇이냐는 물음에 대한 답은 오늘날도 그렇지만, 아래 인용문에서 볼 수 있듯이, 아리스토텔레스 시대에도 다양하다.

행위를 통해 성취할 수 있는 모든 좋음들 중 최상의 것은 무엇인지 논의해 보자. 그것을 어떤 이름으로 부르는지에 관해서는 거의 대부분의 사람들이 동의하고 있다. 대중들과 교양 있는 사람들 모두 그것을 '행복(eudaimonia)'이라고 말하고, '잘 사는 것'과 '잘 행위하는 것'을 '행복하다는 것'과 같은 것으로 생각하고 있기 때문이다. 그러나 행복이 무엇인지에 대해서는 논란이 있으며, 대중들과 지혜로운 사람들이 동일한 답을 내놓는 것은 아니

---

8) 그리스어 agathon은 라틴어 bonum(좋음 혹은 선)에 해당하며, 영어에서는 good으로 번역된다. 이 말은 오랫동안 우리말에서 '선(善)'으로 번역되어 사용되었으나, '선'은 '좋음'보다 비교적 좁은 의미로 사용되므로, 아리스토텔레스의 아가톤을 포괄할 수 없다. 따라서 최근에는 '좋음'이란 용어를 두루 사용하고 있다. 아리스토텔레스가 말하는 좋음(agathon)은 한 사물을 한 사물이게끔 해주는 기능이나 본성의 완성을 뜻하는데, 기능 혹은 본성의 완성 측면에서 '탁월함'이라고 번역해 쓸 수도 있다. 이를테면 목수 일을 탁월하게 잘하는 사람은 좋은 사람 혹은 탁월한 사람이라고 이해할 수 있는 것이다. 『니코마코스 윤리학』, '용어 해설', 455쪽 참조.

다. 어떤 사람들은 눈에 보이고 누구나 알 수 있는 어떤 것을, 가령 즐거움이나 부나 명예라고 말하고, 다른 사람들은 제각각 다른 것을 이야기하기 때문이다. 심지어는 같은 사람이 사정에 따라 행복이라고 말하는 것이 달라지는 경우도 종종 있다. 병들었을 때는 건강을, 가난할 때는 부(富)를 행복이라고 하니까. 또 자신들의 무지를 의식할 때에는 그들의 이해력을 넘어서는 어떤 위대한 것을 말하는 사람들에게 경탄하기도 한다. 또 어떤 사람들은 이러한 많은 좋음들과 구별되는 다른 어떤 것이 그 자체로 존재하며, 이것이 이 모든 좋음들이 좋음이게끔 하는 원인이라고 생각했다. (『니코마코스 윤리학』, 제1권 제4장)

위 인용문에 잘 드러나 있듯이, 배운 사람이건 배우지 않은 사람이건 행복이 인생 최고의 좋음이라는 데에 일반적으로 동의하고 있다. 그러나 그 행복이 무엇이냐는 물음에 대한 답은 사람에 따라, 또 한 사람에게 있어서도 사정에 따라 다르다. 보통 사람들은 쾌락, 부, 명예, 권력, 건강, 즐거움 등등 분명한 무엇을 행복이라 생각한다. 그러나 이처럼 사람들이 흔히 생각하는 행복은 진정한 행복이 아니다. 한 사람의 경우에 있어서도 병을 앓고 있을 때는 건강이 행복이고 가난할 때는 부자가 되는 것이 행복이 되는 것이 아니라는 뜻이다.

아리스토텔레스는 행복을 쾌락, 명예, 부 등등이라고 여기는 대중들의 견해를 반박하고, 세 가지 삶의 형식들에 대하여 말하고 있다. 그것은 플라톤의 『국가』9)에서 유래한 것인데, 쾌락적인 삶, 정

---

9) 플라톤, 박종현 역주, 『국가』, 서광사, 1997.

라파엘로의 「아테네 학당」 (출처: 구글 이미지)
아테네 학당을 나란히 걸어 들어오는 플라톤과 아리스토텔레스. 백발의 스승인 플라톤은 오른손을 들어 하늘을 가리키고 있고, 반대로 젊은 제자인 아리스토텔레스는 땅을 가리키고 있다. 사람들은 이 그림의 상징을 통해 이상주의자인 플라톤과 현실적 경험주의자인 아리스토텔레스를 대비시켜 이해한다.

치적인 삶, 관조적인 삶이다. 대중들은 동물적인 본성에 합당한 쾌락적인 삶을 선택하고, 교양 있고 능동적인 사람들은 명예를 행복이라 생각하는데, 그것은 정치적인 삶의 목적이다. 관조적인 삶은 자족적이며 참된 행복에 이르게 한다. 아리스토텔레스는 관조적인 삶을 최고의 행복이라고 주장한다. 돈 버는 생활은 부득이한 측면을 갖지만, 부는 분명히 우리가 찾는 최고의 좋음이 아니다. 그것은 단지 유용성의 가치를 가지며, 다른 목적을 위한 수단일 뿐이다(『니코마코스 윤리학』, 제1권 제5장).

4. 행복의 본질적 특징

행복을 부, 명예, 권력, 건강, 장수 등을 얻거나 그것을 소유하고 있는 어떤 상태로 이해한 당시 대중들의 견해와 달리 아리스토텔레스는 행복을 인간 고유의 능력이 탁월하게 발휘되는 활동성으로 이해하였다. 즉, 행복을 어떤 무엇을 가지고 있는 상태로 본 것이 아니라, 도덕적인 탁월성(aretē)10)을 통해서 이해하고 파악한다. 탁월한 행위는 그 자체로 즐거운 것이며, 선하고 고귀한 것이다. 이러한 활동들에서 우리는 어떤 부족함도 없는 자족으로서의 행복을 인지한다. 물론 아리스토텔레스는 행복을 위한 외적인 여러 가지 좋음들, 예를 들어 친구, 재물, 좋은 집 혹은 외모나 건강 등이 필요함을 부인하지 않는다. 아리스토텔레스의 행복론을 이해하는 데 있어서 이 점 또한 간과되어서는 안 될 중요한 사항이다.11)

아리스토텔레스는 행복이 '탁월성에 따른 정신적 활동'이라는 자신의 견해를 좋음의 본질 규정을 통해 밝히고 있는데, 그 논의의 전개과정을 간략하게 정리하면 이렇다(『니코마코스 윤리학』, 제1권

---

10) 그리스어 aretē는 우리말에서는 오랫동안 '덕(德)'으로 번역하여 사용하였다. 영어권에서는 virtue로 번역하기도 했으나, 최근에 많은 연구자들은 그것을 excellence로 번역하여 사용한다. 탁월성은 좋음의 기능이나 본성을 지속적으로 잘 실현할 수 있는 품성의 상태를 뜻한다. 이를테면 탁월한 목수는 목공이라는 목수의 기능을 잘하는 사람을 나타낸다. 탁월한 인간은 인간으로서의 본성을 지속적으로 잘 실현하는 사람이다. 아리스토텔레스, 이창우·김재홍·강상진 옮김, 『니코마코스 윤리학』, 이제이북스, 2006, 456쪽 참조.

11) 아리스토텔레스는 좋음(善)을 세 가지 유형으로 구분한다. 즉 외적인 좋음, 영혼(정신)에 관계된 좋음, 육체와 관련된 좋음이 그것이다. 아리스토텔레스는 이 중에서 영혼에 관계된 좋음이 가장 진정하고 으뜸가는 좋음이라고 말한다. 『니코마코스 윤리학』, 제1권 제8장.

제7장). 의술이나 병술에 있어서 좋음이 각각 다르듯이, 좋음은 각각의 행위나 실천적인 기술에 따라 달라진다. 본래적 좋음이란 무엇인가? 그것은 다른 모든 것이 그것을 위해서 행해지는 그런 것이 아니겠는가? 예를 들어 의학에서는 건강이, 건축에서는 집이 본래적인 좋음이다. 말하자면 모든 행위에서 혹은 행위의 선택이나 결정에서 그 목적이 되는 것이 바로 좋음일 것이다. 그러나 인간이 추구하는 목적의 대상들은 명예, 권력, 건강, 부, 좋은 외모 등 수없이 많지만, 이 모든 목적이 궁극목적이 되는 것은 아니다. 최고의 좋음이 궁극목적이 되는데, 말하자면 언제나 그 자체로 추구할 만한 가치가 있는 것이 궁극적인 것이다. 바로 이것을 아리스토텔레스는 행복이라고 말한다. 왜냐하면 행복 이상의 궁극목적이란 있을 수 없고, 또 행복을 수단으로 해서 얻을 수 있는 것은 아무것도 없기 때문이다. 달리 표현하자면 행복이 최고의 좋음이 되는 이유는 우리가 언제나 행복을 다른 무엇을 위해서가 아니라 그 자체로서 추구해야 할 목적으로 삼기 때문이다.

아리스토텔레스에 따르면, 최고의 좋음은 궁극적인 좋음이며, 궁극적인 좋음은 자족(自足, autarkeia)적인 것이다. 즉 단지 그 자체로 충분한 것이다. 자족이란 말 자체가 암시하듯이, 그것은 삶을 바람직하게 만들며, 그리고 아무런 부족함이 없는 것이다(『니코마코스 윤리학』, 1097b). 이러한 의미에서 행복은 자족적인 것이다. 여기서 아리스토텔레스가 말하는 자족은 물론 개인적인 의미의 차원을 넘어 사회적인 의미로 파악해야 한다.

그런데 인간은 본성상 폴리스적[사회적] 동물이기 때문에, 우리가 이야기하는 자족성은 자기 혼자만을 위한 자족성, 고립된 삶을 살아가는 사람을 위한 자족성이 아니다. 부모, 자식, 아내와 일반적으로 친구들과 동료 시민들을 위한 자족성이다. (『니코마코스 윤리학』, 제1권 제7장)

이 대목에서 우리는 아리스토텔레스가 말하는 행복이 개인의 차원을 넘어서는 사회정치적이고 공동체적인 의미를 담고 있음을 이해해야 한다. 말하자면 아리스토텔레스의 행복 개념은 사회적 규정성과 깊은 연관관계 속에서 그 의미를 완전히 드러낸다.

행복은 궁극목적이요, 최고의 좋음이며, 또 그 자체로 부족함이 없는 자족적인 것이라는 논의에서 한 걸음 더 나아가 아리스토텔레스는 행복의 본질에 대한 물음에 답하려고 한다(『니코마코스 윤리학』, 1097b). 행복이 모든 인간이 추구하는 궁극적인 최고의 좋음이라는 점이 분명하다면, 더 나아가 밝혀야 할 점은 행복이 무엇인가를 해명하는 일이다. 행복의 본질을 꿰뚫기 위해 아리스토텔레스가 선택한 전략은 다른 존재와 구별되는 인간의 본성과 기능에 대한 해명이다. 말하자면 아리스토텔레스는 인간에게만 고유한 능력과 본질을 해명함으로써 행복의 본질을 밝힐 수 있다고 본 것이다. 이는 행복이 인간의 본질과 밀접하게 관련되며, 또 인간의 본질을 탁월하게 실현하는 것이 바로 행복임을 암시하는 대목이기도 하다.

인간도 식물처럼 생명의 기능인 영양과 성장 활동을 한다. 이러한 점에서 보면, 생명이 인간에게만 고유한 기능과 본질은 아니다. 인간과 동물이 서로 공유하고 있는 감각 능력도 마찬가지로 인간만의 특수한 고유 능력이 아니다. 인간이 식물, 동물과 공유하는 부분을 빼고 남는 부분이 인간만의 고유한 기능이고 그 본질이라는 점, 바로 이 점이 아리스토텔레스가 우리에게 제시한 귀결점이다. 그것은 다름 아닌 인간의 이성, 정신 혹은 영혼이다. 아리스토텔레스에 따르면 인간의 본질인 정신은 두 부분으로 나누어지는데, 그 하나는 이성적인 원리에 순종하는 의미에서의 능력이요, 그 다른 하나는 이성적인 원리를 소유하며 이성적으로 사유한다는 의미에서의 활동성이다. 인간 고유의 능력은 한마디로 정신이 이성적 요소에 부합하는 활동성이다. 거문고 타는 사람의 능력은 거문고를 탁월하게 잘 타는 데 있듯이, 탁월한 인간은 자신의 고유한 능력을 발휘하여 행위를 탁월하게 수행한다. 따라서 인간이 도달할 수 있는 최고의 좋음인 행복은 자기 활동의 참된 탁월성이라는 의미에서의 정신의 활동성이다(『니코마코스 윤리학』, 1098a).

행복은 인간의 탁월성에 따른 활동인데, 아리스토텔레스가 말하는 이 탁월성은 신체의 탁월성이 아니라 정신의 탁월성이다. 다시 말해서 행복은 인간에게만 본래적이고 고유한 정신의 활동인 것이다. 정신의 이성적 요소를 이론적 지성과 실천적 지혜로 구별하듯이, 아리스토텔레스는 탁월성도 두 종류로 나눈다. 지적 탁월성과 도덕적, 성격적 탁월성이 그것이다. 지혜, 지성, 도덕적 통찰은 지적 탁월성이요, 관후나 절제는 도덕적, 성격적 탁월성이다(『니코마코스 윤리학』, 제1권 제13장).

이상의 논의에서 분명해진 것처럼, 아리스토텔레스가 말하는 행복은 무엇을 소유한 상태가 아니고, 어떤 활동을 의미한다. 다시 말해서 부를 소유한 상태도, 권력을 소유한 상태도, 명예를 소유한 상태도, 건강한 상태도, 비록 그것들이 행복을 위한 외적인 조건은 될 수 있을지언정 그것 자체로 행복은 아니다. 말하자면 행복은 인간이 자신의 본성을 실현하기 위한 지속적인 정신의 활동이다. 이러한 의미에서 우리는 아리스토텔레스가 관조적인 생활, 사색하는 생

활을 최고의 행복이라고 말하는 이유를 짐작해 볼 수 있다. 즉 행복
은 그 자체로 바람직한 것이며, 어떤 부족함도 없이 그 자체로도 충
분히 자족적인 것이다. 그런데 탁월성의 활동 중에서 관조(觀照,
theoria)의 활동이 가장 즐거운 것이며 가장 자족적인 것이기 때문
에 관조의 생활이 바로 그러한 완전한 행복에 이르게 한다는 것이
다. 다시 말해서 지혜로서 사리를 비춰 보고, 고요한 마음으로 삶을
음미하는 것이 최고의 행복에 속한다. 즉 이성에 따르는 생활이 가
장 즐거운 생활이고, 인간을 인간이 되게 하며, 가장 행복한 생활이
다. 왜냐하면 예를 들어 절제 있는 사람으로서 탁월성의 소유자는
그 상대방을 필요로 하나 철학자는 혼자 있을 때도 진리를 관조할
수 있기 때문이다. 물론 나는 관조의 생활을 진리를 추구하는 생활,
달성된 진리에 대한 사색뿐만 아니라, 문학, 음악, 미술 등의 예술
적 감상까지를 포괄하는 넓은 개념으로 해석한다. 이렇게 보면 다
른 종류의 탁월성을 따르는 생활은 그 다음으로 행복한 삶이다. 아
리스토텔레스는 관조적 활동이 완전한 행복임을 다음과 같은 논지
로 말하기도 한다. 인간의 모든 활동들 중에서 신의 활동을 가장 많
이 닮은 것이 가장 행복한 것이다. 다시 말해서 자기의 이성을 따라
활동하고 그 이성을 가꾸고 자라게 하는 사람은 최선의 정신 상태
를 가지며, 신에게 가장 사랑받는 사람이다. 따라서 철학자는 신에
게 가장 많은 사랑을 받으며, 가장 행복한 사람이다.[12]

---

12) 『니코마코스 윤리학』, 제10권 제6-9장 참조.

5. 인생의 전체 과정으로서의 행복

위에서 논의한 내용에 따르면 행복이 한순간에 이루어지지 않을 것이라는 점은 분명하다. 우리는 너무 자주 행복해하거나 아니면 불행하다고 느낀다. 어떤 목적한 바를 이루면 행복하다고 하고, 그렇지 못하면 불행하다고 한다. 행복이 모든 사람이 추구하는 정말 좋은 것이라면, 그것은 순간적인 만족이나 즐거움도, 또 어떤 외적인 좋음을 소유한 상태도 아닐 것이다. 행복은 순간이 아니라 전 생애를 통해서 달성될 수 있다는 점에서 우리는 아마 그것을 인생의 궁극목적이라고 말하는지도 모른다. 아리스토텔레스는 행복이 전 생애를 통한 것이라는 점을 다음과 같이 비유적으로 설명하고 있다.

한 마리의 제비가 봄을 만드는 것도 아니며 [좋은 날] 하루가 봄을 만드는 것도 아니니까. 그렇듯 [행복한] 하루나 짧은 시간이 지극히 복되고(makarios) 행복한 사람을 만드는 것도 아니다. (『니코마코스 윤리학』, 1098a)

행복이 한순간, 하루 혹은 생의 한 국면이나 단계에서 얻을 수 있는 것이 아니라 생애 전체를 통해서 인간의 본질을 발현하고 실현하는 지속적인 활동성이라고 한다면, 우리는 행복을 이러한 거시적인 의미에서 생애 전체를 통한 노력하는 삶, 잘 사는 삶, 성공적인 삶이라고 해석할 수 있을 것이다(『니코마코스 윤리학』, 1100a).

그럼 우리는 언제 행복하다고 판단해야 하는가? 살아 있는 동안에는 행복하다고 말할 수 없는가? 죽은 후에야 비로소 행복한 사람이었다고 말할 수 있는가? 이에 대한 아리스토텔레스의 답은 한마디로 이렇다. 우리는 어떤 사람의 최후를 보고 나서 비로소 행복한 사람이었다고 판단해야 한다. 만약 우리가 운수의 변화에 주목하게 되면, 우리는 동일한 사람을 두고 때로는 행복하다고 하고 때로는 불행하다고 말할 것이다. 그러나 인생의 전체적인 성공이나 실패는 운수에 달린 것이 아니다. 물론 인간의 삶은 많은 경우에 운수와 같은 우연적인 외적 조건에 강한 영향을 받기도 하고, 또 그러한 조건을 필요로 하지만, 우연만으로는 충분하지 않다. 그것은 부차적일 따름이다(『니코마코스 윤리학』, 1100b).[13]

비록 여러모로 운이 따르지 않고 오히려 큰 불행을 당한다고 할지라도 고귀한 성품을 지닌 사람은 불행 속에서도 빛을 발할 것이다. 왜냐하면 그는 인생의 여러 가지 어려운 변화와 불행을 정신의 위대함과 고귀함을 가지고 품위 있게 견디어낼 것이며, 인간의 능력 중에서 가장 안정적이고 지속적이라고 할 수 있는 도덕적인 탁월성을 가지고 있기 때문이다. 이러한 생각을 아리스토텔레스는 다음과 같이 정리하고 있다.

우리가 말했던 것처럼 활동이 삶에서 결정적인 것이라고 한다

---

13) 이와 관련하여 다음과 같은 사정을 고려할 필요가 있다. "외적 재화에 의존하는 행복은 우연에 내맡겨져 있기 때문에, 그리고 육체적 향유는 대개 피상적이고 단기적인 만족만을 주기 때문에 고대 이래로 철학적 윤리학은 행복의 무게중심을 인간 스스로 산출한 것으로 옮겼다. 아직 통제되지 않는 충동과 욕구가 이에 상응하는 교육을 통하여 변화되었다고 전제한다면, 행복은 탁월함과 덕에 따르는 생활에서 목격할 수 있으며 이성에 적합한 삶에서도 목격할 수 있다." 오트프리트 회페, 임홍빈 외 옮김, 『윤리학사전』, 도서출판 예경, 1998, 525쪽 이하.

면, 지극히 복된 사람들 중 누구도 비참하게 되지는 않을 것이다. 그는 결코 가증스러운 일이나 비열한 행위를 하지 않을 테니까. 또 우리는 진정으로 좋고 분별 있는 사람은 모든 운들을 품위 있게 견뎌낼 것이라고, 현존하는 것으로부터 언제나 가장 훌륭한 것들을 행위할 것이라고 생각하기 때문이다. … 미래는 우리에게 확실하지 않은 반면 행복은 목적(telos)이며 모든 점에서 전적으로 완전한 것(teleion)이라고 우리가 규정했기 때문에, 만약 그렇다고 한다면 우리는 살아 있는 사람들 가운데서 우리가 이야기했던 것들을 가지고 있고 앞으로도 가질 사람들을 지극히 복된 사람들이라고, 물론 인간인 한에서 지극히 복된 사람이라고 부를 것이다. (『니코마코스 윤리학』, 제1권 제10장)

아리스토텔레스에 따르면, 행복한 사람은 아주 심오하게, 그리고 지속적으로 자기 삶의 의미를 충족하는 사람이다. 잠깐 동안이 아니라 생애 전체를 통하여 온전한 덕을 따라 지속적으로 활동하며, 자기의 이성에 따라 활동하고, 또 그 이성을 가꾸고 성숙하게 하여 최선의 정신 상태를 가지려고 끊임없이 노력하는 사람이 행복한 사람이다.

6. 행복의 외적 조건과 성취 방법

위에서도 잠깐 언급한 것처럼, 아리스토텔레스는 행복에 도달하기 위해서 여러 가지의 외적인 좋음이 필요함을 인정한다. 아리스토텔레스는 예를 들어서 건강, 친구, 재물, 정치적 영향력, 좋은 집안, 좋은 자녀, 미모 등등의 외적인 좋음이 없으면 행복의 순전한 형태가 흐려지거나 행복에의 도달이 쉽지 않다는 점을 지적한다. 말하자면 외적인 좋음이나 재화의 불가피성을 부인하지 않는다.

> 행복은 명백하게 추가적으로 외적인 좋음 또한 필요로 한다. 일정한 뒷받침이 없으면 고귀한 일을 행한다는 것은 불가능하거나 쉽지가 않기 때문이다. 우선 많은 일들은, 마치 도구를 통해 어떤 일을 수행하는 것처럼 친구들을 통해, 또 부와 정치적 힘을 통해 수행되기 때문이다. … 그래서 행복은 이런 종류의 순조로운 수급을 추가적으로 요구하는 것 같다. 바로 이런 까닭에 다른 사람들은 탁월성을 행복과 동일시하지만, 어떤 사람들은 행운(eutychia)을 행복과 동일시하는 것이다. (『니코마코스 윤리학』, 제1권 제8장)

말하자면 아리스토텔레스는 참된 행복을 위해서는 비단 정신적인 좋음들뿐만 아니라, 육체적 좋음(건강, 외모 등)이나 외적인 좋음(재산, 권력 등)이 필요함을 인정하고 있는 셈이다. 인간의 삶이란 원래 이러한 여러 가지 외적인 조건과 결부된 것이라는 점을 받아들인다면, 아리스토텔레스의 생각에 어렵지 않게 동의할 수 있을 것이다.14)

나아가 아리스토텔레스는 행복의 획득 방식에 대한 문제를 다음과 같이 풀고 있다. 학습, 습관 혹은 노력, 훈련을 통해서 행복해질 수 있는가, 아니면 행복은 신의 선물 혹은 우연에 의한 것인가? 그의 답변은 분명하다. 신이 준 선물이 있다면, 행복은 바로 신이 내

---

14) 김상봉, 『호모 에티쿠스: 윤리적 인간의 탄생』, 한길사, 1999, 92쪽 참조.

린 최선의 선물이겠지만, 행복은 우연에 의한 것이 아니고 탁월성의 학습과 훈련의 결과로 보아야 한다는 것이다. 덕에 대한 능력이 아예 없어진 사람을 예외로 한다면, 사람들이 일정한 방식으로 배우고 세심하게 노력할 가능성이 열려 있다는 점에서, 즉 많은 사람들이 배움과 노력을 통해서 행복을 성취할 수 있다는 것이다. "가장 위대하고 가장 고귀한 것을 우연에 맡긴다는 것은 너무도 부조리한 일일 것이다."(『니코마코스 윤리학』, 1099b) 한마디로 행복이 지속적인 노력의 결실이라는 점은 또한 행복이 어떤 종류의 유덕한 활동이라는 행복의 정의에서도 명백하다. 이렇게 보면 외적인 좋음들은 궁극목적인 행복의 수단이나 조건일 뿐이다.

7. 맺음말

우리는 위에서 어떤 삶이 행복한 삶인가라는 문제의식에서 아리스토텔레스의 행복론을 정리해 보았다. 이상의 논의를 간략하게 요약 정리해 보자. 오늘날도 그렇지만 아리스토텔레스 당시에도 대부분의 사람들은 행복을 부, 명예, 권력, 건강, 장수, 즐거움 등등으로 이해하였다. 아리스토텔레스는 대중들의 이러한 견해를 반박하면서 행복을 인간 고유의 능력이 탁월하게 발휘되는 활동성으로 파악하였다. 즉, 행복을 어떤 추구할 만한 무엇을 가지고 있는 상태로 본 것이 아니라, 탁월성에 따른 정신의 활동으로 이해한 것이다. 아리스토텔레스는 행복에 대한 자신의 이러한 견해를 좋음의 본질 규정을 통해 밝혔다. 최고의 좋음은 궁극적인 좋음이며, 궁극적인 좋음은 자족적인 것인데, 바로 이것이 행복이라는 것이다. 행복의 본질을 꿰뚫기 위해 아리스토텔레스는 인간에게 고유한 능력과 본성을 해명한다. 인간이 식물, 동물과 공유하는 부분을 빼고 남는 부분이 인간만의 고유한 기능이고 본질인데, 그것은 다름 아닌 인간의 이성, 정신, 영혼이다. 마치 탁월한 인간이 자신의 고유한 능력의 활동을 통해 행위를 탁월하게 수행하듯이, 인간이 도달할 수 있는 최고의 좋음인 행복은 자기 활동의 참된 탁월성이라는 의미에서 정신의 활동성이다. 행복은 인간에게만 본래적이고 고유한 정신의 활동성이다. 말하자면 행복은 인간이 자신의 본성을 실현하기 위한 지속적인 활동성이라는 점에서, 행복은 결국 한순간에 이루어지는 것이 아니라, 생애 전체를 통한 잘 사는 삶, 성공적인 삶이라고 해석된다. 따라서 행복은 우연에 의한 것이 아니고, 학습, 노력, 훈련을 통해서 성취될 수 있는 것이다.15)

---

15) 이 장의 주요 내용은 필자의 논문을 기초로 쉽게 풀어서 새로 작성한 것이다. 김양현, 「행복에 대한 서양인의 고전적 이해: 아리스토텔레스의 행복론을 중심으로」, 전남대학교 인문과학연구소 엮음, 『용봉논총』, 제28집, 1999, 161-181쪽 참조.

『니코마코스 윤리학』 더 읽기

■ 탁월성

탁월성에는 두 종류가 있다. 하나는 지적 탁월성이며, 다른 하나는 성격적 탁월성이다. 지적 탁월성은 그 기원과 성장을 주로 가르침에 두고 있다. 그런 까닭에 그것은 경험과 시간을 필요로 한다. 반면 성격적 탁월성은 습관의 결과로 생겨난다. 이런 이유로 성격을 이르는 '에토스(ēthos)'도 습관을 의미하는 '에토스(ethos)'로부터 조금만 변형해서 얻어진 것이다. 이것으로 미루어 보더라도 성격적 탁월성들 중 어떤 것도 본성적으로 우리에게 생기는 것이 아님은 분명하다. 본성적으로 그런 것은 어느 것이든 본성과 다르게는 습관을 들일 수가 없으니까. 예를 들어 돌은 본성적으로 아래로 움직이도록 되어 있기에 위로 움직이도록 습관을 들일 수는 없을 것이다. 만 번을 위로 던져 습관을 들이려 해도 도저히 그렇게는 할 수 없다. 불을 아래로 움직이게끔 습관을 들일 수도 없는 일이며, 어떤 것도 그 본성과 다르게 습관을 들일 수는 없는 일이다.

그러니 [성격적] 탁월성들은 본성적으로 생겨나는 것도 아니요, 본성에 반하여 생겨나는 것도 아니다. 우리는 그것들을 본성적으로 받아들일 수 있으며 습관을 통해 완성시킨다. 또 우리에게 본성적으로 생기는 모든 것들의 경우 우리는 먼저 그것들의 능력(dynamis)을 얻고 나중에 그 활동(energeia)을 발휘한다. 이것은 감각들의 경우를 보면 분명하다. 우리는 자주 봄으로써 시각을 획득하거나 자주 들음으로써 청각을 획득한 것이 아니라, 오히려 그 반대로 감각 능력을 가지고서 사용하기 시작한 것이지, 사용함으로써 가지기 시작한 것은 아니기 때문이다. 그러나 우리가 탁월성을 획득하게 되는 것은, 여러 기예들의 경우에서와 마찬가지로 먼저 발휘함으로써 얻게 되는 것이다. 어떤 것을 어떻게 만들어야 하는지 배우는 사람은 그것을 만들어봄으로써 배우는 것이니까. …

한마디로 정리하자면, 품성 상태(hexis)들은 [그 품성 상태들과] 유사한 활동으로부터 생긴다. 그런 까닭에 우리는 우리의 활동들이 어떤 성질의 것이 되도록 해야 한다. 이 활동들의 차이에 따라 품성 상태들의 차이가 귀결되기 때문이다. 따라서 어린 시절부터 죽 이렇게 습관을 들였는지 혹은 저렇게 습관을 들였는지는 결코 사소한 차이를 만드는 것이 아니다. 그것은 대단히 큰 차이, 아니 모든 차이를 만드는 것이다. (『니코마코스 윤리학』, 1103a-1103b)

■ 중용

먼저 모든 탁월성은 그것이 무엇의 탁월성이건 간에 그 무엇을 좋은 상태에 있게 하고, 그것의 기능(ergon)을 잘 수행하도록 한다는 점을 지적해야 할 것이다. 예를 들어 눈의 탁월성은 눈과 눈의 기능을 좋은 것으로 만든다. 우리는 눈의 탁월성에 의해 잘 보는 것이니까. 마찬가지로 말[馬]의 탁월성은 말을 신실하고 좋게 만드는 데도, 달리는 데도, 사람을 실어 나르는 데도, 적과 맞서는 데도 좋은 말로 만든다. 그래서 만일 다른 모든 경우에도 이와 같다고 한다면, 인간의 탁월성 역시 그것에 의해 좋은 인간이 되며, 그것에 의해 자신의 기능을 잘 수행할 수 있게 만드는 품성 상태일 것이다.

어떻게 이런 일이 생기는지 이미 말한 바 있지만, 탁월성의 본성이 어떤 성질인지를 고찰해 보는 것으로도 또한 분명해질 것이다. 연속적이고 분할할 수 있는 모든 것에서는 더 많은 양을, 혹은 더 적은 양을, 혹은 동등한 양을 취할 수도 있다. 그리고 이때의 더 많고 적음이나 동등함은 대상(pragma) 자체에 따라 이야기될 수도 있고, 우리와의 관계에 따라 이야기될 수도 있다. 이때 동등함(ison)은 지나침과 모자람의 어떤 중간이다.

대상에 있어서의 중간은 각각의 끝에서 같은 거리만큼 떨어진 것을 말하는데, 이것은 모든 사람에게 하나이며 동일하다. 반면 우리와의 관계에서의 중간은 너무 많지도 않고 너무 모자라지도 않는 것을 말하는데, 이것은 모든 사람에게 하나이지도 않고 동일하지도 않다. 가령 10은 많고 2는 적다고 한다면, 대상에 따른 중간으로 6을 취한다. 그것이 같은 양만큼 [2를] 초과하면서 [10에 의해] 초과되기 때문이다. 이것이 산술적 비례를 따르는 중간이다. 그러나 우리와의 관계에서의 중간은 이렇게 취해서는 안 된다. 만일 어떤 선수에게 10므나(고대 그리스의 무게 단위로 현대의 도량형으로 환산하면 431g 정도로 추정된다)의 음식물이 먹기에 많고 2므나는 적다고 해서 훈련 담당자가 6므나를 처방하지는 않을 것이기 때문이다. 밀론(기원전 6세기경의 크로톤 출신의 유명한 레슬링 선수로 올림피아 경기에서 6회 우승한 사람이다)에게는 적겠지만 운동을 막 시작한 초보자에게는 많을 것이기 때문이다. 달리기나 레슬링의 경우에도 마찬가지다. 그래서 모든 전문가들은 이런 방식으로 지나침과 모자람을 피하며, 중간을 추구하고 이것을 선택하는데, 이때의 중간은 대상에 있어서의 중간이 아니라 우리와의 관계에서의 중간이다. … 마땅히 그래야 할 때, 또 마땅히 그래야 할 일에 대해, 마땅히 그래야 할 사람에 대해, 마땅히 그래야 할 목적을 위해서, 또 마땅히 그래야 할 방식으로 감정을 갖는 것은 중간이자 최선이며, 바로 그런 것이 탁월성에 속하는 것이다. 이와 마찬가지로 행위에 관련해서도 지나침과 모자람, 그리고 중간이 있다. 그런데 탁월성은 감정과 행위에 관련하고, 이것들 안에서 지나침과 모자람이 잘못을 범하는 반면, 중간적인 것은 칭찬을 받고 또한 올곧게 성공한다. 이 양자가 탁월성에 속하는 일이다. 그러므로 탁월성은 중간적인 것을 겨냥하는 한 일종의 중용이다. (『니코마코스 윤리학』, 1106a-1106b)

■ 정의

정의는 완전한 탁월성이다. 하지만 단적으로 그러한 것이 아니라 다른 사람과의 관계에서 완전한 탁월성이다. 그리고 이런 이유로 정의는 종종 탁월성 중에서 최고의 것으로 여겨지며, '저녁별이나 샛별도 그렇게 경탄할 만하지는 않다.' 또 "정의 안에는 모든 탁월성이 다 모여 있다"라는 속담도 있는 것이다. … 정의가 완전한 것은 그것을 가진 사람이라면 그 탁월성을 자기 자신뿐만 아니라 타인에 대해서도 활용할 수 있기 때문이다. …

탁월성 중에서 정의만이 유일하게 '타인에게 좋은 것(allotrion aga-thon)'으로 보이기도 한다. 정의는 다른 사람과 관계하기 때문이다. 다스리는 사람이든 공동체의 다른 구성원이든 다른 사람에게 유익이 되는 것을 행하니까.

그렇기에 자기 자신과 친구에 대해 못됨을 행하는 사람이 가장 나쁜 사람이며, 반면에 가장 좋은 사람은 그 탁월성을 자기 자신이 아니라 타인을 위해 활용하는 사람이다. 이것은 어려운 일이니까. 그러므로 이러한 정의는 탁월성의 부분이 아니라 탁월성 전체이며, 그것과 반대되는 부정의 역시 악덕의 부분이 아니라 악덕 전체다. (『니코마코스 윤리학』, 1129b-1130a)

■ 친애(우정)

다른 모든 좋은 것들을 다 가졌다 하더라도 친구가 없는 삶은 그 누구도 선택하지 않을 것이다. 실제로 재산이 있는 사람이나 높은 자리와 권세를 가진 사람에게도 친구는 대단히 필요해 보인다. … 곤궁할 때나 그 밖의 다른 어려움을 겪을 때에도 사람들은 친구만이 유일한 피난처라고 생각한다. 젊은이들에게는 서로의 잘못을 바로잡아 주는 데, 나이 먹은 사람들에게는 서로 돌봐주고 노약에 따른 행위의 부족을 상쇄해 주는 데, 전성기의 사람에게는 고귀한 행위를 하는 데 [친구가] 필요한 것이다. '둘이 함께 가면' 사유에 있어서나 행위에 있어서 더 강해진다. …

친애의 종류에는 세 가지가 있는데 이는 사랑할 만한 것의 수와 같은 것이다. 각각의 경우에 있어 응대하는 사랑이 있는데 이를 모르지 않아야 한다. 서로 사랑하는 사람은 서로가 잘되기를 바라는데, 그들이 사랑하는 그 관점에서 그러기를 바란다. 유익을 이유로 서로를 사랑하는 사람들은 서로를 그 자체로서 사랑하는 게 아니라 상대로부터 자신들에게 어떤 좋음이 생겨나는 한 사랑하는 것이다. 즐거움을 이유로 서로 사랑하는 사람들도 마찬가지다. 그들은 재담꾼을 사랑하지만 재담꾼이 어떤 성격의 사람이어서가 아니라 그들에게 즐거움을 주기 때문에 사랑하는 것이다. 유익을 이유로 사랑하는 사람들은 자신들에게 돌아오는 어떤 좋음을 이유로 상대에게 애착을 가지는 것이며, 즐거움을 이유로 사랑하는 사람들은 자신들에게 어떤 즐거움이 돌아오는 것을 이유로 그러한 것이다. 그들은 사랑을 받는 사람이 [다른 사람이 아닌 바로] 그 사람인 한 사랑하는 것이 아니라, 그가 유익을 주는 한, 혹은 [자신들이] 즐거운 한 사랑하는 것이다. 따라서 이러한 것들은 우연적인 의미에 따른 친애다. 사랑받는 사람이 그 자체로 사랑을 받는 것이 아니라 어떤 좋음이나 즐거움을 주는 한에서만 사랑받기 때문이다. …

가장 완전한 친애는 좋은 사람들, 또 탁월성에 있어서 유사한 사람들 사이에서 성립하는 친애다. 이들은 서로가 잘되기를 똑같이 바라는데, 그들이 좋은 사람인 한 그렇게 바라며, 또 그들은 그 자체로서 좋은 사람들이기 때문이다. 그런데 친구를 위해 그 친구가 잘되기를 바라는 사람이 최고의 친구다. 이들이 이러한 태도를 가지는 것은 우연한 것에 따른 것이 아니라 그들 자신을 이유로 한 것이다. 따라서 이러한 사람들의 친애는 그들이 좋은 사람인 한 유지된다. 그런데 탁월성은 지속적인 것이다. 각자는 또 단적으로도 좋은 사람이고 친구에 대해서도 좋은 사람이다. 좋은 사람들은 단적으로도 좋으며 서로에 대해서도 도움을 준다. 마찬가지로 좋은 사람들은 즐거움을 주는 사람들이다. 그들은 단적으로도 즐거우며 서로에게도 즐거움을 주기 때문이다. 자신의 행위들은, 또 그와 같은 종류의 행위들은 좋은 사람들 각각에게 즐거운 것이며, 좋은 사람들의 행위들은 [이런 점에서] 같거나 유사하다. (『니코마코스 윤리학』, 1155a-1156a)

■ 참고문헌

김상봉, 『호모 에티쿠스: 윤리적 인간의 탄생』, 한길사, 1999.
아리스토텔레스, 최명관 옮김, 『니코마코스 윤리학』, 서광사, 1984.
아리스토텔레스, 이창우·김재홍·강상진 옮김, 『니코마코스 윤리학』,
　　이제이북스, 2006.
J. L. 아크릴, 한석환 옮김, 『철학자 아리스토텔레스』, 서광사, 1992.
J. O. 엄슨, 장영란 옮김, 『아리스토텔레스의 윤리학』, 서광사, 1996.
오트프리트 회페, 임홍빈 외 옮김, 『윤리학사전』, 도서출판 예경, 1998.

3장 칸트
어떤 행위가 도덕적인가?

1. 문제 제기

    미국의 기업인이자 투자가인 워런 버핏(Warren Edward Buffett)은 세계가 인정하는 투자의 귀재다. 언론 보도에 따르면 버핏은 28억 6천만 달러의 거액을 기부했다고 한다. 우리 돈으로 환산하면 3조 원이 넘는 버크셔 해서웨이(Berkshire Hathaway) 회사 주식을 빌 게이츠 재단과 자신의 가족이 운영하는 재단 등에 기부했다는 것이다. 버핏의 이번 기부 결정은 자신이 소유한 버크셔 해서웨이 주식의 85%를 빌 게이츠 재단에 기부하겠다고 한 10년 전의 약속에 따른 것이다. 참고로 버핏은 세계의 부자들과 백만장자의 명단을 발표하는 것으로 유명한 『포브스(Forbes)』가 꼽은 세계에서 세 번째 부자로 알려져 있다.[1]

---

[1] 김경윤 기자, 「워런 버핏, 게이츠 재단 등에 3조 2천억 원 기부」(연합뉴스), 2016년 7월 15일자 참조.

워런 버핏 회장 (출처: AP 연합뉴스 자료 사진)

연일 언론 매체에서 쏟아지는 어두운 사건 사고 틈새에 이러한 훈훈한 뉴스를 접하고 우리는 '그래, 아직도 이 세상에는 희망의 빛이 있다'라고 안도하며 마음이 따뜻해짐을 느낀다. 버핏이 보여준 기부의 사례는 '사회 고위층 인사나 사회적 신분에 상응하는 높은 수준의 도덕적 의무'를 뜻하는 노블레스 오블리주(noblesse oblige)의 매우 훌륭한 본보기라고 마땅히 평가될 수 있다. 버핏의 기부 행위는 어쩌면 보통 사람들은 도저히 흉내낼 수 없는 고귀한 행위이며 현대판 노블레스 오블리주의 모범 사례라고 칭송할 만하다.

얼핏 이러한 세상의 평가에 대해 별다른 이견은 없을 것 같다. 우리는 여기서 버핏의 사례를 염두에 두면서 다음과 같은 도덕의 근본 물음을 던져볼 수 있다. 버핏의 행위는 정말로 도덕적인 행위인가? 도대체 어떤 행위가 도덕적 가치를 갖는가? 어떤 행위가 참된 도덕적 내용을 갖는가? 도대체 도덕을 평가하는 기준은 무엇인가? 왜 우리는 도덕적 행위를 해야 하는가?

이러한 질문들에 대한 답을 우리는 독일의 철학자 임마누엘 칸트의 윤리학 속에서 찾아보려고 한다. 먼저 칸트는 어떤 철학자인지 그의 생애와 저작에 대하여 간략하게 정리해 보자.

2. 칸트의 생애와 저작

칸트(Immanuel Kant, 1724-1804)는 1724년 4월 22일에 옛 독일의 영토이며 항구도시인 쾨니히스베르크(제2차 세계대전 후 소련에 의해 칼리닌그라드로 개칭되었으며, 현재는 러시아 영토에 속함)에서 태어났다. 칸트는 임마누엘이라는 이름으로 세례를 받게 되

칼리닌그라드 지도 (출처: 구글 이미지)

었다. 히브리어에서 유래한 임마누엘이라는 이름은 '신이 그와 함께 있다'라는 의미인데, 칸트는 나이가 들어서도 자신의 세례명을 자랑스럽게 여겼다고 한다.

칸트는 1803년 10월에 생애 처음으로 중병에 걸렸으며, 넉 달 뒤인 1804년 2월 12일 오전에 80세의 일기로 세상을 떠났다. 그는 쾨니히스베르크 대학에서 철학, 신학, 수학, 자연과학, 고전문학 등 인문학과 자연과학 전반을 아울러 공부했다. 1746년 부친이 사망하자

임마누엘 칸트 (출처: 구글 이미지)

대학을 떠나 상당 기간 동안 가정교사로 일하면서 생계를 꾸렸다. ― 가정교사는 당시의 가난한 학자들에게 호구지책의 수단이었을 뿐만 아니라 학문적 성숙을 위한 중요한 기회로 활용되곤 했다. 칸트는 1755년 10년의 가정교사 생활을 마감하고 대학으로 돌아와 뉴턴(Isaac Newton, 1643-1725)의 자연과학 원리를 받아들여 태양계와 전체 우주의 생성에 관한 이론을 제시한 논문『보편적인 자연사와 천체이론』을 작성하여 익명으로 출판하였다. 이 논문은 천문학의 역사에서 중요한 기초 자료가 되었는데, 우주의 형성에 관한 칸트의 순수 역학적 설명은 나중에 칸트-라플라스 이론으로 명명되었다. 같은 해에 칸트는「불에 관한 연구」로 박사학위를 받았으며, 「형이상학적 인식의 제일원리에 관한 새로운 해명」이라는 논문으로 교수 자격을 취득하였다.

1766년에 궁정도서관의 부사서직의 정규직 자리를 얻을 때까지 칸트는 주당 16-20시간을 강의하는 고달픈 비정규직 강사로 생계를 유지해야 했다. 1770년 46세가 되었을 때, 칸트는 오랜 기다림 끝에 그토록 원했던 모교인 쾨니히스베르크 대학의 논리학과 형이상학 담당 정교수가 될 수 있었다.

칸트의 학문적 관심의 범위가 얼마나 넓은지는 그가 개설한 강의 제목을 보면 짐작할 수 있다. 논리학, 형이상학, 윤리학, 철학적 종교학 등 철학 문제뿐만 아니라, 수학, 자연과학, 물리학적 지리학, 인간학, 교육학, 자연법, 철학적 백과, 심지어 요새 구축과 불꽃 제조술 등이 그것이다. 칸트는 여러 차례 철학부의 학장과 짧은 기간 대학의 총장을 역임하기도 했는데, 대학 행정에서의 성공 여부는 잘 알려져 있지 않다. 오히려 칸트는 일생 동안 강의와 연구 활동을 통해서 자신의 탁월성을 발휘하고 입증했다고 평가할 수 있을 것이다. 칸트는 다양한 소논문과 강의록, 수많은 단행본 저술들, 그리고 방대한 편지글을 인류의 소중한 철학적 자산으로 남겼다.

칸트는 결혼을 하지 않고 평생을 독신으로 살았지만, 친구들이나 다양한 부류의 사람들과 꽤 오랜 시간 점심식사를 곁들인 교제시간을 통해서 풍부한 인간관계를 형성하였다고 한다. 또한 잠들기 전 저녁시간을 활용하여 문학 작품이나 여행기 등을 읽으면서 인간과 세상사, 그리고 당시의 외국의 사정이나 국제정서 등에 대한 다양한 지식과 정보를 얻을 수 있었다. 이 점은『실용적 관점에서 본 인간학』등의 저술을 보면 잘 나타나 있다. 칸트의 주요한 저작들을 살펴보면 다음과 같다.

『순수이성비판』(1781)
『윤리형이상학 정초』(1785)
『실천이성비판』(1788)
『판단력비판』(1790)
『단순한 이성의 한계 안에서의 종교』(1793)
『윤리형이상학』(1797)
『실용적 관점에서 본 인간학』(1798)

　　칸트가 죽기 직전 남긴 마지막 말은 "좋다(Es ist gut)"라고 전해진다. 그러나 칸트가 어떤 의도로 그 말을 했는지는 정확하게 알려져 있지 않다. 따라서 다양한 해석과 추측이 가능할 텐데, '인생을 잘 살았고 이제 죽음을 맞아 삶을 잘 마칠 수 있어 좋다'라는 의미로 해석할 수도 있지 않을까 추측해 본다. 칸트의 묘비명에는 그의 저서 『실천이성비판』의 유명한 구절이 적혀 있다. "자주 그리고 계속해서 생각하면 할수록 점점 더 새롭고 더욱 큰 경탄과 경외심으로 내 마음을 채우는 두 가지 것이 있다. 그것은 내 머리 위의 별이 빛나는 하늘과 내 마음속의 도덕법칙이다."

　　오늘날 칸트 철학은 여전히 우리의 중요한 대화 상대자다. 인식론과 형이상학 혹은 존재론으로 대변되는 이론철학의 분야에서든, 윤리학 혹은 응용윤리학, 정치철학, 법철학, 사회철학 등 실천철학의 영역에서든, 아니면 역사철학, 종교철학, 예술철학, 교육철학의 논의에서든 칸트 철학은 우리에게 의미 있는 메시지와 통찰들을 제공해 준다는 점에서 의의가 크다고 하겠다.2)

3. 어떤 행위가 도덕적 가치를 갖는가?

칸트는 행위의 도덕적 기준은 무엇인가라는 물음에 대해 매우 독특하고 의미심장한 답을 제시한 것으로 잘 알려져 있다. 그런데 칸트 사후 200여 년이 지난 오늘날에도 그가 제시한 도덕이론이 여전히 타당성을 갖는가? 아니면 이미 유행이 지난 코트처럼 시대에 뒤떨어진 낡은 이론에 불과한 것인가?

칸트 윤리학은 정말 여러 가지 명칭으로 특징지어져 왔다. 규범 윤리학, 의무 윤리학 혹은 의무론적 윤리학, 형식 윤리학 혹은 형식주의 윤리학, 당위 윤리학, 심정 윤리학 혹은 동기 윤리학, 엄숙주의 윤리학, 준칙 윤리학 등이 그것이다. 이러한 복합적 명칭들은 오늘날 칸트 윤리학을 특징짓는 전문용어로서 통용되고 있지만, 이러한 명칭을 칸트 자신이 사용한 적은 없다. 사람들은 편의를 위해서 흔히 어떤 이론이나 학설에 이름을 붙이는데, 사실은 그 명칭이 중요한 것은 아니다. 일단은 이처럼 다양한 명칭들이 칸트 윤리학의 이해와 해석의 역사에서, 그리고 그 수용과 비판의 역사에서 학자들이 명명한 이름이라는 점을 이해할 필요가 있다. 여기서 중요한

---

2) 오트프리트 회페, 이상헌 옮김, 『임마누엘 칸트』, 문예출판사, 1997; 만프레드 가이어, 김광명 옮김, 『칸트평전』, 미다스북스, 2004 참조.

문제는 칸트가 도덕을 어떻게 이론적으로 정립했으며, 또 왜 그렇게 생각했는가를 꼼꼼하게 따져 묻는 것이다.

어떤 행위가 도덕적인 행위인가? 어떤 행위가 도덕적인 가치를 갖는가? 어떤 행위가 도덕의 내용을 포함하는가? 달리 표현된 동일한 이 질문들에 대한 적절한 해답을 우리는 칸트의『윤리형이상학 정초』3)라는 소책자 속에서 찾아볼 수 있다. 참고로 말하자면 칸트의 윤리학 저술은『윤리형이상학 정초』(1785) 이외에『실천이성비판』(1788),『윤리형이상학』(1797)과 칸트 사후 강의록을 정리하여 출판한『윤리학 강의』등이 있다.

칸트는 이전의 철학자들과 전혀 다른 관점과 태도를 가지고 도덕의 원천이나 근거 문제를 풀어보고자 했다. 행복이나 경험 개념 혹은 신의 의지나 인간의 도덕 감정(동정심) 등을 통해서가 아니라, 순수한 실천이성, 자유의지 혹은 자율 개념을 통해서 도덕을 정립하고자 했다.4) 도덕의 원천이나 근거 문제, 도덕의 이론적 정립 문제에 대해서는 아래에서 좀 더 자세하게 논의하기로 한다.

칸트에 따르면 행위는 크게 **의무에 어긋나는**[의무에 배치되는, 반의무적인] 행위와 **의무에 맞는**[의무에 적합한, 의무에 합당한, 합의무적인] 행위로 나눌 수 있다. 의무에 어긋나는 행위는 그 의무가 법적인 것이든 도덕적인 것이든 반드시 책임이 뒤따른다. 문제는 의무에 맞는 행위들 중에서 어떤 행위가 도덕적인 행위인가이다.

---

3) 임마누엘 칸트, 백종현 옮김,『윤리형이상학 정초』, 아카넷, 2005. 윤리학의 고전 중의 고전이라 말할 수 이 책에 대해 쉽게 풀어 쓴 안내서로는 랄프 루드비히, 이충진 옮김,『정언명령』, 이학사, 1999 참조.
4) 오트프리트 회페, 이상헌 옮김,『임마누엘 칸트』, 문예출판사, 1997, 201쪽 참조.

칸트는 의무에 맞는 행위와 **의무로부터 비롯된**[의무에서 말미암은]
행위를 구분하면서 의무로부터 비롯된 행위만이 도덕적 가치를 갖
는다고 말한다. 여기서 '의무에 어긋나는', '의무에 맞는', '의무로
부터 비롯된'이라는 용어 사용에 세심한 주의를 기울여야 하며, 특
히 '의무에 맞는'과 '의무로부터 비롯된'이라는 용어가 함축하고 있
는 의미의 엄격한 차이를 간과해서는 안 될 것이다.

칸트는 『윤리형이상학 정초』, 제1장에서 어떤 행위가 도덕적 가
치를 갖는가라는 문제를 다음과 같은 몇 가지 사례를 통해 설명한
다.

■ 상인의 사례

상점 주인이 어리숙한 고객에게 바가지를 씌우지 않고 정상가
격을 받고 물건을 파는 것은 의무에 합당한 일이다. 보통 상인들
은 정찰가격을 물건에 붙여서 팔기 때문에 세상물정에 어두운 순
진한 어린아이조차도 다른 사람들과 마찬가지로 제값에 물건을
사게 된다. 결과적으로 어떤 종류의 사람도 상인에게 정직하게
대접받게 된다. — 여기서 흔히 생각해 볼 수 있는 사례로서 바가
지를 씌우는 상인의 경우는 그 자체로 부도덕한 행위로 생각하여
전혀 고려하지 않는다. 칸트가 염두에 두고 있는 상인의 사례에
서 우리는 상인의 행위 동기가 의무로부터 비롯된 것이거나, 상
인이 정직하게 물건을 팔아야 한다는 어떤 원칙을 가지고 그렇게
처신했다고 곧이곧대로 믿을 수는 없다. 순전히 개인적인/사적인
이익 추구 혹은 장기적이고 안정적인 이윤 추구라는 의도에서 상
인이 그렇게 행위를 한 것이라고밖에 볼 수 없는 것이다.

■ 자살의 사례

자기의 생명을 보존하는 것은 의무이며 누구나 그렇게 하려는 직접적인 경향성을 갖는다. 자기 생명을 보존하려는 경향성만으로 그렇게 하는 것은 의무에 맞는 일이지만, 의무로부터 비롯된 것은 아니다. 그러나 어떤 사람이 불운과 절망 가운데 삶에 대한 흥미를 완전히 잃어버린 상황에서도, 영혼의 힘을 발휘하여 운명에 겁을 먹고 굴복하기보다는 죽음을 원하면서도 자신의 생명을 보존한다면, 그것도 생명을 사랑해서나 죽음에 대한 두려움에서가 아니라 의무로부터 비롯하여 자살하지 않고 생명을 보존하고 유지한다면, 그 행위는 도덕적 가치를 갖는다.

■ 선행의 사례

선행을 베푸는 일은 의무다. 천성적으로 동정심을 타고난 많은 사람들은 허영이나 사적 이익과 같은 동기에서가 아니라, 남들을 도와 자기 주위에 기쁨을 확산시킴으로써 내적인 만족을 갖는다. 그러한 경우에 그와 같은 행위는 의무에 합당하고, 당연히 칭찬과 격려를 받을 만한 일이다. 그러나 그것은 아무런 참된 도덕적 가치를 갖지 못한다. 왜냐하면 그러한 행위 속에는 의무로부터 행했다고 하는 도덕적 내용이 결여돼 있기 때문이다. 그런데 저 천성적으로 타고난 자선가의 마음이 극도의 슬픔으로 흐려져 타인의 운명에 대한 모든 동정심을 잃어버렸고, 고난 속에 있는 타인들을 도와줄 수 있는 충분한 여력이 있음에도 불구하고, 자기 자신의 고난에 얽매여 있기 때문에 남의 불행이 그를 자극하지 못한다고 가정해 보자. 그럼에도 불구하고 이러한 치명적인 무감수성에서 벗어나 아무런 경향성 없이, 오로지 의무로부터 남을 돕는 자선 행위를 한다면, 바로 그때 그 행위는 비로소 진정한 도덕적 가치를 갖는다. 다른 종류의 사람을 예로 들어보자. 그 사람은 다른 점에서는 정직한 사람이면서도 기질적으로 냉정하고 타인의 고통에 무관심하다고 가정해 보자. 만약 그 사람이 타고난 기질을 극복하고 자선을 행한다면, 바로 이 점에서 그 행위는 경향성에서가 아니라 의무로부터 선행을 하는 것이기 때문에 그것은 도덕적이며, 무엇과도 비교할 수 없는 최고의 도덕적 가치를 갖는다.

위의 사례들을 분석해 보면, 우리는 의무에 합당하거나 또는 의무를 충족시킬 수 있는 행위를 세 가지로 구분해 볼 수 있다. 첫째, 상인의 사례에서처럼 의무에 맞는 행위이지만 궁극적으로는 자기의 개인적인/사적인 이익관심에 따라 행위를 하는 것이다. 둘째, 자살과 관련된 생명 보존의 사례나 타고난 자선가 혹은 동정심의 소유자의 경우는 의무에 맞는 행위이면서도 직접적인 경향성에 따라 행위를 하는 것이다. 마지막으로 어떤 행위의 동기가 이익관심이나 경향성에서 비롯된 것이 아니라 순전히 의무로부터 비롯된 경우다. 이 경우는 다른 어떤 이유나 조건도 없이 의무 자체를 위하여 혹은 의무감 때문에, 무조건 따라야 하는 의무이기 때문에 의무를 행하는 경우다.5) 정리해 보면, 비록 의무에 맞는 행위일지라도 그것이 의무를 존중하는 동기에서 비롯된, 곧 의무로부터 말미암은 행위가 아니라면 도덕적인 행위라고 말할 수 없다. 생명에 대한 자연적인 애착 혹은 경향성에서 생명을 보존하는 것은 의무에 맞는 행위이지

---

5) 같은 책, 211쪽 참조.

만 의무로부터 비롯된 것은 아니다. 그렇기 때문에 그것은 도덕적 가치를 갖지 않는다. 천성적으로 동정심이 많은 사람이 타인을 도와줌으로써 기쁨을 느끼고 내적인 만족감을 얻는다면, 그러한 행위가 아무리 의무에 합당하고 칭찬할 만한 행위라고 하더라도, 그 역시 참된 도덕적 가치를 갖는다고 말할 수 없다. 그러나 인생에 대한 모든 흥미를 잃고 절망에 빠진 사람이 오직 의무를 존중하는 동기에서, 의무감 때문에 자살의 유혹을 물리치고 삶을 위한 결단을 한다면, 그 행위는 참된 도덕적 가치를 갖는다. 또한 자기 삶의 고뇌가 너무 커서 남의 어려움에 대해 어떤 관심도 가질 수 없는 지경에 이른 사람이 순전히 의무로부터 타인들을 돕는다면, 그러한 행위가 참된 도덕적 내용을 갖는다.

이제 위에서 언급한 워런 버핏의 사례를 한번 검토해 보자. 버핏의 기부 행위에 도덕적 가치가 있는가? 버핏의 기부 행위는 참된 도덕적 내용을 갖는가? 칸트적인 의미에서, 아니 칸트가 판단한다고 가정했을 때, 버핏의 행위가 도덕적 행위라고 볼 수 있는 근거가 있는가? 가능한 해답을 찾기 위해 위에서 정리한 세 가지 행위 동기— 즉 개인적인 이익관심, 직접적인 경향성(타고난 동정심의 소유자), 의무감— 에 따라 이야기를 구성해 보자. 먼저 버핏이 버크셔 해서웨이에 이익이 되리라는 개인적인 이익관심 때문에 기부했을 것이라고 가정해 볼 수 있다. 오늘날 많은 기업이 소비자에 대한 기업의 이미지 제고 차원에서 다양한 기부나 사회적 활동을 전개하고 있다. 그러한 활동이 기업의 목적인 이윤 추구에 부합하고, 나아가 장기적이고 안정적인 수익을 가져다줄 것으로 기대하는 것이다. 그러나 버핏이 기부한 3조 원이라는 금액의 천문학적 숫자를 고려한다면, 단순히 기업 이미지 제고나 개인적인 이익관심의 차원을 넘어서는 다른 동기의 작용 가능성 역시 배제할 수는 없을 것이다.

그렇다면 다음으로 버핏이 천성적으로 타고난 동정심의 소유자 혹은 자선가이기에 그러한 행위를 매번 스스럼없이 할 수 있다고 생각해 보자. 그의 엄청난 기부 행위는 칸트 식으로 말하자면, 자신의 직접적인 경향성에서 비롯된 것이다. 말하자면 이 세상에 존재하는 기아, 가난, 궁핍, 곤궁 등 지구상의 온갖 종류의 삶의 어려움을 겪고 있는 사람들을 목격하면서 동정심이 발동하여 기부와 자선의 행위를 한 것이다. 그것은 분명 선행이고 마땅히 칭찬받을 행위이지만, 칸트가 생각한 도덕적인 가치와 도덕적인 내용을 갖는 행위는 아니다. 여기서 우리는 버핏이 타고난 동정심의 소유자일 것으로 추측해 볼 수 있지만, 진정으로 그가 그러한 사람인지는 알 수 없다.

마지막으로 버핏의 기부 행위가 의무로부터 비롯된 행위라고 가정해 보자. 어려움에 처해 있는 세계의 수많은 사람들을 마땅히 도와야 한다는 의무감으로 말미암아 자선 행위를 했다면, 그 행위는 참된 도덕적 내용과 가치를 갖는다고 할 것이다. 우리는 여기서 버핏의 행위가 어떤 특정한 하나의 동기에서가 아니라, 여러 가지 동기들이 조금씩 섞여 작용한 결과라고도 볼 수 있다. 이를테면 버핏은 타고난 동정심의 소유자이면서 동시에 도덕적 의무감이나 사명감에 따라 행위를 하는 사람이라고 생각해 볼 수 있는 것이다. 이처럼 행위의 동기를 기준으로 도덕적 행위를 평가할 때의 가장 큰 어려움은, 경우에 따라서는 행위의 동기가 무엇인지 애매모호하고 불분명하다는 점이다. ― 사실 행위의 동기는 행위자인 개인 주관의 문제이기 때문이다. 그렇지만 물론 대부분의 경우에 우리는 위에서 살펴본 사례들에서처럼 자신이나 타인의 행위의 동기를 분명하게 식별할 수 있으며, 따라서 그 행위가 도덕적인지 아닌지를 평가할 수 있다. 타인의 객관적인 관점에서 행위의 동기가 불분명하더라도, 최소한 행위자 개인의 관점에서는 그 동기를 스스로 분명하게 인지한다고 봐야 한다.

이상에서 살펴본 것처럼 칸트가 생각한 도덕성은 단순히 행위와 의무의 일치를 뜻하지 않는다. 의무에 맞는, 의무에 합당한, 합의무적인 행위가 곧바로 도덕적인 행위가 되는 것이 아니라는 뜻이다. 도덕성은 합법성과 달리 오로지 행위를 규정하는 근거, 곧 행위의 동기와 깊게 연관되어 있다. 달리 말해서 행위의 도덕성은 행위의 실제 결과에 관계되는 것이 아니라 행위의 바탕이 되는 행위자의 동기, 곧 행위자의 의지에 관계된다.

칸트는 다양한 사례들을 통해서 어떤 행위가 도덕적 가치를 갖는가를 분명히 밝힌 후, 다음과 같은 귀결을 이끌어낸다. "의무는 법칙에 대한 존경으로부터 말미암은 행위의 필연성이다[의무는 법칙에 대한 존경에서 비롯한 필연적 행위다]."(『윤리형이상학 정초』, B15) 이 말은 달리 표현하면 이렇다. 의무로부터 행위하는 것은 법칙에 대한 존경심에서 행위하는 것이다. 여기서 이 말의 정확한 뜻을 파악하기 위해서 '법칙에 대한 존경'이란 말마디를 좀 더 자세하게 음미해 볼 필요가 있겠다. 존경 혹은 존경심은 일종의 감정인데, 보통 우리가 생각하는 그런 감정이 아니다. 그것은 일종의 특별한 혹은 독특한 감정이라고 이해할 수도 있다. 달리 말해서 그것은 일상적인 언어 사용의 용법과 다른 뉘앙스를 갖는 칸트의 전문용어다.6) "그것은 외부 영향으로부터 받아들여진 감정이 아니라, 이성

---

6) H. J. 페이튼, 김성호 옮김, 『칸트의 도덕철학』, 서광사, 1988, 89쪽 이하 참조

개념에 의해 스스로 일으켜진 감정"이며, 다른 영향을 받지 않고 내 의지가 "법칙에 종속한다는 의식을 의미한다." "법칙에 의한 의지의 직접적 규정 및 그 규정에 대한 의식을 일컬어 존경"이라고 한다(『윤리형이상학 정초』, B17). 정리해 보면 존경은 법칙에 대한 복종을 의미하며, 존경이라는 특별한 감정의 근거는 감성이 아니라 이성이라는 것이다. 따라서 법칙에 대한 존경에서 행위를 한다는 것은 의무로부터 비롯하여, 의무에서 말미암아 행위를 한다는 것과 동일한 의미를 갖는다고 하겠다.

4. 도덕성의 최고 원리로서 정언명령

이상에서 우리는 어떤 행위가 도덕적인 행위인가, 어떤 행위가 도덕적인 내용 혹은 가치를 갖는가, 도덕이 무엇인가를 칸트의 주장을 통해서 살펴보았다. 이제 도덕의 객관적 기준이라고 말할 수 있는 정언명령에 대하여 논의해 보자. 정언명령은 한마디로 말해서 도덕성의 최고의 원리 혹은 도덕성의 최고의 기준이다. 정언명령은 '마땅히 해야 한다'라는 당위로서 표현된다. 여기서 정언 혹은 정언적이라는 단어는 절대적, 무조건적이란 뜻이다. 따라서 정언명령은 아무런 조건 없이 행하는 것을 요구한다.[7] 정언명령을 가장 짧고

---

7) 정언명령에 대한 이해를 돕기 위해서 우리는 그와 반대되는 가언명령을 살펴볼 수 있다. 가언명령의 형식은 '만일 당신이 X를 바란다면, 당신은 Y를 해야 한다'이다. 이를테면 '좋은 학점을 바란다면, 시험을 잘 치러야 한다'와 같은 것이다. 칸트의 설명에 따르면 행위가 어떤 무엇을 위해서, 즉 수단으로서 선하다면, 그것은 가언이다. 이와 달리 행위가 그 자체로서 선한 것이라면 그것은 정언적인 것이다. 『윤리형이상학 정초』, B39 이하 참조.

단순하게 표현하면 "도덕적으로 행위하라!"이다.

그럼 왜 도덕명령은 정언적이어야 하는가? 그것은 한마디로 불완전한 이성적 존재자인 인간 존재의 특성과 관련된다. 초인간적이고 완전한 이성적 존재자인 신은 도덕법칙 혹은 도덕명령에 종속하거나 복종할 필요가 없다. 왜냐하면 의욕과 당위의 일치라는 신 개념의 특성상, 신은 완전한 존재로 이해되기 때문이다. 한마디로 말해서 완전한 이성적 존재인 신에 대해서는 어떤 명령도 타당하지 않다고 보아야 한다. 도덕이 인간만의 일인 까닭은 한마디로 인간의 유한하고 불완전한 본성 때문이고, 또한 그럼에도 불구하고 도덕명령을 따를 수 있는 능력을 갖고 있기 때문이다.

칸트는『윤리형이상학 정초』, 제2장에서 도덕법칙으로서 정언명령을 도출하는데, 그것을 몇 가지 정식의 형태로 제시한다. 칸트가 정언명령을 단 하나의 정식으로 제시하지 않고 그것을 여러 가지 형식으로 표현한 것은 내용에 차이가 있어서가 아니다. 그것은 다만 정언명령을 다양한 관점에 따라 설명하기 위한 의도 때문이다. 우리는 여기서 페이튼(H. J. Paton)이 명명한 방식을 채용하여 정언명령의 정식들을 몇 가지로 구분하여 정리해 볼 수 있다.8) 독자의 이해를 돕기 위하여 각각 백종현의 번역서『윤리형이상학 정초』(A

로 표기함)와 페이튼의 책 『칸트의 도덕철학』(a로 표기함)을 참조하기로 한다. 이렇게 하는 것은, 다만 칸트 원문 번역에 대한 우리말의 문장 구성 혹은 어휘 선택이 다른 두 개의 표현 방식을 제시하는 것이 독자들의 이해를 도울 수 있다고 믿기 때문이다.

(1) 보편법칙의 정식

그 준칙이 보편적 법칙이 될 것을, 그 준칙을 통해 네가 동시에 의욕할 수 있는, 오직 그런 준칙에 따라서만 행위하라. (A)

너의 준칙이 보편법칙이 될 것을 그 준칙을 통하여 네가 동시에 의욕할 수 있는 그러한 준칙에 따라서만 행위하라. (a)

(2) 자연법칙의 정식

마치 너의 행위의 준칙이 너의 의지에 의해 보편적 자연법칙이 되어야 하는 것처럼, 그렇게 행위하라. (A)

너의 행위의 준칙이 너의 의지를 통하여 보편적 자연법칙이 되는 듯이 행위하라. (a)

(3) 목적 자체의 정식

네가 너 자신의 인격에서나 다른 모든 사람의 인격에서 인간(성)을 항상 동시에 목적으로 대하고, 결코 한낱 수단으로 대하지 않도록, 그렇게 행위하라. (A)

너 자신의 인격에 있어서나 모든 타인의 인격에 있어서 인간성을 단순히 수단으로서만 사용하지 말고 동시에 목적으로 사용하

---

8) H. J. 페이튼, 김성호 옮김, 『칸트의 도덕철학』, 서광사, 1988, 185쪽 이하 참조.

도록 행위하라. (a)

(4) 자율의 정식

의지가 자기의 준칙에 의해 자기 자신을 동시에 보편적으로 법칙을 수립하는 자로 볼 수 있는, 그런 준칙에 따라서 행위하라. (A)

너의 의지가 자신의 준칙을 통하여 동시에 자기 자신을 보편법칙을 세우는 존재로 간주할 수 있도록 행위하라. (a)

(5) 목적의 왕국의 정식

너의 준칙을 통하여 너 자신이 항상 목적의 왕국의 법칙을 수립하는 구성원처럼 행위하라. (a)

다양하게 표현된 정언명령의 정식은 큰 틀에서 보면 두 가지 요소, 즉 준칙과 보편적인 법칙의 관계를 지시하고 있다. 준칙이 행위의 주관적 원리라면, 도덕법칙은 행위의 객관적 원리다. 달리 말해서 준칙은 개인들의 다양하고 구체적인 행위의 원리다. 준칙은 개인 삶의 모든 영역과 국면에서 행위의 방향을 결정해 주며 행위의 평가 원리를 제공한다. 준칙은 예를 들어 누군가의 도움이 필요한 상황에서 자선을 베풀 것인가 아니면 무관심할 것인가를 결정하는 데 주도적 역할을 한다. 우리는 자신의 주관적 행위 원리인 준칙을 시험해 봄으로써 우리의 행위가 의무에 어긋나는 행위인지 의무에 맞는 행위인지, 아니면 의무로부터 비롯된 행위인지를 평가할 수 있다.

정언명령의 두 번째 구성 요소는 보편적인 법칙 혹은 보편화다. 이 보편화는 준칙에 의한 개인 삶의 주관적 지평이 객관적 지평으로, 달리 말해서 공동체 사회에서 보편적이고 객관적인 것으로 통용될 수 있는가를 검증하는 것이다.9) 칸트는 정언명령의 정식을 제시한 다음에 몇 가지 사례들을 통해 준칙의 보편화 가능성을 검사한다. 『윤리형이상학 정초』, B53-B57을 참조하여 자연법칙의 정식에 따른 사례들의 평가를 정리하면 다음과 같다.

■ 자살의 사례

절망이 극에 달해서 삶에 염증을 느낀 어떤 사람이 있다. 그러나 그는 자살이 자기 자신에 대한 의무에 어긋나는 일이 아닐까 자문할 수 있을 정도로 아직은 이성적이다. 이제 그가 자신의 주관적 행위의 준칙이 과연 보편적 자연법칙이 될 수 있는가를 검토한다고 하자. 그런데 그의 준칙은 다음과 같다. '삶의 연장은 절망이므로, 나는 자기애에서 차라리 생을 단축하여 마감하기를 원한다.' 여기서 제기된 문제는 과연 자기애의 원리에 따라 자살을 선택하는 것이 보편적인 자연법칙이 될 수 있는가이다. 이 질문과 관련하여 사람들은 즉각적으로 알 수 있다. 생명의 촉진이 아니라 파괴가 자연법칙이라면, 자연은 자기 자신과 모순될 뿐만 아니라, 존립하지 못할 것이다. 따라서 저 준칙은 보편적인 자연법칙이 될 수 없으며, 생명의 보존 의무라는 객관적 도덕 원리와 전적으로 상충된다.

■ 거짓 약속의 사례

돈을 빌릴 수밖에 없는 어려움에 처한 사람이 있다. 그 사람은

---

9) 오트프리트 회페, 이상헌 옮김, 『임마누엘 칸트』, 문예출판사, 1997, 221쪽 이하 참조

빌린 돈을 갚을 수 없음을 알고 있고, 또 언제까지 갚겠다고 확실하게 약속하지 않는다면 돈을 빌릴 수 없다는 것도 잘 알고 있다. 그러나 그는 거짓된 약속이라도 해서 자신의 곤경을 벗어날 생각을 한다. 그런데 그는 그렇게 행하는 것이 허용되지 않으며 의무에 어긋나는 일인가를 자문할 정도로 아직은 양심을 가지고 있다. 그가 그렇게 행하기로 결심한다면, 그의 주관적 행위의 준칙은 이렇다. '돈을 갚을 수 없지만 내가 곤경에 처해 있다면 거짓된 약속을 해서라도 돈을 빌린다.' 어떻게 보면 여기서 자기애나 자기 이익관심의 주관적 행위의 원리는 자신의 미래의 안녕과 잘 부합하는 것처럼 보인다. 그러나 문제는 과연 그런 행위의 원리가 옳은가이다. 우리는 그 행위의 준칙이 보편적 자연법칙으로 타당할 수 없고, 필연적으로 자기모순일 수밖에 없다는 것을 안다. 왜냐하면 지킬 뜻이 없는 거짓된 약속이 보편법칙이 되면, 그것은 약속과 약속의 목적 자체를 불가능하게 한다는 것을 누구든지 알기 때문이다. 그렇게 된다면 어느 누구도 약속을 믿지 않을 것이고, 그러한 모든 표명을 허황한 구실이라고 조소할 것이다. 달리 말해서 약속의 불이행이 보편화된다면, 약속이라는 제도와 더불어 이 제도 속에서 영위되는 인간 공동 삶의 가능성은 사라져버릴 것이다.10)

---

10) 거짓 약속에 대해 사람들은 칸트의 주장을 오해한다. 그러나 칸트의 생각은 약속이라면 어떤 상황에서도 반드시 지켜져야 한다는 것이 아니다. 칸트가 문제 삼고 있는 것은 약속 과정이나 사건이 아니라 의지를 규정하는 주관적 행위의 원칙이다. 말하자면 곤란한 상황에 있는 사람이 약속을 지키지 않을 것을 스스로 알고 있으면서도 약속을 해도 되는가가 문제인 것이다. 같은 책, 228쪽 이하 참조.

■ 능력 계발의 사례

약간만 노력하면 여러모로 유능한 능력을 갖출 수 있는 사람이 있다. 그러나 그는 편안한 환경 속에서, 자신의 소질을 계발하고 노력하기보다는 쾌락에 몰두하고 있다. 그는 자신의 천부적 자질을 방치하는 주관적 행위의 준칙이 사람들이 의무라고 부르는 것과 합치하는가를 묻는다. 물론 그는 인간이 자신의 재능을 녹슬게 내버려두고 자신의 인생을 향락적인 생활로 보낸다고 해도 자연은 보편적인 법칙에 따라 언제나 그렇게 존속할 수 있다는 것을 안다. 그러나 그는 자신의 행위의 준칙이 보편적 자연법칙이 되는 것을 도저히 의욕할 수는 없다. 왜냐하면 그는 주어진 능력을 모든 가능한 의도나 목적을 위해 사용할 것이고, 이성적 존재자로서 자신의 모든 능력의 계발을 필연적으로 의욕할 것이기 때문이다.

■ 자선의 사례

자기 일이 잘되어 경제적으로 크게 성공한 사람이 있다. 그는 다른 사람들의 불행과 역경을 방관하면서 다음과 같이 생각한다. '그게 나와 무슨 상관인가! 나는 다른 사람들로부터 아무것도 빼앗지 않을 것이며, 부러워하지도 않을 것이다. 나는 타인의 삶이나 안녕에 별 관심이 없다.' 물론 이러한 주관적 행위의 원리가 보편적인 자연법칙이 된다고 하더라도 인류는 존속할 수는 있을 것이다. 그러나 이러한 주관적 행위의 준칙이 언제 어디에서나 타당하기를 의욕한다는 것은 불가능하다. 왜냐하면 그가 타인의 사랑이나 동정을 필요로 할 경우도 많을 것이고, 그러한 자신의 주관적 행위의 준칙에 따라 기대할 수 있는 도움에 대한 모든 희망이 사라질 경우도 많을 것이기 때문이다.

이상에서 살펴본 사례들에서처럼, 행위의 주관적 원리인 어떤 준칙들은 모순 없이 보편적인 법칙으로 생각될 수 없으며 또 의욕될 수 없다는 점이 밝혀졌다. 이처럼 정언명령은 도덕성의 원리이면서 동시에 행위의 도덕성을 평가하는 검증의 기준으로 작용한다.

5. 도덕의 원천과 근거 문제

이제 앞에서 미뤄둔 도덕성의 원천과 근거에 대한 보론적인 논의를 간략하게 덧붙여보자.[11] 칸트는 순수 실천이성의 개념 속에서 도덕성의 원리를 선험적(a priori)으로, 즉 경험과 무관하게 발견해야 한다고 주장한다. 칸트에 따르면 도덕법칙은 경험 개념이나 원리가 아닌, 순수한 실천이성 개념에 근거해야 한다. 도덕법칙이 모두에게 예외 없이 구속력을 가진 법칙이 되려면, 그 근거는 경험적인 것이어서는 안 된다는 뜻이다. 이러한 입장을 칸트는 다음과 같이 은유적으로 표현한다. "모든 도덕적인 개념들은 완전히 선험적으로 이성 안에 자신의 거처와 원천을 가져야 한다."(『윤리형이상학 정초』, B34) 여기서 거처나 원천과 같은 은유적 표현이 함축하고 있는 의미는 다른 것이 아니다. 그것은 도덕 개념들이 이성 안에서 선험적으로 발견되어야 하고, 또 순전히 이성적인 심사숙고를 바탕으로 근거 지어져야 한다는 뜻이다.

도덕성을 정립하는 데 있어서 이성이 가장 핵심적인 위치를 차지

---

11) 김양현, 「칸트 윤리학의 세 얼굴」, 『철학비평』, 제2호, 1999, 213-233쪽, 216-227쪽 참조.

한다는 점에서 보면, 객관적 자연이나 인간의 자연 본성, 그리고 신의 의지 등과 같은 다른 원리들은 도덕성의 근거로서 그 자격을 상실한다. 세계나 자연은 말할 것도 없고, 신으로부터도 도덕적인 권위나 도덕성의 충분한 근거가 도출될 수 없다는 것이다. 신이 나에게 이런저런 행위를 요구한다는 사실에서 그것에 상응하는 구속력이 생기지는 않는다. 칸트는 신이나 전통의 권위와 무관하게, 단지 이성을 통해서, 이성 개념만으로 도덕성을 정립하려고 한 것이다. 그러면 도덕성의 정립에서 핵심적인 역할을 하고 있는 이성은 누구의 이성인가? 신의 이성인가 인간의 이성인가, 아니면 내용 없는 공허한 개념으로서의 이성인가? 아니면 기독교적인 신의 세속화된 개념으로 이해하여 그러한 이성은 주어질 수 없는 것이라고 말해야 하는가? 여기서 이에 대한 자세한 논의를 전개할 수는 없을 것이다. 대신에 우리는 자기 스스로를 이성적 존재로 이해하는 인간의 본성에 주목하면서 제기된 물음에 답해 볼 수 있다. 남자인가 여자인가, 백인인가 흑인인가, 가난한 사람인가 부유한 사람인가라는 사실과 무관하게, 인간은 이성적 존재의 독보적인 후보자임이 분명하다. 이성적 존재를 근거로 도덕성을 정립하려는 칸트의 요구는 부적절한 것이 아니다. 오히려 모든 인간이 도덕 문제에 직면하여 저절로 이해할 수 있는 바를 단지 개념화시킨 것이다. 칸트는 오직 인간으로부터 이성적 존재라는 개념에 도달했다고 생각할 수 있다. 말하자면 이성은 인간의 자연적 본성을 이상화시킨 자기상이 아니라 인간의 규범적인 자기 개념으로 이해되어야 한다. 물론 여기서 규범적이라는 말은, 설령 우리가 실제로는 결코 이성적이지 않다고 하더라도, 우리 자신을 이성적 존재로서 이해하며 행위한다는 의미에서 그렇다.

칸트에게 도덕이 인간에 맞추어 재단되어 있다는 사실은 의심할 여지가 없다. 도덕의 제자리는 바로 인간이고, 초인간적인 존재인 신적 존재가 아니라는 점은 분명하다. 그러나 인간의 이성은 자기 힘으로 의지를 규정하는 데 충분하지 않고, 또 그 의지는 항상 그렇지는 않지만 어떤 충동들에 굴복한다. 그러나 인간은 자신의 자연적인 본성에 맞서 도덕적인 의무를 이행해야 함을 잘 알고 있다. 이러한 맥락에서 도덕의 주체는 이성적으로 판단할 줄 알고, 또 자신의 행위에 책임질 수 있는 사람, 인격체라고 할 것이다.

이상의 내용을 간추려 정리해 보자. 이성은 도덕성의 정립에서 핵심 개념이며 근거다. 이성적인 능력은 도덕의 주체를 결정하는 기준이다. 이성의 역할과 위상에 비추어 보면 칸트 윤리학은 이성 중심주의를 특징으로 한다. 그런데 칸트가 말한 이성은 자기 스스로를 이성적 존재로 이해하며 행위하는 인간의 이성이라는 점에서 그 의미를 완전히 드러낸다. 우리가 실제로 알고 있는 이성적인 존재는 인간뿐이라는 사실이 이러한 논지를 자연스럽게 뒷받침한다고 하겠다. 자기 자신을 이성적 존재로 이해하며 행위하는 인간을 대상으로 한다는 점에서, 도덕은 초인간적인 존재가 아니라 바로 이성적인 자연존재인 인간을 그 대상으로 한다. 그렇기 때문에 바로 인간에게서 도덕이 요구되고, 요구될 수 있고, 요구되어야 한다. 이러한 의미에서 도덕적 의무와 책임의 실제적 주체는 이성적으로 판단할 줄 알고 또 자신의 행위에 책임질 수 있는 능력을 가진 사람, 즉 인격체뿐이다.

6. 맺음말

이상에서 우리는 칸트의 『윤리형이상학 정초』를 중심으로 어떤 행위가 도덕적인 행위인가라는 문제를 살펴보았다. 칸트가 말한 도덕성의 개념은 보통 사람들이 생각하는 것과 달리 매우 독특하고 엄격한 것이다. 도덕성은 합법성 혹은 합의무성과 다른 것이다. 말하자면 합법적인, 의무에 맞는, 의무에 합당한 행위가 곧바로 도덕적인 행위가 되는 것이 아니다. 비록 의무에 맞는 합법적인 행위라 할지라도 그것이 의무를 존중하는 동기에서 비롯된, 즉 의무로부터 말미암은 행위가 아니라면 도덕적인 행위라고 말할 수 없다. 달리 말해서 도덕적으로 가치 있는 행위는 도덕법칙에 대한 존경심에서 혹은 의무감에서 비롯된 행위라고 하겠다.

정언명령은 칸트가 제시한 도덕성의 객관적 기준이며 도덕성의 최고의 원리다. 설명을 위해서 다양한 정식이 제시되었지만, 정언명령은 공통적으로 두 가지 핵심 요소, 즉 주관적 행위의 원리인 준칙과 객관적 행위의 원리인 보편법칙으로 구성되어 있다. 정언명령에 따라 개인들은 자신이 따르는 주관적 행위 원리를, 그것이 항상 보편적인 법칙으로 간주될 수 있는가를 자기 평가를 통해서 선택하고 검증할 수 있다. 정언명령이 마땅히 행해야 할 것을 행하라는 절대적인 명령일 수밖에 없는 이유는, 인간이 객관적인 행위 원리인 보편법칙에 따라 항상 행위할 수 없는 존재, 즉 본성상 불완전한 존재이기 때문이다. 따라서 도덕은 인간에게 자신의 자연적 본성과 충동에 맞서 인간으로서의 책임과 의무를 다할 것을 명하는 것이다.12)

『윤리형이상학 정초』 더 읽기

■ 선의지

이 세계에서 또는 도대체가 이 세계 밖에서까지라도 아무런 제한 없이 선하다고 생각될 수 있을 것은 오로지 **선의지**뿐이다. 지성, 기지, 판단력, 그 밖에 정신의 **재능들**이라고 일컬을 수 있는 것들, 또는 용기, 결단성, 초지일관성 같은 **기질**상의 성질들은 의심할 여지없이 많은 의도에서 선하고 바람직스럽다. 그러나 이런 것들도, 만약 이런 천부의 자질들을 사용하는, 그 때문에 그것의 특유한 성질을 **성격**이라고 일컫는, 의지가 선하지 않다면, 극도로 악하고 해가 될 수도 있다. **행운의 자질**과 관련해서도 사정은 마찬가지다. 권력, 부, 명예, 심지어 건강도, 그리고 **행복**이라는 이름 아래서의, 자기 상태에 대한 전적인 편안함과 만족도 용기를 불러일으키고, 그럼으로써 사람을 자주 오만 방자하게 만든다. 만약 이것들이 마음 및 이와 더불어 행위하는 전체 원리에 미치는 영향을 올바르게 하고, 보편적이며 합목적적으로 만들어주는 선의지가 없는 곳에서는 말이다. 이성적이고 편파적이지 않은 관객은 순수하고 선한 의지의 특징을 갖추지 못한 자가 부단히 무사 번영함을 보는 것만으로도 결코 흡족할 수 없다는 사실을 언급할 것도 없이, 선의지는 행복을 누릴 품격[자격] 있음의 필요불가결한 조건을 이루는 것으로 보인다. … 선의지는 그것이 생기게 하는 것이나 성취한 것으로 말미암아, 또 어떤 세워진 목적 달성에 쓸모 있음으로 말미암아 선한 것이 아니라, 오로지 그 의

---

12) 이 장은 김양현 외, 『윤리학의 이해』, 철학과현실사, 2011, 3장 내용을 전체적으로 수정·보완한 것임을 밝혀둔다.

욕함으로 말미암아, 다시 말해 그 자체로 선한 것이다. … 선의지는 보석과 같이 그 자체만으로도, 그 자신 안에 온전한 가치를 가진 어떤 것으로서 빛날 터이다. 유용성이니 무익함이니 하는 것은 이 가치에 아무것도 증감시킬 수 없다. (『윤리형이상학 정초』, B1-B3)

■ 목적과 수단, 인격과 물건

인간은, 그리고 일반적으로 모든 이성적 존재자는, 목적 그 자체로 **실존하며, 한낱** 이런저런 의지의 임의적 사용을 위한 **수단으로서 실존하는 것이 아니다.** 인간은, 그리고 일반적으로 모든 이성적 존재자는 그의 모든, 자기 자신을 향한 행위에 있어서 그리고 다른 이성적 존재자를 향한 행위에 있어서 항상 **동시에 목적으로서** 보아야 한다. … 이성이 없는 존재자들이라면, 단지 수단으로서, 상대적 가치만을 가지며, 그래서 **물건들**이라고 일컫는다. 그에 반해 이성적 존재자들은 **인격들**이라 불린다. 왜냐하면 그것들의 본성이 그것들을 이미 목적들 그 자체로, 다시 말해 한낱 수단으로 사용되어서는 안 되는 어떤 것을 표시하고, 그러니까 그런 한에서 모든 자의를 제한하기 (그리고 존경의 대상이기) 때문이다. 그러므로 인격들은 한낱 그것들의 실존이 우리 행위의 결과로서 **우리에 대해서** 가치를 갖는 주관적 목적들이 아니라, 오히려 **객관적인 목적들**이다. (『윤리형이상학 정초』, B64-B66)

■ 가격과 존엄성

목적들의 나라[목적의 왕국]에서 모든 것은 **가격**을 갖거나 **존엄성**을 갖는다. 가격을 갖는 것은 **같은 가격**을 갖는 다른 것으로 대치될 수 있다. 이에 반해 모든 가격을 뛰어넘는, 그러니까 같은 가격을 갖기를 허용하지 않는 것은 존엄성을 갖는다.

보편적인 인간의 경향성 및 필요들과 관련되어 있는 것은 **시장가격**을 갖는다. 필요와 상관없이, 어떤 취미나 순전히 무목적적인 유희에서 우리 마음 능력의 흡족함에 따르는 것은 **애호가격**이다. 그러나 그 아래서에만 어떤 것이 목적 그 자체일 수 있는 그런 조건을 이루는 것은 한낱 상대적 가치, 다시 말해 가격을 갖는 것이 아니라 내적 가치, 다시 말해 **존엄성**을 갖는다. … 윤리성과, 윤리적일 수 있는 한에서의 인간성만이 존엄성을 가지는 것이다. (『윤리형이상학 정초』, B77)

■ 소극적 자유와 적극적 자유(자율)

의지는 생물이 이성적인 한에서 갖는 일종의 원인성이다. **자유**는 이런 원인성의 특성인데, 자유는 그것을 **규정하는** 외래의 원인들에 독립해서 작용할 수 있는 것이다. 반면에 **자연필연성**은, 외래 원인들의 영향에 의해 활동하게끔 규정받는, 모든 이성 없는 존재자들의 원인성의 특징이다.

앞서 한 자유에 대한 설명은 **소극적**인 것이고, 그래서 본질적인 통찰을 위해서는 비생산적이다. 그러나 이로부터 그에 대한 **적극적인** 개념, 보다 더 내용이 풍부하고 생산적인 개념이 나온다. … 자유는, 비록 자연법칙들에 따르는 의지의 성질은 아니지만, 그럼에도 전혀 무법칙적이지 않고, 오히려 불변적인 법칙들에 따르는 원인성인데, 그러나 특수한 종류의 것임에 틀림없다. (『윤리형이상학 정초』, B97-B98)

■ 참고문헌

만프레드 가이어, 김광명 옮김, 『칸트 평전』, 미다스북스, 2004.

김양현, 「칸트 윤리학의 세 얼굴」, 『철학비평』, 제2호, 1999.

김태길, 『윤리학』, 박영사, 1997.

랄프 루드비히, 이충진 옮김, 『정언명령』, 이학사, 1999.

임마누엘 칸트, 백종현 옮김, 『윤리형이상학 정초』, 아카넷, 2005.

크리스틴 M. 코스가드, 김양현·강현정 옮김, 『목적의 왕국: 칸트 윤리학의 새로운 도전』, 철학과현실사, 2007.

크리스틴 M. 코스가드, 강현정·김양현 옮김, 『규범성의 원천』, 철학과현실사, 2011.

H. J. 페이튼, 김성호 옮김, 『칸트의 도덕철학』, 서광사, 1988.

오트프리트 회페, 이상헌 옮김, 『임마누엘 칸트』, 문예출판사, 1997.

4장 벤담과 밀
쾌락이나 고통이 도덕의 기준인가?

1. 문제 제기

쾌락이나 고통은 인간의 가장 원초적이며 기본적인 경험이다. 그 것들은 서로 상반된 의식 경험이며, 다른 어떤 경험으로도 설명될 수 없는 가장 직접적인 경험에 속한다. 고통은 없애거나 피하지 않 으면 계속되지만, 쾌락은 그 상태가 지속되면 그것을 당연한 것으 로 느끼고 더 이상 쾌락으로 여기지 않는다. 만약 우리가 극심한 통 증이나 고통에 시달린다면 우리는 매우 불행하게 느낄 것이며 더 이상 활기찬 삶을 기대할 수 없을 것이다. 잠시라도 아픈 경험이 있 다면 쉽게 이해할 수 있는 이야기다. 육체적이든 정신적이든 심리 적이든 그것이 어떤 종류이든 간에, 고통은 우리의 일상적인 삶을 매우 지치고 힘들게 할 뿐만 아니라 경우에 따라서는 삶의 실현 가 능성 자체를 차단해 버린다. 특히 병으로 고통 받고 있거나 그러한 경험을 가진 사람들은 고통이 얼마나 지독하고 나쁜 것인지 또 바

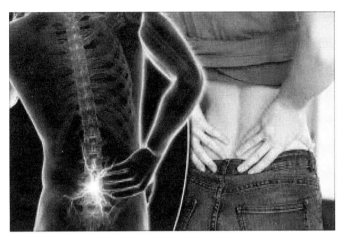

허리 통증 (출처: 구글 이미지)

람직하지 않은 것인지를 잘 알고 있다.

　논의의 편의를 위해서 잠시 내 경험을 이야기해 볼 수 있겠다. 나는 오랫동안 만성적인 허리 통증으로 고생해 왔다. 비교적 젊은 나이인 30대 중반에 이미 한 차례 허리 디스크 수술을 받았다. 그 이후 20여 년이 지난 최근 2년 사이에 척추질환으로 두 차례에 걸쳐 대수술을 받게 되었다. 인생의 25년 이상을 허리 병 때문에 말 못할 고통과 극심한 통증을 경험했다고 할 것이다. 통증의 경험, 고통의 경험은 나에게 특별한 의미와 깨달음을 주었다. 첫 번째 깨달음은 우리는 오로지 자기 자신만의 고통이나 통증을 의식한다는 점이다. 우리는 나만의 고통을 의식하지 타인의 고통은 결코 직접 의식할 수는 없다. 다시 말하자면 고통은 자기 자신밖에 느낄 수 없다. 이러한 의미에서 고통은 인간의 가장 근원적이며 원초적인 의식이다. 따라서 우리는 고통에 대하여 다른 사람에게 설명할 수는 있지만,

다른 사람들은 그것을 결코 직접 느낄 수 없다. 물론 우리는 자기 경험을 유추하여 간접적인 방식으로 타인의 고통을 얼마간 짐작하거나 다소간 이해할 수는 있다. ─ 이 점에 있어서 유감스럽게도 모든 사람이 똑같지 않은 것처럼 보인다. 간혹 주변에 감수성이 풍부한 사람들이 있다면, 그들은 타인의 고통을 좀 더 잘 이해한다. 처음에 나는 정말 서운하고 야속한 생각이 들었다. 그렇게 아파 죽겠다고 해도 가장 가까운 가족들이나 친구들조차도 그것을 제대로 알아주는 사람이 없었다. '고통은 자기 자신만 의식한다.' 지금 돌이켜보면 이 엄연한 사실은 너무도 당연한 것이다. 또 우리가 그렇게 생겼다는 것은 정말 다행스러운 일이다. 만약 우리가 타인의 고통을 직접적으로 일일이 의식하게 된다면 정말 큰일이 아니겠는가! 자신만의 고통으로도 힘들어 죽을 지경인데, 타인의 고통까지 모두 의식하게 된다면 우리는 한순간도 우리 자신의 삶을 영위할 수 없을 것이기 때문이다. 간혹 고통을 잘 견디는 사람들도 있다. 그러나 대부분의 사람들은 그렇지 못하다. 고통은 우리가 싸워야 할 대상임이 분명하다. 따라서 고통이 있다면 그것을 가능한 한 빨리 경감시키거나 없애야 한다. 만약 고통이 어쩔 수 없이 지속되는 것이라면 그것을 받아들이고 인격의 온전함을 유지할 수 있도록 노력해야 한다.

두 번째로 오랫동안 고통을 체험해 봄으로써 나는 쾌락이나 고통에 관한 도덕이론을 좀 더 잘 이해할 수 있게 되었다. 말하자면 고통에 대한 직접적인 경험을 통해서 그것이 얼마나 나쁜 것인지, 바람직하지 않은 것인지를 깨닫게 되었다. 인간의 고통 문제를 도덕의 근간으로 삼는 것은 매우 현실적이며 상당한 설득력을 갖는다. 물론 우리가 이렇게 생각한다고 하더라도 곧바로 공리주의자가 되는 것도 아니며, 또 그렇게 되어야 한다고 주장하는 것도 아니다. 생각해 보면 대학의 전공이나 교양 수업에서 공리주의 이론을 제대로 가르치지 않는다. 특별하게 배운 것이 없으니 오랫동안 내 경우에도 '공리주의는 이러저러하다'는 식의 도식화된 해석이나 잘못된 선입견이 지배적이었다. 이론적 당파성을 떠나 공리주의적 주장에 대해 다소간 우호적인 관심을 가질 필요가 충분히 있다고 생각한다. 상식과 보통의 인간 삶에 비추어 볼 때, 쾌락이나 고통이 좋음과 나쁨, 곧 선과 악의 중요한 기준이라는 공리주의의 주장은 적지 않은 설득력을 갖는다.

이 장에서 우리는 공리주의의 창시자인 제레미 벤담과 공리주의를 이론적으로 다듬은 존 스튜어트 밀을 통해서 공리주의 윤리사상의 핵심 명제와 그 함의를 살펴보려고 한다.

2. 벤담과 밀의 생애와 저작

공리주의의 창시자로 잘 알려진 제레미 벤담(Jeremy Bentham, 1748-1832)은 영국의 법학자요 철학자다. 벤담은 런던의 부유한 법조계 집안에서 태어났으며, 15세에 옥스퍼드 대학교에 입학하여 법학을 전공하였고 20세에 변호사가 되었다. 그리고 『정부론에 관한 단편』(1776), 『도덕과 입법의 원칙에 대한 서론』(1789) 등의 저술을 통해 공리주의 이론을 세웠다. 벤담은 평생 7만여 장에 달하는 법률 및 관련 주제에 대한 원고를 집필한 것으로 알려져 있다. 그의 주검은 그의 유언에 따라 사후 방부 처리된 후에 런던 대학에 보관되어 있다.

제레미 벤담 (출처: 구글 이미지)

존 스튜어트 밀(John Stuart Mill, 1806-1873)은 1806년 런던에서 9남매 중 장남으로 태어났다. 아버지 제임스 밀은 벤담과 친구였으며 동인도회사의 고위관리이자 경제학자였다. 밀의 아버지는 자식 교육에 남다른 관심을 가지고 있었으며 아들을 홈스쿨링으로 직접 가르쳤다. 아버지는 밀에게 역사와 철학, 수학과 경제학 등 다양한 분야의 지식을 습득하도록 하였다. 일찍부터 천재성을 발휘한 밀은 세 살 때부터 그리스어와 라틴어를 배웠으며, 이미 소년기에 아버지의 친구였던 벤담의 저서를 읽고 많은 영향을 받았다.

20세가 되었을 무렵에 밀은 아버지의 교육과 지도에서 벗어나게 된다. 아버지의 엄격한 태도와 벤담주의에 대한 반감에서 시작된 밀의 정신적인 방황은 24세가 될 때까지 지속되었다. 그러나 밀은 우연한 기회에 유부녀인 해리엇 테일러(Harriet Taylor) 부인을 만남으로써 자신이 겪은 심각한 정신적 위기를 극복할 수 있었다. ― 밀은 그 후 20년 이상을 기다려 테일러 부인의 남편이 사망한 후에

존 스튜어트 밀 (출처: 구글 이미지)

그녀와 결혼하였고, 그녀가 폐결핵으로 사망할 때까지 약 7년간 행복한 결혼생활을 하였다. 밀은 테일러 부인의 도움으로 문학과 예술 등의 분야에도 관심을 갖게 되었는데, 시, 음악, 미술 등이 인간의 교양을 넓히는 데 필수적인 요소라는 점을 깨달을 수 있었다. 달리 말하자면 문학, 문화, 예술을 통한 인간의 정신 교양은 밀의 공리주의 이론에서, 특히 고급 쾌락이라는 측면에서 중요한 역할을 한다.

테일러 부인이 사망한 후 밀에게 삶의 새로운 위기가 찾아왔다. 밀은 이러한 위기를 웨스트민스터 지역구 국회의원으로 정치 활동을 시작하면서 극복할 수 있었다. 밀은 남성과 여성의 동일한 선거권을 주장하는 등 진보적이고 활발한 의정 활동을 했지만, 재선에 실패하고 정계를 떠날 수밖에 없었다. 밀은 말년의 시간을 테일러 부인이 묻혀 있는 프랑스 아비뇽의 별장으로 이주하여 집필 활동을 하면서 보냈다. 1873년에 이르러 밀은 "나는 내 일을 다 마쳤다"라는 말을 남기고 세상을 떠났다. 3년간의 정치 활동을 예외로 한다면 밀은 인생의 대부분을 저술 활동을 하면서 살았다.

밀은 많은 저술들을 남겼는데, 주요한 저술을 정리하면 다음과 같다.

『논리학 체계(*A System of Logic*)』(1838)

『정치경제학원리(*Principles of Political Economy*)』(1845)

『자유론(*On Liberty*)』(1859)

『대의제 정부에 대한 고찰(*Consideration on Representative Government*)』(1861)

『공리주의(*Utilitarianism*)』(1863)

『여성의 종속(*The Subjection of Women*)』(1869)

『종교에 관한 세 편의 에세이(*Three Essays on Religion: Nature, the Utility of Religion, and Theism*)』(1874)

『사회주의론(*Chapters on Socialism*)』(1879)

3. 쾌락과 고통, 행복, 그리고 공리의 원칙

벤담은 자신의 주저인 『도덕과 입법의 원칙에 대한 서론(*An Introduction to the Principles of Moral and Legislation*)』의 첫 문장을 이렇게 쓰고 있다.

자연은 인류를 고통과 쾌락이라는 최고의 두 주인이 지배하도록 하였다. 우리가 무엇을 행할까를 결정할 뿐만 아니라 우리가 무엇을 해야 하는가를 지시해 주는 것은 오직 고통과 쾌락뿐이다. 한편으로는 옳음과 그름의 기준과 다른 한편으로는 원인과 결과의 사슬이 이 둘의 옥좌에 매여 있다. 고통과 쾌락은 우리가 행하고 말하고 생각하는 모든 것을 지배한다. 이 두 주인들에 대한 종속에서 벗어나려는 우리의 온갖 노력은 오히려 우리가 그들에게 종속되어 있음을 증명하고 확인시켜 줄 뿐이다. 말로는 인간이 이 주인들의 통치에서 벗어나려는 척할 수도 있다. 그러나 현실에서 인간은 줄곧 그들의 통치에 종속된 상태로 남아 있을 것이다. **공리의 원칙**1)은 이런 종속을 인정하며, 이를 이성과 법의 손길로 더없이 행복한 구조를 세우려는 목적을 지닌 체계의 토대라고 가정한다. 공리의 원칙에 의문을 제기하는 체계들은 분별이 아니라 소음을, 이성이 아니라 변덕을, 빛이 아니라 어둠을 끌어들인다. (『도덕과 입법의 원칙에 대한 서론』, 47쪽)

벤담의 유명한 이 구절에서 우리는 공리주의의 사상적 출발점과 이론적 토대가 무엇인지를 매우 분명하게 알 수 있다. 고통과 쾌락은 유기적 생명체인 인간의 삶 전체를 지배하는 두 통치권자다. 인류는 고통과 쾌락이라는 두 통치권자에 지배당할 수밖에 없는 운명을 타고났다. 말로는 아무리 고귀한 척, 고상한 척하더라도 혹은 고통이나 쾌락에 어떤 영향도 받지 않는 것처럼 가장하거나 행세한다고 하더라도 고통과 쾌락의 지배를 실제로 벗어날 수는 없다. 사실 우리는 주변에서 이와 관련된 무수한 실례들을 이미 알고 있다. 인

---

1) 벤담은 공리의 원칙을 최대 행복(the greatest happiness)의 원칙 혹은 최대 지복(the greatest felicity)의 원칙과 동일시하거나 혹은 대체한다. 제레미 벤담, 강준호 옮김, 『도덕과 입법의 원칙에 대한 서론』, 아카넷, 2013, 47-48쪽 각주 참조.

간은 누구나 예외 없이 쾌락을 좋아하고 고통을 싫어하게 되어 있다. 고통과 쾌락은 인간의 모든 행위와 언어, 그리고 생각의 세계를 통째로 지배한다. 따라서 고통과 쾌락은 옳고 그름의 가장 중요한 기준이며 가장 현실성 있는 기준이 될 수밖에 없다.[2]

이러한 생각을 출발점으로 삼아 벤담은 공리의 원칙 혹은 원리 (principle of utility)에 대해 설명한다. 공리의 원칙은 한마디로 고통이나 쾌락을 근간으로 행복을 증진시키거나 감소시키는 행위의 원칙이라고 말할 수 있다.

공리의 원칙은 이해 당사자의 행복을 증가시키거나 감소시키는 것처럼 보이는, 혹은 달리 말해서 그의 행복을 증진하거나 방해하는 것처럼 보이는 경향에 따라서 각각의 행동을 승인하거나 불승인하는 원칙을 말한다. 나는 일체의 모든 행동에 대하여 말하는 것이다. 그러므로 한 사인(私人)의 모든 행동만이 아니라 정부의 모든 정책에 대하여 말하는 것이다. 공리란 이해 당사자에게 이익, 이득, 쾌락, 좋음, 행복을(지금 이것들은 모두 동일한

---

2) 여기서 독자의 이해를 돕기 위해서 마이클 샌델이 간결하게 정리한 내용을 참고로 인용한다. "공리주의의 핵심 사상은 간결하며, 언뜻 들어도 마음에 와 닿는다. 도덕의 최고 원칙은 행복을 극대화하는 것, 쾌락이 고통을 넘어서도록 하여 전반적으로 조화를 이루는 것이라는 주장이다. 벤담에 따르면, 옳은 행위는 공리(功利, 유용성)를 극대화하는 모든 행위다. 그가 말하는 공리란 쾌락이나 행복을 가져오고, 고통을 막는 것 일체를 가리킨다. … 우리는 모두 쾌락을 좋아하고 고통을 싫어한다. 공리주의 철학은 이 사실을 인정할 뿐 아니라 도덕적, 정치적 삶의 기초로 삼는다. 공리를 극대화한다는 원칙은 개인만이 아니라 입법자에게도 해당한다. 정부는 법과 정책을 만들 때, 공동체 전체의 행복을 극대화하는 일은 무엇이든 해야 한다." 마이클 샌델, 이창신 옮김, 『정의란 무엇인가』, 김영사, 2010, 55쪽.

94

것을 가리킨다) 산출하거나 (역시 모두 동일한 것을 가리키는) 해악, 고통, 악, 불행의 발생을 막는 경향을 가진 어떤 대상의 속성을 의미한다. 만약 이해 당사자가 공동체 전체라면, 그 공동체의 행복을 의미한다. 만약 이해 당사자가 특정 개인이라면, 그 개인의 행복을 의미한다. (『도덕과 입법의 원칙에 대한 서론』, 49쪽)

공리의 원칙에서 공리(功利, utility)란 어떤 뜻인가?[3] 한마디로 행복을 증진시키고 불행을 막아주는 것이다. 쾌락을 산출하고 고통을 감소시키는 것이다. 좋음을 혹은 선을 불러오고 악을 막아주는 것이다. 정리해서 말하자면, 공리란 한 개인이든 어떤 집단이든 아니면 정부든 간에 이해 당사자에게 이익(이득, 쾌락, 좋음, 행복)을 산출하거나 해악(고통, 악, 불행)을 막아주는 어떤 대상이나 사태의 속성을 의미한다. 여기서 벤담은 한편으로는 이익, 이득, 쾌락, 좋음, 행복을, 다른 한편으로는 해악, 고통, 악, 불행을 일련의 선상에 올려놓고 서로 바꿔 쓸 수 있는 동일한 의미를 가진 개념들로 간주한다. 이를 쾌락의 증진이나 고통의 감소 혹은 행복의 증진이나 불행의 감소로 단순화하여 이해해도 아무 상관이 없다. 벤담은 공리의 원칙에 일치하는 행위를 옳은 행위로, 공리의 원칙에 일치하지 않는 행위를 그른 행위로 규정한 것이다.

고통과 쾌락, 행복과 공리의 원칙(원리)에 대한 벤담의 생각에 이어서 밀의 생각을 살펴볼 필요가 있다. 밀의 주저인 『공리주의』의

---

3) 공리주의(Utilitarianism) 철학의 핵심 개념인 공리(utility)는 보통 영어사전에서 유용성, 효용성, 실용성 등으로 뜻풀이되고 있는데, 공리주의 관련 번역서 및 이론적 논의에서 주로 공리 혹은 공리성, 효용 혹은 효용성 등으로 번역되어 사용되고 있다.

한 대목을 인용하면 다음과 같다.

> **효용**[공리]과 **최대 행복 원리**를 도덕의 기초로 삼고 있는 이 이론은, 어떤 행동이든 행복을 증진시킬수록 옳은 것이 되고, 행복과 반대되는 것을 낳을수록 옳지 못한 것이 된다는 주장을 편다. 여기서 '행복'이란 쾌락, 그리고 고통이 없는 것을 뜻한다. 따라서 쾌락의 결핍과 고통은 '행복에 반대되는 것'을 의미한다. 이 이론이 정립하고 있는 도덕적 기준을 분명하게 설명하기 위해서는 많은 것을 이야기해야 한다. 특히 고통과 쾌락이라는 개념이 무엇을 뜻하고 그 범위가 어디까지인지에 대한 의문이 많다. 그러나 소소하게 설명할 것이 많다고 해서 이 도덕이론의 핵심 명제가 흔들리는 것은 아니다. 즉 고통으로부터의 자유와 쾌락이야말로 목적으로서 바람직한 유일한 것이며, 바람직한 모든 것(다른 모든 이론과 마찬가지로, 공리주의에서도 바람직한 것은 무수히 많다)은 그 자체에 들어 있는 쾌락 때문에 또는 고통을 막아주고 쾌락을 늘려주는 수단이 되기 때문에 바람직하다는 것이 공리주의의 핵심 명제가 된다. (『공리주의』, 제2장, 24-25쪽)

여기서 우리는 벤담과 밀이 밑바탕에 두고 있는 생각에는 별다른 차이가 없음을 확인할 수 있다. 벤담은 공리의 원칙(원리)을, 밀은 공리와 행복의 원리를 내세워 공리주의 이론을 설명한다. 위에서 살펴본 것처럼, 벤담은 한편으로는 이익, 이득, 쾌락, 좋음, 행복 등의 개념을, 다른 한편으로는 해악, 고통, 악, 불행 등의 개념을 서로 대체 가능하거나 상호 교환 가능한 용어로 간주하고 공리주의의 원리를 설명한다. 이에 반해서 밀은 공리의 원리와 행복의 원리를 대등한 위치로 놓고 설명할 뿐만 아니라, 그 핵심 개념도 행복, 쾌락, 고통 등 세 가지 용어로 단순화하여 논의를 전개한다. 행복을 증진시키는 행위는 옳고 불행을 낳는 행위는 그르다. 여기서 행복이란 쾌락을 증진시키며 고통을 없애거나 감소시키는 것이다. 한마디로 행복은 쾌락과 동시에 고통의 부재로 이해된다. 옳은 행위는 행복에 기여하는 행위이며, 그른 행위는 불행을 초래하는 행위다. 바람직한 것은 고통으로부터의 자유와 쾌락이다. 바람직한 것은 그 자체에 들어 있는 쾌락 때문에 또는 그것이 고통을 막아주고 쾌락을 늘려주는 수단이 되기 때문에 바람직하다. 그러나 밀이 확실하게 지적하고 있는 것처럼, 도대체 고통이나 쾌락이라는 개념이 무엇을 뜻하고 그 범위가 어디까지인지에 대한 적절한 합의를 도출하는 것은 쉬운 일이 아니다. 단적으로 고통이나 쾌락을 느끼는 것은 사람마다 너무 다르지 않은가! 다만 여기서 그에 대한 논의를 대신하여 우리가 옹호하고 변명할 수 있는 점은, 고통과 쾌락이 모든 인간 종의 가장 직접적인 의식 경험이라는 사실이다.

다음의 논의로 넘어가기 전에 나는 공리주의 원리의 입증 문제를 간략하게 살펴보고자 한다. 벤담은 공리의 원칙은 근본원리이고 제일원리이기 때문에 그것의 타당성에 대한 증명이 불필요하거나 불가능한 것이라고 주장한다. 벤담이 그렇게 제시한 이유는 다음과 같다. "왜냐하면 다른 모든 것을 증명하는 데 사용되는 것을 그 자체로는 증명할 수 없기 때문이다. 증명의 사슬은 어딘가에서 출발해야 한다. 그 출발점을 증명하는 것은 불필요한 만큼 불가능한 일이기도 하다."[4] 한마디로 공리의 원칙이란 제일원리이기 때문에 다

---

4) 제레미 벤담, 강준호 옮김, 『도덕과 입법의 원칙에 대한 서론』, 아카넷, 2013, 53쪽.

른 어떤 원리에 의해서도 증명 불가능하고 증명 불필요한 원리라는 것이다.

밀도 벤담처럼 공리주의의 최고의 원리인 공리의 원리, 행복의 원리가 이성에 의한 추론이나 증명을 통해서 입증될 수 없다고 생각한다. 한마디로 말해서 밀은 바람직한 것에 대한 갈망이라는 확고부동한 사실에 대한 믿음을 통해서만 공리주의의 제일원리가 설명될 수 있다고 주장한다.

공리주의 이론은 행복이 바람직하다고, 다시 말해 행복이 하나의 목적으로서 바람직한 유일한 것이라고 주장한다. 그래서 다른 모든 것은 그 목적을 달성하는 데 도움이 되는 수단으로서만 바람직하다. … 무엇이 바람직하다는 것을 입증할 수 있는 유일한 방법은 사람들이 실제로 그것을 얻기를 갈망한다는 것을 보여주는 것이다. 만일 공리주의 이론이 스스로 목적이라고 제안한 것이 이론적으로 그리고 실천적으로 하나의 목적이라고 인정되지 않는다면, 그것이 목적이 된다고 믿게 할 수 있는 것은 아무것도 없다. 각자가 행복을 획득 가능하다고 믿고 행복을 갈망한다는 사실 외에, 왜 일반 행복이 바람직한지 설명할 수 있는 다른 길은 없다. 그러나 이것이 사실이라면, 우리는 이 경우를 통해 행복은 좋은 것이라는 점에 관한 모든 증거를 확보할 수 있게 된다. 다시 말해 이를 통해 각자의 행복은 당사자에게 좋고, 따라서 일반 행복은 모든 사람에게 좋다는 사실도 입증할 수 있는 것이다. 결국 행복은 사람들의 행동이 지향하는 목적 중 하나로, 나아가 도덕 기준의 하나로 위치를 굳혀온 것이다. (『공리주의』, 제4장, 75-76쪽)

98

밀의 이러한 논지에 대해 다음과 같은 반론이 제기될 수 있다. 사람들은 고통이 없는 행복한 상태 못지않게 덕을 강력하게 바라며 악덕이 생기지 않기를 간절하게 갈망할 수 있지 않겠는가. 인간에게는 행복 못지않게 도덕의 실천이 중요한 일이 아니겠는가. 이 대목에서 앞 장에서 살펴본 칸트의 주장 — 왜 인간은 도덕적으로 행해야 하는가? — 을 떠올려볼 수도 있겠다. 이러한 반론에 대해 밀은 행복과 덕을 추구하는 것은 상호 모순적이지 않다고 생각한다. "공리주의는 덕이 갈망의 대상이 될 수 있을 뿐만 아니라, 그 자체로 아무 사심 없이 갈망의 대상이 될 수 있다는 것을 인정한다." 이러한 관점에서 밀은 행복이라는 목적 달성을 위해서는 덕의 추구 혹은 도덕적 실천이 중요한 역할을 한다고 생각한다. 이러한 맥락에서 밀은 "옳은 상태, 효용과 조화를 이루는 상태, 일반 행복의 달성에 도움이 되는 상태"에 도달하기 위해서는 사람들이 덕을 그 자체로 사랑해야 한다고 주장한다. "공리주의 이론에 따르면 덕은 자연적으로 그리고 원래부터 목적의 일부였던 것은 아니다. 그렇지만 그렇게 될 수 있다. 그래서 사심 없이 덕을 실천하며 사는 사람에게는 덕이 목적의 한 부분이 되고, 행복을 위한 수단이 아니라 행복의 한 부분으로 갈망되고 소중히 여겨진다."(『공리주의』, 제4장, 77-78쪽) 이렇게 보면 공리주의 철학은 행복을 증진하는 데 도움이 되는 다양한 욕구들을 용인할 뿐만 아니라, 덕의 수양과 실천을 행복에 이르기 위한 중요한 요소로 간주한다고 말할 수 있다.

이상에서 우리는 공리주의의 핵심 명제와 그 함의, 그리고 원리의 입증 문제를 살펴보았다. 이제 한 걸음 더 나아가 쾌락과 고통의 양적인 측면과 질적인 측면의 문제를 논의해 보도록 하자. 고통과 달리 쾌락의 문제는 훨씬 더 복잡하다. 어떤 쾌락이 더 추구할 가치가 있는가? 어떤 쾌락이 더 바람직한가? 쾌락에는 양과 질의 차이가 있는가? 저급 쾌락과 고급 쾌락을 어떻게 구분할 수 있는가? 쾌락의 가치를 결정하는 기준은 도대체 무엇인가? 이러한 질문에 대하여 벤담과 밀은 서로 다른 답변을 내놓았다.

4. 쾌락과 고통의 가치 결정 기준

벤담에 따르면 쾌락이나 고통의 가치를 결정하는 유일한 기준은 쾌락의 양이다. 그렇다면 쾌락의 양을 어떻게 측정할 수 있는가? 그것을 측정하는 기준은 무엇인가? 쉽지 않은 이 문제에 직면하여 벤담은 나름대로 확신을 가지고 일곱 가지 요소를 제시한다. 그런데 이 요소들은 쾌락뿐만 아니라 고통에도 그대로 적용되는 것이다.[5] (1) 강도, (2) 지속성, (3) 확실성(불확실성), (4) 근접성(원격성), (5) 다산성, (6) 순수성,[6] (7) 범위가 그것이다. 강도, 지속성, 확실성, 근접성은 주로 개인 차원의 쾌락과 고통의 가치를 측정할 때, 다산성과 순수성은 다른 종류의 쾌락이나 고통과 연결된 것으로 간주된 경우에 사용되는 것이고, 범위는 다수의 사람들과 관련하여 그것이 미치는 혹은 그것에 의하여 영향을 받는 사람의 수를 나타내는 기준이다. 벤담은 이러한 기준을 효과적으로 기억하고 표현하기 위하여 다음과 같은 운문을 만들었다. "강하다, 길다, 확실하다, 빠르다,

---

5) 같은 책, 96-97쪽 참조.
6) 다산성은 동일한 종류의 감각을 연달아서 일어나게 할 가능성, 즉 쾌락이라면 여러 쾌락을 일어나게 할 가능성을 나타내며, 순수성은 정반대의 감각을 연달아 일어나지 않게 할 가능성, 즉 쾌락이라면 고통을 일어나지 않게 할 가능성을 지시한다.

효과적이다, 순수하다." 벤담은 이러한 요소들을 종합적으로 고려하여 쾌락의 양을 결정할 수 있고, 쾌락들 상호간에 양적인 비교도 가능하다고 생각한다. 그러나 "쾌락의 양이 동일하다면 압정놀이[아이들이 즐기는 놀이]나 시(詩)나 그게 그거다."7) '이런 쾌락이든 저런 쾌락이든 그게 그거다'라는 의미인 셈이다. 이 문장이 단적으로 보여주는 것처럼, 벤담은 쾌락 상호간의 질적 차이를 인정하지 않는다고 하겠다.

쾌락과 고통의 가치 기준을 논의한 후에 벤담은 어떤 행위가 산출하는 쾌락과 고통의 가치를 계산하는 법에 대하여 설명한다. 어떤 행위가 산출하는 것으로 보이는 각각의 구별 가능한 쾌락의 가치와 고통의 가치, 즉 한편으로 모든 쾌락의 가치를 합산하고 다른 한편으로 모든 고통의 가치를 합산하여, 만약 저울이 쾌락 쪽으로 기울면 그 행위는 대체로 **좋은** 경향을, 만약 저울이 고통 쪽으로 기울면 그것은 대체로 **나쁜** 경향을 나타낸다. 말하자면 이해 당사자라고 생각되는 사람들의 수를 계산하고, 문제의 행위가 관련 개인의 총수 혹은 공동체 전체에 대하여 전체적으로 좋은 경향인가 혹은 나쁜 경향인가를 저울질하는 방식이다. 벤담은 쾌락과 고통의 이러한 대차대조법이 좋음과 나쁨, 이득과 해악, 그리고 다른 모든 쾌락과 고통의 변형들에 적용될 수 있다고 본다. 따라서 모든 도덕 판단이나 입법 활동에서 절차의 엄격한 준수를 기대할 수는 없지만, 이러한 절차를 염두에 두는 것이 요구된다는 것이다.8)

---

7) 마이클 샌델, 이창신 옮김, 『정의란 무엇인가』, 김영사, 2010, 77쪽 재인용.

8) 제레미 벤담, 강준호 옮김, 『도덕과 입법의 원칙에 대한 서론』, 아카넷, 2013, 98-100쪽 참조. 여기서 벤담이 쾌락의 질적 차이를 인정하지 않는

밀은 쾌락의 양이 그 가치 결정에 중요한 요소라는 점을 부정하지는 않는다. 하지만 밀은 쾌락의 양적인 측면보다는 질적인 측면에, 혹은 육체적 쾌락보다는 정신적 쾌락에 주목한다. 밀의 생각 전체를 용이하게 파악하기 위하여 관련 텍스트 부분을 길지만 그대로 인용해 보자.

대부분의 공리주의 이론가들도 정신적 쾌락이 내재적 본질에서는 몰라도 항구성, 안전성, 비용 등의 주변적 장점에서 육체적 쾌락보다 한결 더 우월하다고 주장해 왔다. 이 모든 점에 대해 공리주의자들은 그런대로 충분한 근거를 제시했다. 그러나 다른 방법, 말하자면 보다 더 강력한 논거를 일관된 논리로 제시할 수도 있었다. 쾌락도 쾌락 나름이기 때문이다. 어떤 종류의 쾌락이 다른 것보다 더 바람직하고 가치 있다는 사실을 인정한다고 해서 공리주의 원리와 어긋나는 것은 결코 아니다. 다른 것을 평가할 때는 양뿐만 아니라 질도 고려하면서, 쾌락에 대해 평가할 때는 오직 양만 따져보아야 한다고 말한다면 전혀 설득력이 없다. 쾌

이유를 생각해 볼 필요가 있다. 벤담은 사람들의 취향을 있는 그대로 받아들이며 그에 대한 도덕적인 평가를 하지 않는다. 말하자면 사람들의 취향은 모두 동등하게 취급된다. 이 쾌락은 저급 쾌락이고 저 쾌락은 고급 쾌락이라고 판단하는 것은 주제넘은 일이다. 어떤 사람은 베토벤의 교향곡을 좋아하고 어떤 사람은 케이팝을 좋아한다. 어떤 사람은 고전무용을 좋아하고 어떤 사람은 테니스를 좋아한다. 어떤 사람은 오페라를 좋아하고 어떤 사람은 공포영화를 좋아한다. 어떤 사람은 칸트의 철학 저술을 읽고 어떤 사람은 웹툰을 본다. 과연 누가 이 쾌락이 저 쾌락보다 고상한 고급의 쾌락이라고 말할 수 있는가? 쾌락의 양과 질의 차이를 구분하지 않는 태도는, 모든 가치를 하나의 단일화 척도로 잴 수 있다는 믿음에 기반을 두고 있다.

락의 질적 차이가 무슨 뜻이냐, 또 양이 더 많다는 것을 제외하고 어떤 쾌락을 다른 쾌락보다 더 가치 있게 만드는 것이 무엇이냐고 질문한다면, 이에 대해 할 수 있는 대답은 하나뿐이다. 만일 두 가지 쾌락이 있는데, 이 둘을 모두 경험해 본 사람 전부 또는 거의 전부가 도덕적 의무 같은 것과 관계없이 그중 하나를 더 뚜렷하게 선호한다면, 그것이야말로 더욱 바람직한 쾌락이라고 할 수 있을 것이다. 그 둘에 대해 확실하게 잘 아는 사람들이 쾌락의 양이 적고 엄청난 불만족이 따를 수 있다는 것을 알면서도, 그리고 쾌락의 양이 적더라도 어떤 하나를 분명하게 더 원한다면, 우리는 그렇게 더욱 선호되는 즐거움이 양의 많고 적음을 사소하게 만들 정도로 질적으로 훨씬 우월하다고 규정해도 될 것이다. 두 가지 쾌락에 대해 똑같이 잘 알고 그 둘을 똑같이 즐기고 음미할 수 있는 사람들이, 자신의 보다 높은 능력이 동원되어야 하는 특정 삶의 방식을 훨씬 더 선호한다는 것은 부인할 수 없다. 짐승이 누리는 쾌락을 마음껏 즐기게 해준다고 해서 하급 동물이 되겠다는 사람은 없을 것이다. 설령 바보, 멍청이 또는 무뢰한이 다른 사람들보다 자신의 팔자에 더 만족을 느낀다고 아무리 그럴듯하게 설득하더라도, 지성을 갖춘 사람이 바보가 되고, 교양 있는 사람이 무식한 사람이 되며, 느낌과 양심을 가진 사람이 이기적이고 저급한 사람이 되려 하지는 않을 것이다. … 타고난 능력이 월등한 존재일수록 어지간한 것에는 행복을 느끼지 못한다. 그리고 보통 사람보다 더 예민하게 고통을 느낄 뿐 아니라 고통을 당하기도 훨씬 쉽다. … 결국 만족해하는 돼지보다 불만족스러워 하는 인간이 되는 것이 더 낫다. 만족해하는 바보보다 불만을 느끼는 소크라테스가 더 나은 것이다. (『공리주의』, 제2장, 26-29쪽)

벤담은 '이런 쾌락이든 저런 쾌락이든 그게 그거다'라고 생각했다. 이와 달리 밀의 결정적인 한마디는 이렇다. "쾌락도 쾌락 나름이다." 밀은 쾌락의 질적 차이와 정신적 쾌락의 우월성을 인정한다. 바람직하고 선호되는 쾌락이 있으며, 쾌락의 양과 무관하게, 그리고 혹은 엄청난 불만족이 있더라도 선호되고 추구되는 우월한 쾌락이 있다는 것이다. "쾌락의 양이 적더라도 어떤 하나를 분명하게 더 원한다면, 우리는 그렇게 더욱 선호되는 즐거움이 양의 많고 적음을 사소하게 만들 정도로 질적으로 훨씬 우월하다고 규정한다." 높은 수준의 정신 활동이나 능력을 발휘하는 과정에서 비롯한 쾌락들, 이를테면 학문 활동, 지식과 정보의 습득, 예술 작품의 감상, 예술적 창조 등에서 얻는 정신적 쾌락은 신체적 활동, 식후의 포만감, 음주 후의 취기, 성적 흥분 상태 등에서 얻게 되는 육체적인 쾌락보다 질적으로 우월하다. 왜냐하면 높은 수준의 쾌락은 그 쾌락을 향유할 수 있는 높은 수준의 능력이 요구되기 때문이다. 교양과 품위, 그리고 이해력의 수준을 갖추지 않으면 질적으로 높은 수준의 쾌락을 향유할 수 없기 때문이다. 이것이 밀이 제시한 중요한 이유다. 자유와 개인적 독립성에 대한 사랑에서, 인간으로서의 품위와 존엄성 때문에 우리는 낮은 수준의 삶의 방식을 멀리한다. 그런데 높은 수준의 삶의 가치를 추구하는 사람들이 도달할 수 있는 행복은 불완전할 수밖에 없다. 행복과 만족을 개념적으로 혼동하지 않을 때, 비로소 만족해하는 돼지와 불만을 느끼는 소크라테스의 차이를 이해할 수 있게 된다. 즐거움을 향유하는 능력의 높이가 결정적인 요소인 것이다.

5. 공리주의의 비판점

마이클 샌델은 공리주의(최대 행복 원칙)에 대한 강의에서 두 가지 비판점을 제시하며 논의한다.9) 그 하나는 벤담의 공리주의가 인간의 존엄성과 개인의 권리에 큰 비중을 두고 있지 않다는 점이고, 다른 하나는 도덕의 문제를 쾌락과 고통이라는 하나의 저울로 측정하는 오류를 범하고 있다는 점이다. 달리 말해서 벤담의 공리주의는 최대 다수의 행복 원리 때문에 소수자의 권리를 무시하기 쉽고, 인간의 도덕과 실천의 문제를 쾌락과 고통이라는 단일한 가치 척도로 환산해 버린다는 문제 제기인 것이다. 샌델에 따르면 이러한 비판의 밑바탕에는 다음과 같은 도덕철학 혹은 정치철학의 중요한 근본 물음들이 도사리고 있다. "도덕은 목숨의 숫자를 세고, 비용과 이익을 저울질하는 문제인가? 아니면 특정한 도덕적 의무와 인권은 워낙 기본적인 덕목이라 그러한 계산을 떠나 별도로 존재하는가? 그리고 특정 권리가 기본적이라면, 타고난 권리든, 신성한 권리든, 빼앗을 수 없는 권리든, 절대적 권리든 간에, 그것을 어떻게 알아볼 수 있는가? 더불어 그것은 왜 기본 권리인가?"10)

우리는 여기서 두 가지 비판점 중 '공리주의는 개인의 권리 혹은 소수자의 권리를 무시하는 경향이 있다'라는 문제를 좀 더 자세하게 검토해 보고자 한다. 샌델에 따르면 벤담보다 한 세대 뒤에 태어난 밀은 양적인 계산 원칙보다는 좀 더 인간적인 원칙을 가지고 공리주의를 이론적으로 정교화하려고 노력했다. 밀은 특히 자신의 역

---

9) 마이클 샌델, 이창신 옮김, 『정의란 무엇인가』, 김영사, 2010, 제2강 최대 행복 원칙(공리주의) 참조.

10) 같은 책, 54쪽.

작 『자유론』에서 개인의 자유와 권리 옹호 문제를 이론적으로 해결하기 위해서 혼신의 노력을 다했다.[11] 밀은 사회 혹은 정부가 개인에 대해 가하는 강제나 통제(법적, 도덕적 제재나 강제)를 엄격하게 규정하기 위해서 다음과 같이 자유의 원리를 분명하게 제시한다.

인간사회에서 누구든 — 개인이든 집단이든 — 다른 사람의 행동의 자유를 침해할 수 있는 경우는 오직 한 가지, 자기 보호를 위해 필요할 때뿐이다. 다른 사람에게 해를 끼치는 것을 막기 위한 목적이라면, 당사자의 의지에 반해 권력이 사용되는 것도 정당하다고 할 수 있다. 이 유일한 경우를 제외하고는, 문명사회에서 구성원의 자유를 침해하는 그 어떤 권력의 행사도 정당화될 수 없다. 본인 자신의 물리적 또는 도덕적 이익을 위한다는 명목 아래 간섭하는 것도 일절 허용되지 않는다. 당사자에게 더 좋은 결과를 가져다주거나 더 행복하게 만든다고, 또는 다른 사람이 볼 때 그렇게 하는 것이 현명하거나 옳은 일이라는 이유에서, 본인의 의사와 관계없이 무슨 일을 시키거나 금지시켜서는 안 된다. 이런 선한 목적에서라면 그 사람에게 충고하고, 논리적으로 따지며, 설득하면 된다. 그것도 아니면 간청할 수도 있다. 그러나 말을 듣지 않는다고 강제하거나 위협을 가해서는 안 된다. 그런 행동을 억지로라도 막지 않으면 누군가가 다른 사람에게 나쁜 일을 하고 말 것이라는 분명한 근거가 없는 한, 결코 개인의 자유를 침해해서는 안 되는 것이다. 다른 사람에게 영향을 주는 행위에 한해서만 사회가 간섭할 수 있다. 이에 반해 당사자에게만 영향

---

11) 존 스튜어트 밀, 서병훈 옮김, 『자유론』, 책세상, 2005.

을 미치는 행위에 대해서는 개인이 당연히 절대적인 자유를 누려야 한다. 자기 자신, 즉 자신의 몸이나 정신에 대해서는 각자가 주권자인 것이다. (『자유론』, 30-31쪽)

밀이 제시한 자유의 원리는 한마디로 남에게 해를 끼치지 않는 한, 모든 인간은 그 자체로 자유로워야 하며, 타인이나 사회 혹은 정부로부터 어떤 형태의 간섭이나 강요도 받아서는 안 된다는 것이다. 그렇다면 개인의 자유를 절대적으로 옹호하는 이러한 자유의 원리가 어떻게 공리주의의 원리와 충돌하거나 모순되지 않으면서 이론적인 조화를 이룰 수 있을까? 밀에 따르면 최대 행복이라는 공리의 극대화 논리를 매 순간이 아니라 장기적인 관점에서 해석한다면, 개인의 자유와 권리의 문제를 공리주의 이론 내에서도 얼마든지 해소할 수 있다. 달리 말하자면, 긴 안목에서 개인들의 자유를 존중하고 보호해 나간다면 장기적으로 행복이 극대화될 것이라는 주장인 것이다. 다수가 소수 혹은 반대파의 권리나 의견을 무시하게 되면 지금 당장은 공리의 극대화를 달성할 수도 있겠지만, 장기적으로 사회의 불행이 증가하고 행복은 감소할 것이라는 주장이다.

소수의 자유와 권리를 무시한다는 공리주의에 대한 비판을 밀이 성공적으로 방어했는가에 대해서 샌델은 회의적인 태도를 취한다. 샌델에 따르면 다음 두 가지 이유에서 밀은 개인의 권리에 대한 설득력 있는 도덕적 근거를 제시하지 못하기 때문에 이론적으로 실패한다. "첫째로, 사회 발전을 위해 개인의 권리를 존중한다면, 권리는 불확실한 [미래의] 상황에 볼모로 잡힌 꼴이다. 이를테면 전제적 수단을 동원해 장기적 행복을 얻으려는 사회가 있다고 가정해 보자. 공리주의자들은 그런 사회에서는 개인의 권리가 사실상 꼭 필요하지는 않다고 결론짓지 않겠는가? 둘째로, 권리를 공리주의 시각으로 바라본다면, 누군가의 권리를 침해했을 때, 그것이 사회 전체의 행복에 어떤 영향을 미치든 당사자에게는 부당한 행위가 된다는 사실을 간과할 수 있다. 믿음이 다르다는 이유로 다수가 소수를 박해한다면, 그 믿음을 인정했을 때 장기적으로 사회 전체에 악영향을 미칠 수 있다 해도, 박해받는 개인에게는 부당한 일이 아니겠는가?"[12] 이러한 논거를 근거로 샌델은 밀을 다음과 같이 평가한다. 밀은 '인격과 인간 번영', 달리 말해서 덕의 수양과 실천, 그리고 인류 사회의 번영과 발전이라는 이상에 호소함으로써 벤담의 공리주의의 한계를 이론적으로 극복하고 다듬은 것이 아니라 오히려 비난한 꼴이 되었다.[13]

---

12) 마이클 샌델, 이창신 옮김, 『정의란 무엇인가』, 김영사, 2010, 74-76쪽 참조. 공리주의는 모든 가치를 하나의 단일한 척도로 환원하여 계량한다는 점에 대한 비판적 논의에 대해서는 같은 책, 77-83쪽 참조.
13) 같은 책, 77쪽 참조.

『공리주의』 더 읽기

■ 공리주의의 이상

다시 한 번 강조하지 않을 수 없는데, 공리주의를 공격하는 사람들은 인간 행동의 옳고 그름에 관한 공리주의적 판단 기준의 관건이 되는 행복이 행위자 자신뿐 아니라 관련되는 모든 사람을 포함한다는 사실을 제대로 인정하지 않는다. 당사자 본인의 행복과 다른 사람들의 행복 둘 중에서 하나를 골라야 하는 상황이라면, 공리주의는 그 사람에게 사심 없는 선의의 구경꾼만큼이나 엄격하게 중립적인 자세를 취하도록 요구한다. 우리는 나사렛 예수의 황금률에서 바로 그러한 공리주의 윤리의 정수를 발견할 수 있다. 다시 말해 "다른 사람들이 해주었으면 하는 바를 너 스스로 하라", 그리고 "네 이웃을 네 몸처럼 사랑하라"고 하는 가르침이야말로 공리주의 도덕의 완벽한 이상을 담고 있다. 이런 이상에 최대한 가까이 다가가기 위해 공리주의는 다음과 같은 원리를 담고 있어야 한다. 첫째, 모든 개인의 행복 또는 (보다 실감나게 현실적으로 이야기하자면) 이익이 전체의 이익과 가능하면 최대한 조화를 이루도록 법과 사회 제도를 만들어야 한다. 둘째, 교육과 여론이 사람의 성격 형성에 지대한 영향을 끼치는 만큼, 모든 개인이 자신의 행복과 전체의 이익 사이에, 특히 자신의 행복과, 보편적 행복에 영향을 주는 긍정적이고 부정적인 행동 양식 사이에 긴밀한 끈이 연결되어 있다는 사실을 분명히 깨닫게 해주어야 한다. 그래야 어느 누구든 공공의 이익과 배치되는 행동을 통해서는 지속적으로 행복을 느낄 수 없다는 것을 알게 될 것이기 때문이다. 또 그렇게 해야 공공의 이익을 증진하고자 하는 직접적인 충동이 각 개인의 습관적인 행동 동기 중 하나가 되고, 이런 과정에서 발생하는 감정이 모든 사람의 일상 속에서 크고 중요한 위치를 차지할 수 있기 때문이다. 공리주의 도덕을 비난하는 사람들이 이런 핵심적인 성격을 곰곰이 들여다본다면, 다른 도덕이론에 비해 공리주의가 특별히 모자라는 것이 있다고 과연 말할 수 있는가? 인간 본성을 발전시키는 데 이보다 더 아름답거나 더 고차적인 윤리 체계를 생각할 수 있는가? 공리주의가 가지고 있지 못한 탁월한 행동 원리를 구비한 체계가 과연 존재할 수 있는가? 나는 그렇게 생각하지 않는다. (『공리주의』, 제2장, 41-43쪽)

■ 사회적 감정, 이익 평등 고려 원칙, 인류의 정치적 진보

일반 행복은 윤리적 기준으로 일단 받아들여지기만 하면 공리주의 도덕의 힘을 키워주게 될 것이다. 인간이 지니고 있는 사회적 감정이 바로 이런 굳건한 기초가 된다. 사회적 감정이란 주변의 다른 사람들과 하나가 되고자 하는 열망인데, 이것은 이미 인간 본성 속에서 강력한 원리로 작동하고 있으며 다행스럽게도 굳이 인위적으로 가르치지 않더라도 문명이 발전하면서 그에 비례해 점점 강해진다. 사회 상태는 인간에게 처음부터 너무나 자연스럽고 필요하며 또한 익숙한 것이라서 어떤 예외적 상황 또는 의도적으로 사람들에게 등을 돌리는 것이 아니라면 누구든지 자신을 사회의 한 구성원으로 인식하지 않을 수 없다. 인류가 야만 상태의 고립을 점점 멀리하면서 이런 사회적 결합은 더욱 견고해지고 있다. 따라서 사회 상태의 유지에 없어서는 안 될 조건은 무엇이든지 모든 사람의 존재 상황에 대한 인식에 필수불가결한 요소가 되고, 인간의 운명을 구성하는 큰 인자(因子)가 된다. 주인과 노예 관계라면 모를까, 이제 어떤 인간

110

사회도 관련된 사람들의 이익을 골고루 반영하지 않고는 아예 존재하기도 어렵다. 평등한 사람들이 모여 사는 사회는 모든 사람의 이해관계를 평등하게 고려해야 한다는 전제 위에서만 존립이 가능하다. 문명사회라면 절대군주를 제외하고는 각자가 평등한 권리를 향유하기 때문에 어느 누구도 이러한 원칙을 존중하지 않을 수 없다. 시간이 가면서 이러한 방향으로 진보가 일어나고 있다. … 사회적 유대를 강화하는 모든 것, 그리고 사회가 건강하게 발전하는 것은 각자가 타인의 복리에 대해 실제적으로 더욱 관심을 갖게 할 뿐 아니라, 타인의 좋은 일에 대해 더욱 **감정적** 일체감을 느끼거나 아니면 적어도 그런 일에 대해 점점 강력하게 실제적으로 관심을 쓰게 해준다. 그래서 마치 본능인 것처럼, 다른 사람에 대해 당연히 관심을 가지고 배려하는 존재로 자신을 의식하게 된다. 그들에게 좋은 일을 위해 자연스럽게 그리고 반드시 관심을 가지는 것이 마치 생존을 위한 물리적 조건인 것처럼 된다. 그 결과 이런 감정을 얼마나 가지고 있든지 간에, 사람들은 그것을 겉으로 드러내고 강화하는 데 뜨거운 관심을 가지고 충동을 느끼게 되는 것이다. 그리고 있는 힘을 다해 다른 사람들도 그런 감정을 가지도록 촉구할 것이다. 설령 자기는 그런 것을 가지지 못하더라도, 다른 사람은 그래서는 안 된다는 사실을 어느 누구 못지않게 진지하게 느낄 것이다. 결과적으로 동정심이 확산되고 교육의 영향력이 커지면서 아주 작은 감정의 씨앗이 뿌려지고 자라난다. 그리고 강력한 외부적 제재에 힘입어 그것을 둘러싼 집단 협력이 광범위하고 긴밀하게 일어난다. 문명이 발전하면서 우리 자신과 인간의 삶을 이런 식으로 인식하는 일은 점점 더 자연스럽게 느껴진다. 이해관계의 대립을 초래하는 요소들을 제거하고, 대다수 사람들의 행복을 무시하는 개인 또는 계급 사이의 법적 불평등을 발전적으로 극복함으로써, 정치적 진보가 한 걸음 한

걸음 더욱 그런 방향으로 역사를 몰아간다. 인간 정신의 발전과 발을 맞추어, 각 개인의 마음속에 사회의 나머지 사람 전부와 일체감을 느끼고 싶어 하는 마음이 지속적으로 강해진다. 이런 일체감이 완벽해진다면, 다른 사람을 배제한 채 자기에게만 유리한 상황을 생각하거나 갈망하는 것은 아예 불가능해진다. 우리가 지금 이런 일체감을 하나의 종교인 것처럼 가르칠 수 있다고, 그리고 한때 종교가 그랬던 것처럼 교육과 제도와 여론의 모든 힘이 말과 실천이라는 두 측면에서 사람들을 유아기에서 벗어나 크게 성장할 수 있게 한다고 상정한다면, 이 개념을 인식할 수 있는 사람 그 누구도 행복이라는 도덕률이 궁극적 정당성을 충분히 지닌다는 사실에 대해 의구심을 품을 수 없을 것이다. (『공리주의』, 제3장, 67-70쪽)

■ 공리주의와 정의

나는 효용[공리]에 기반을 두지 않은 채 정의에 관한 가상의 기준을 제시하는 모든 이론을 반박하는 한편, 효용[공리]에 바탕을 둔 정의가 모든 도덕성의 중요한 부분이 되고, 그 어느 것보다 더 신성하고 구속력도 강하다고 생각한다. 정의라는 것은, 인간 삶을 이끄는 어떤 규칙보다 더 진지하게 인간의 참된 복리에 대해 염려하고, 따라서 어느 것보다도 더 절대적인 구속력을 지닌 도덕적 규칙을 지칭한다. 그래서 우리가 정의라는 개념의 본질적 요소라고 규정한 것, 즉 모든 사람이 권리를 지닌다는 사실이 바로 이런 보다 강한 구속력을 암시하며 정당화한다.

인간 상호간에 해를 끼치는 것(특히 타인의 자유에 대해 부당하게 간섭하는 것)을 금지하는 도덕규칙, 인간사의 일정 영역에 대해 잘 관리할 수 있는 최고의 방법만 가르쳐주는 그 어떤 격률― 그것이 아무리 중요하다 하더라도 ― 보다 인간의 복리를 위해 더 중요한 역할을 한다. 또한 이런 규칙은 인류의 사회적 감정 전부를 결정하는 핵심 요소라는 특질도 지니고 있다. 사람들이 이 규칙을 준수해야 사회의 평화가 유지될 수 있다. 만일 그것을 지키지 않고 위반하는 사람이 많아지면 각자가 자신을 지키기 위해서라도 상대방을 적으로 생각하지 않을 수 없는 상황이 벌어진다. (『공리주의』, 제5장, 118-119쪽)

정의란 사회 전체 차원에서 사회적 효용[공리]이 아주 높기 때문에, 특정한 사회적 의무를 다하는 것이 무엇보다 중요한 예외적 상황 아래에서는 정의의 이름으로 요구되는 몇몇 일반적 격률을 무시하는 것이 불가피하기는 하지만, 다른 어떤 것보다 더 강력한 구속력을 지니는 특정한 도덕적 요구를 지칭한다. 그래서 어떤 사람의 목숨을 살리기 위해 어쩔 수 없다면, 힘으로라도 필요한 양식이나 약을 구하거나 훔치는 것 또는 병을 치료할 수 있는 단 한 사람의 전문의를 납치해서 강제로라도 환자를 돌보게 하는 것은 용인될 수 있을 뿐 아니라 오히려 그렇게 하는 것이 사람의 도리다. 이런 경우에는 이렇게 생각하면 된다. 우리가 덕스럽지 않은 것을 정의라고 부르지 않는 것과 마찬가지로, 정의가 어떤 다른 도덕 원리를 위해 포기되어야 하는 것은 아니다. 다만 통상적인 상황에서는 정의이지만, 다른 도덕 원리에 비추어 볼 때 특정 상황에서는 정의가 되지 않을 수도 있다. 말의 의미를 이 정도로 적당하게 변용하면, 어떤 경우에도 정의가 포기되어서는 안 된다는 명제를 유지하면서, 때로는 찬사를 보낼 수밖에 없는 불의를 용인해야 하는 곤경에서 벗어날 수 있다. 생각건대 이런 논의는 공리주의 도덕이론이 직면한 단 하나의 실질적 어려움을 해소해 줄 수 있다. 정의가 문제되는 곳에서는 늘 편의가 관련된다는 것은 너무나 자명한 사실이다. 다만 정의라는 말에는 특별한 감정이 수반되어 있으므로 편의와 구별된다. 만일 이런 특징적 감정이 충분히 설명된다면, 이것의 특별한 기원이 무엇인지 따져볼 필요가 없다면, 이것이 사회적 선이 요구하는 바에 따라 도덕적 차원에서 분노를 느끼게 되는 자연스러운 느낌에 지나지 않는다면, 그리고 이런 느낌이 정의라는 말이 해당되는 모든 경우에 존재할 뿐 아니라 나아가 반드시 존재해야 한다면, 이 정의라는 개념은 더 이상 공리주의 윤리학에 걸림돌로 작용하지 않는다. 정의는 그 어떤 종류의 것 — 이를테면 계급 같은 것 — 보다 훨씬 중요하며 따라서 더 절대적 당위성을 지닌 (때때로 특별한 상황에서는 꼭 그런 것은 아니지만) 특정 사회적 효용[공리]에 걸맞은 이름으로 사용될 수 있다. 그러므로 정의에는 정도뿐 아니라 종류 면에서도 다른 것과 구분되는 감정이 수반될 수밖에 없다. 이를테면 그저 인간적 쾌락이나 안락을 증진해 주는 데 불과한 것에 따라다니는 뜨뜻미지근한 감정과 비교해 본다면, 그 당위성의 단호함이라든가 엄격한 제재라는 측면이 한눈에 구분된다. (『공리주의』, 제5장, 125-126쪽)

■ 참고문헌

존 스튜어트 밀, 서병훈 옮김, 『자유론』, 책세상, 2005.
존 스튜어트 밀, 서병훈 옮김, 『공리주의』, 책세상, 2007.
제레미 벤담, 강준호 옮김, 『도덕과 입법의 원칙에 대한 서론』, 아카넷, 2013.
마이클 샌델, 이창신 옮김, 『정의란 무엇인가』, 김영사, 2010.

5장 롤스와 샌델
정의의 원칙은 무엇인가?

1. 문제 제기

2017년 7월에 보도된 연합뉴스의 기사에 따르면, 대한민국의 조세정의 수준, 즉 세금을 통한 소득 재분배의 수준은 경제협력개발기구(OECD) 회원국들 중 거의 꼴찌를 면치 못하고 있다. 우리보다 순위가 낮은 터키와 멕시코 두 나라로 인해서 가까스로 최하위를 면했다.

이 보도에 따르면 2014년 한국의 세금 부과 전후의 지니계수 개선율은 11.4%로 33개 OECD 회원국 중 31위를 차지했다. 여기서 지니계수(Gini Coefficient)란 경제적 불평등 혹은 소득 불균형 정도를 나타내는 지표다(0이면 완전평등, 1이면 완전불평등). 세전과 세후 지니계수 개선율은 보통 세금을 떼기 전과 후의 지니계수를 비교해 산출한다. 지니계수 개선율이 높으면 그만큼 조세를 통한 분배적 정의가 잘 실현되고 있다는 뜻이다. 지니계수 개선율이 가

(출처: 연합뉴스 / 일러스트 작가 이태호)

장 높은 나라는 핀란드(48.1%)였는데, 핀란드의 세전 지니계수는 0.495로 0.341인 한국보다 더 높았다. 하지만 세금을 뗀 후 지니계수는 0.257로 0.302인 한국보다 오히려 낮아졌다. 말하자면 핀란드의 소득 격차는 세금을 떼기 전에는 한국보다 높지만, 세금을 뗀 후에는 한국보다 현저하게 낮아진 것이다. 참고로 주요 7개 선진국(G7)의 지니계수 개선율은 독일(42.2%), 프랑스(42.0%), 이탈리아(36.3%), 일본(32.4%), 영국(31.3%), 캐나다(26.7%), 미국(22.4%) 등으로 나타났다.[1] 여기서 확실한 것은 주요 선진국과 비교할 때 우리나라는 조세제도를 통한 분배적 정의를 제대로 실현하지 못하고 있다는 사실이다.

최근에 정부는 상속세와 증여세의 인상을 통한 부자증세, 고소득층의 소득세 및 법인세의 인상 등 적극적인 세제정책을 통하여 우

---

1) 「위기의 조세정의: 한국 세금 통한 소득재분배, OECD 꼴찌 수준」(연합뉴스), 2017년 7월 16일자 참조.

리 사회에 만연한 극심한 빈부 격차와 같은 사회구조적인 문제를 개선하려고 노력하고 있다. 하지만 그러한 정책의 효과가 나타날 때까지는 적지 않은 시간이 필요해 보인다. 왜냐하면 분배적 정의를 통한 소득 불평등의 문제를 해소해야 한다는 당위적인 요구가 어느 정도 설득력을 얻고는 있지만, 우리 사회 구성원들의 조세 저항이 만만치 않기 때문이다.

정의의 기준은 무엇인가? 분배적 정의의 기준은 무엇인가? 부자들에게 더 많은 세금을 거두는 것은 어떻게 정당화될 수 있는가? 사회적, 경제적, 정치적 정의의 기준은 무엇인가? 불평등은 어느 정도 수준에서 용인되고 정당화될 수 있는가? 이러한 문제의식을 바탕으로 우리는 이 장에서 현대의 대표적인 두 명의 정치철학자 존 롤스와 마이클 샌델의 정의론을 차례로 살펴보고자 한다.

2. 롤스와 샌델의 생애와 저작

존 롤스(John Rawls, 1921-2002)는 정의론 연구에 거의 평생을 바친 현대의 대표적 정치철학자다. 롤스는 메릴랜드 주 볼티모어에서 5형제 중 둘째 아들로 태어났다. 롤스는 1939년 프린스턴 대학교에 입학하여 1950년에 철학박사학위를 받았고, 1952년부터 약 2년간 영국 옥스퍼드 대학교에서 풀브라이트 장학금을 받아 연구하였다. 당시에 롤스는 하트(H. L. A. Hart), 벌린(Isaiah Berlin), 햄프셔(Stuart Hampshire), 헤어(R. M. Hare) 등 당대의 저명한 철학자들과 교류하였으며, 그들로부터 많은 영향을 받았다고 한다. 미국으로 돌아온 후 롤스는 코넬 대학교와 MIT에서 교수로 재직했으며, 1962년부터 죽을 때까지 하버드 대학교 철학과의 종신직 교수로

존 롤스 (출처: 구글 이미지)

활동했다. 롤스는 하버드에서 현대 도덕철학 및 정치철학 분야의 저명한 학자들인 네이글(Thomas Nagel), 오닐(Onora O'Neill), 코스가드(Christine Korsgaard), 스캔론(T. M. Scanlon), 허먼(Barbara Herman), 코헨(Joshua Cohen) 등 걸출한 인물들을 배출했다.2)

롤스는 1958년에 「공정으로서의 정의(Justice as Fairness)」라는 논문을 발표한 이후 정의 문제에 대해 집중적인 연구를 했다. 1971년에 롤스는 그의 대표적 저서인 『정의론(*A Theory of Justice*)』3) 을 출간하였다. 학문적 성공에 비추어 볼 때, 롤스는 많은 저술을 한 사람은 아니다. 『정의론』이외에 두 권의 저서, 즉 『정치적 자유주의(*Political Liberalism*)』(1993)와 『만민법(*The Law of Peoples*)』 (1999)을 남겼을 뿐이다. 그래서 보통 롤스라고 하면 『정의론』을

---

2) 존 롤스에 대한 안내서로 F. 러벳, 김요한 옮김, 『롤스의 정의론 입문』, 서광사, 2013 참조.
3) 우리말 번역서 제목은 『사회정의론』(황경식 옮김, 서광사, 1985)이다.

마이클 샌델 (출처: 구글 이미지)

떠올리게 되는데, 이 책이 실제로 롤스의 저서 중에서 가장 중요한 책이라고 말해도 과언이 아니다.

　마이클 샌델(Michael J. Sandel, 1953-　)은 미국의 현대 정치철학자다. 우리나라에는 『정의란 무엇인가』4)라는 책과 같은 제목의 EBS 특강을 통해서 대중들에게도 잘 알려진 철학자다. 『정의란 무엇인가』는 2010년에 우리나라에서 인문학 서적으로는 드물게 베스트셀러 1위를 차지하여 화제가 되었으며, 총 판매량 100만 부를 돌파하기도 했다.
　샌델은 1953년 미네소타 주 미니애폴리스에서 태어났다. 브랜다이스 대학교에서 정치학을 공부했으며, 옥스퍼드 대학교 발리올 칼리지에서 박사학위를 받았다. 옥스퍼드에서 박사과정을 밟는 동안

---

4) 마이클 샌델, 이창신 옮김, 『정의란 무엇인가』, 김영사, 2010.

마이클 샌델의 하버드 대학교 강의 장면 (출처: 구글 이미지)

에 샌델은 영미 철학과 유럽 철학의 전통으로부터 많은 영향을 받았다고 한다. 27세에 하버드 대학교에 최연소 교수로 임용되어 주목받기 시작했으며, 1980년부터 현재까지 하버드에서 정치철학, 정치사상사, 윤리학 등을 가르치고 있다. 샌델은 29세에 자유주의 정치철학의 대가인 존 롤스의 정의론을 비판한 『자유주의와 정의의 한계(*Liberalism and the Limits of Justice*)』(1982)5)를 발표하면서 세계적인 명성을 얻었다. 특히 하버드 대학교의 정의(Justice) 수업은 학생들 사이에서 최고의 강의로 알려져 있다. 샌델은 자기 스스로는 그렇게 불리는 것을 원치 않지만, 보통은 테일러(Charles M. Taylor), 매킨타이어(Alasdair MacIntyre), 왈저(Michael Walzer) 등과 함께 공동체주의자로 분류된다. 그 이유는 아마도 샌델이 자유

---

5) 2012년에 우리말로 출간된 이 책의 제목은 원제목과 달리 『정의의 한계』(도서출판 멜론, 2012)로 번역되었다.

주의적 정의론을 전개한 롤스의 이론을 반박하면서 공동체의 문제를 중요한 이슈로 삼고 있기 때문일 것이다.

위에서 언급한 두 권의 책 외에도 샌델은 정치철학, 윤리학 등의 분야에서 다음과 같은 몇 권의 저술을 내놓았다. 『민주주의의 불만: 무엇이 민주주의를 뒤흔들고 있는가(*Democracy's Discontent: America in Search of a Public Philosophy*)』(1997), 『공공철학』(*Public Philosophy: Essays on Morality in Politics*)』(2005),[6] 『완벽에 대한 반론: 생명공학 시대, 인간의 욕망과 생명윤리(*The Case Against Perfection: Ethics in the Age of Genetic Engineering*)』(2007), 『돈으로 살 수 없는 것들(*What Money Can't Buy*)』(2012).

3. 롤스: 공정으로서의 정의

롤스는 자신이 정립한 정의의 원칙들을 한마디로 '공정으로서의 정의(Justice as Fairness)'라고 특징짓는다. 그런데 공정으로서의 정의의 원칙들은 사회의 기본구조에 관한 근본적인 원리 원칙과 관련된다. 말하자면 정의의 원칙들은 자유롭고 합리적인 개인들이 원초적으로 평등한 상황에서, 어떤 원칙을 자신들의 집단이나 사회 공동체의 기본구조와 조건으로 채택해야 하는가에 대한 답으로 선택하게 되는 근본적인 원리 원칙인 것이다. 그렇다면 먼저 이러한 정의의 원칙들이 어떤 추론과정을 통해서 도출되는가를 살펴보자. 그리고 정의의 두 가지 원칙들에 대하여 알아보도록 하자.

우리가 속한 사회 공동체의 기본원리를 정한다고 상상해 보자.

---

6) 이 책의 우리말 번역서의 제목은 『왜 도덕인가』(한국경제신문사, 2010)이다.

이 기본원리에 따라 법이 제정되고 적용될 것이다. 어떤 원리 원칙을 근본으로 정하고, 또 어떤 절차나 방식으로 그렇게 할 것인가? 만약에 우리가 모든 사람들에게 적용되는 공정하고 정의로운 원리 원칙을 원한다면, 무엇보다도 먼저 우리는 각 개인의 다양한 취향이나 이해관계, 도덕이나 종교적 신념, 그리고 사회적, 경제적, 정치적 지위 등을 배제하고 생각을 해야 하지 않겠는가! 말하자면 원리 원칙들에 대한 합의의 당사자 모두를 공정하게 대우하는 원리 원칙들을 채택하는 것이 문제이지 않겠는가! 이러한 문제의식에서 롤스가 고안한 이론적 추론 방식은 가상적인 사고실험이라는 장치다. 그것은 현실의 상태가 아니라 오로지 생각만으로 고안한 순수한 가상적 상황에서 원리 원칙들을 도출하는 방식이다. 마치 사회계약론에서처럼 롤스는 정의의 원리 원칙들에 대한 사회계약을 통한 공정한 합의를 도출할 수 있다고 생각했다. 이러한 추론과정을 정확하게 이해하기 위해서는 롤스가 고안한 고유한 두 가지 개념들, 즉 원초적 입장과 무지의 베일이라는 개념을 이해하는 것이 필수적이다.

공정으로서의 정의에 있어서의 평등한 원초적 입장(original position)이라는 것은 전통적인 사회계약론에 있어서의 자연 상태(state of nature)에 해당한다. 이 원초적 입장을 역사상에 실재했던 상태로 생각해서는 안 되며 더욱이 문화적 원시 상태로 생각해서도 안 된다. 그것은 일정한 정의관에 이르게 하도록 규정된 순수한 가상적 상황으로 이해된다. 이러한 상황이 갖는 본질적 특성 중에는 아무도 자신의 사회적 지위나 계층상의 위치를 모르며, 누구도 자기가 어떤 소질이나 능력, 지능, 체력 등을 타고났는지를 모른다는 점이다. 심지어 당사자들(parties)은 자신의 가치관이나 특수한 심리적 성향까지도 모른다고 가정된다. 정의의 원칙들은 무지의 베일(veil of ignorance) 속에서 선택된다. 그럼으로써 보장되는 것은 원칙들을 선택함에 있어서 아무도 타고난 우연의 결과나 사회적 여건의 우연성으로 인해 유리하거나 불리해지지 않는다는 점이다. 모든 이가 유사한 상황에 처하게 되어 아무도 자신의 특정 조건에 유리한 원칙들을 구상할 수 없는 까닭에, 정의의 원칙들은 공정한 합의나 약정의 결과가 된다. 각자가 상호 동등한 관계에 있게 되는 원초적 입장의 여건들이 주어질 경우 도덕적 인격으로서의, 즉 자신의 목적과 정의감을 가진다고 생각되는 합리적 존재로서의 개인들에게 있어서 이런 최초의 상황이란 공정하다고 볼 수 있다. (『사회정의론』, 33-34쪽)

구성원들의 합의는 원초적으로 평등한 위치, 상태 혹은 상황에서 이루어져야 하는데, 그것은 그때 각 개인들이 쓰고 있는 무지의 베일 혹은 무지의 장막 때문에 가능하다. 말하자면 각자가 자신이 구체적으로 어떤 사람인지 전혀 모르는 상태에서 모두에게 가장 공정하고 합리적인 원리 원칙들을 선택한다고 가정하는 것이다. 그들 각자는 어떠한 개인적 특성, 타고난 능력과 욕망, 그리고 이익관심을 가지고 있는지를 알 수 없다. 그뿐만 아니라 좋음에 대한 개인적인 생각이나 심리적인 기호나 성향도 알 수 없다. 마찬가지로 자신들의 경제적 사정이나 사회적 지위에 대해서도 알 수 없다. 결과적으로 무지의 베일 속에서, 원초적으로 평등한 상황에서 정의의 원칙들이 선택되기 때문에 정의 원칙들이 공정한 합의의 결과로 간주될 수 있는 것이다. 롤스는 자유롭고 합리적인 사람들의 공정한 합의를 통해서 두 가지 정의의 원칙들이 도출된다고 생각한다. 정의의 두 원칙 중에서 제1원칙은 모든 사람이 양심의 자유와 사상의 자유 등 인간의 다양한 기본적 권리를 평등하게 누릴 수 있어야 한다는 원칙에 관련된다. 제2원칙은 사회적, 경제적 불평등을 해소하기 위해서 어떤 원리 원칙을 가져야 할 것인가 하는 문제와 관련된다. 롤스는 정의의 두 원칙을 다음과 같이 정식화하여 표현한다.

첫째, 모든 사람은 다른 사람들의 유사한 자유와 양립할 수 있는 가장 광범위한 기본적 자유에 대하여 동등한 권리를 가져야 한다.

둘째, 사회적, 경제적 불평등은 다음 두 조건을 만족시키도록 조정되어야 한다. ⓐ 그 불평등이 모든 사람에게 이익이 되리라는 것이 합당하게 기대되고, ⓑ 그 불평등이 모든 사람에게 개방된 직위와 직책에 결부되어 있어야 한다. (『사회정의론』, 81-82쪽)

제1원칙

각자는 모든 사람의 유사한 자유체계와 양립 가능한 평등한 기본적 자유의 가장 광범한 전체 체계에 대한 평등한 권리를 가져야 한다.

제2원칙

사회적, 경제적 불평등은 다음 두 가지, 즉

(a) 그것이 정의로운 저축 원칙과 양립하면서 최소 수혜자에게 최대 이익이 되고

(b) 공정한 기회균등의 조건 아래 모든 사람에게 개방된 직책과 직위에 결부되도록 배정되어야 한다. (『사회정의론』, 316쪽)[7]

124

(a) 각자는 평등한 기본적 자유들의 충분히 적절한 체제에 대해 동일한 불가침의 권리(claim)를 가지며, 이 체제는 모두가 동일한 자유들의 체제를 갖는 것과 양립한다.

(b) 사회적, 경제적 불평은 다음의 두 조건을 충족시켜야 한다. 첫째, 그것은 공정한 기회균등의 조건 하에 모두에게 열려 있는 직책과 직위에 결부되는 것이어야 한다. 그리고 둘째, 그것은 사회의 최소 수혜자들(the least-advantaged members)의 최대 이익에 부합해야 한다.8)

정의의 두 원칙은 사회의 근본적인 기본구조를 정하는 문제와 관련된다.9) 사회 구성원들의 기본적인 권리와 의무를 정하고 사회적, 경제적 이익 배분을 정하는 문제다. 시민의 기본적 자유권에 해당하는, 이를테면 "정치적 자유(선거권과 피선거권) 및 언론과 집회의 자유, 양심과 사상의 자유, (사유)재산권과 더불어 신체의 자유, 그리고 법의 지배라는 개념에 의해 규정된 부당한 체포 및 구금을 당하지 않을 자유"10) 등이 제1원칙에 의해 모든 사람에게 균등하게 배분되어야 한다. 정의로운 사회라면 모든 시민들은 동등한 기본적 자유를 누려야 한다. 말하자면 정의의 제1원칙에 따라 사회 구성원

---

7) 이것을 롤스는 정의의 두 원칙에 대한 최종 진술이라고 명시한다.

8) 참고로 이 정의의 두 원칙들에 대한 정식들은 롤스가 죽은 후에 에린 켈리가 2001년에 편집하여 출판한 John Rawls, *Justice as Fairness: A Restatement*에서 수정한 정식들이다. 존 롤즈, 에린 켈리 엮음, 김주휘 옮김, 『공정으로서의 정의: 재서술』, 이학사, 2016, 88-89쪽.

9) 롤스의 정의론에 대한 입문서로 F. 러벳, 김요한 옮김, 『롤스의 정의론 입문』, 서광사, 2013 참조; 정의론의 핵심 내용을 간결하게 정리한 소책자로 이종은, 『존 롤스』, 커뮤니케이션북스, 2016 참조.

10) 존 롤스, 황경식 옮김, 『사회정의론』, 서광사, 1985, 82쪽.

들은 신체, 직업, 언론, 출판, 집회, 결사, 정치 활동에 관한 자유와 더불어 양심, 사상, 가치관, 세계관, 종교의 자유를 누려야 한다.

　정의의 제1원칙이 사회 구성원의 기본적 권리와 의무의 할당을 정하는 것이라면, 정의의 제2원칙은 사회적, 경제적 이익의 분배를 규제하거나 기획하는 것과 관련된다. 제2원칙은 먼저 두 가지 사항을 분명히 한다. 권한을 갖는 직위와 명령을 내릴 수 있는 직책은 누구에게나 접근 가능하도록 개방되어야 한다는 점, 그리고 재산이나 소득의 분배는 모든 사람들에게, 특히 사회의 최소 수혜자들에게 이익이 되도록 이루어져야 한다는 점이다. 여기서 우리는 제2원칙을 '공정한 기회균등의 원칙'과 '차등의 원칙'으로 세분하여 그 함의를 음미해 볼 수 있을 것이다.

　공정한 기회균등의 원칙에 따르면, 누구나 형식적 차원을 넘어서 실질적으로 사회의 개방된 직위와 직책을 맡을 기회가 주어져야 한다. 개인의 능력이나 역량의 차이에 따른 어쩔 수 없는 불평등은 능력 계발의 기회가 균등하게 주어진 상황 하에서만 용인되고 정당화될 수 있다. 사회는 그 구성원 모두가 능력을 계발하고 신장시킬 수 있는 균등한 기회, 특히 교육의 균등한 기회를 가질 수 있도록 충분한 여건을 조성해야 한다. 어느 누구도 자신의 사회적, 경제적 조건이나 배경 때문에 어떤 기회를 박탈당해서는 안 된다. 정의로운 사회라면 개인의 능력이나 역량에 따른 어쩔 수 없는 차등을 용인하더라도 균등한 기회의 평등의 관점에서는 어떤 차별도 용인해서는 안 된다. 특히 개인의 능력이나 역량을 계발하고 발전시킬 수 있는 교육의 기회가 실질적 평등의 실현을 위해서 중요한 요소라고 말할 수 있다.

　정의의 제2원칙의 또 다른 구성 요소인 차등의 원칙에 따르면,

사회적, 경제적인 불평등은 모두의 이익 증가에 이바지할 경우에만 용인되고 정당화될 수 있다. 롤스는 모든 사람에게 이익이 되지 않는 '단순한 불평등'은 단호하게 부정의하다고 말한다.11) 그러면서 롤스는 위에서 제시한 정의의 두 원칙이 다음과 같은 '일반적인 정의관(general conception of justice)' 혹은 정의에 대한 일반적인 관념에 원칙적으로 기초해야 한다는 점을 분명히 밝히고 있다. "모든 사회적 원칙들— 자유, 기회, 소득, 재산 및 자존감의 기반— 은 이들 가치의 전부 또는 일부의 불평등한 분배가 모든 사람에게 이익이 되지 않는 한 평등하게 분배되어야 한다."12) 사회적 직위와 직책의 차등이 가장 불리한 계층의 사람들에게 이익이 될 경우에 한해서, 차등의 원칙은 용인될 수 있다. 경제적 이익의 분배와 관련하여서도 이와 유사하게 생각할 수 있다. 사회 구성원들 간의 소득의 차등이 최소 수혜자들의 이익 증진에 기여하는 경우에 한해서 그것은 용인되고 정당화될 수 있다. 롤스는 시장경제 하에서 발생하는 일차적인 소득의 차등 정도가 최소 수혜자에게 이익이 된다면 사회는 이를 허용할 수 있다고 주장한다. 만약 그 차등의 정도가 최소 수혜자들의 이익의 증진에 반하여 과도한 경우라면 그들의 이익을 극대화하는 방향으로 차등의 정도를 줄여나가야 한다. 정의로운 사회라면 경제적 불평등을 부유세, 누진세 등 다양한 제도적 장치를 통해서 적극적으로 조정해 나가야 한다.13)

---

11) 같은 책, 83쪽 참조.

12) 같은 곳.

13) 부자들에게 부유세나 누진세를 거둬서 소외계층의 보건이나 교육 등 사회복지 분야에 투자한다면, 일정한 경제적 불평등은 차등의 원칙에 부합한다고 볼 수 있다.

4. 샌델: 미덕으로서의 정의

일반 독자들은 『정의란 무엇인가』라는 책을 읽거나 또는 EBS 특강을 들으며 한편으로는 샌델이 어렵다는 철학 이야기를 풍부한 사례를 들어가면서 쉽게 풀어내는 데 감탄한다. 하지만 다른 한편으로는 롤스처럼 정의의 원칙은 무엇이다라고 명시화된 어떤 원리 원칙을 제시해 주지 않기 때문에 다소간 실망하거나 의아해하기도 한다. 정의론에 대한 풍부한 논의와 비판을 넘어서서 샌델은 정의에 대한 자기 스스로의 고유한 주장을 내세우는가? 만약 샌델 고유의 정의론이 있다면 그것은 무엇인가?

사실 샌델은 『정의란 무엇인가』라는 책의 대부분을 주로 공리주의(벤담과 밀), 자유주의(칸트와 롤스), 덕이론과 공동체주의(아리스토텔레스)를 다루는 데 할애하고 있다. 샌델은 이 책의 마지막 장인 10강에서 이르러서야 「정의와 공동선」이라는 제목으로 정의에 관한 자기 자신의 고유한 주장을 펼친다. 샌델은 세 가지 방식 혹은 이론 틀을 토대로 정의에 관한 논의를 전개하는데, 이를 간략하게 요약하면 이렇다. 즉 정의를 공리나 행복의 극대화 혹은 최대 다수의 최대 행복의 추구(공리주의), 혹은 선택의 자유와 권리의 존중(자유지상주의, 자유주의적 평등주의), 마지막으로 미덕과 공동선(덕이론, 공동체주의)으로 이해하는 방식이다. 이 중에서 샌델이 선호하는 방식, 말하자면 샌델의 고유한 입장은 세 번째 방식이다.[14] 이 점을 명시적으로 말하면서 샌델은 다른 두 방식의 문제점들을 다음과 같이 지적한다. 먼저 공리주의는, 정의와 권리를 원리 원칙

---

14) 마이클 샌델, 이창신 옮김, 『정의란 무엇인가』, 김영사, 2010, 360-361쪽 참조.

의 문제가 아니라 계산의 문제로 환원한다. 또한 인간의 삶과 행위의 가치를 양적으로 환산하여 그것들의 질적 차이를 무시한다. 이에 반해 자유주의적 정의론은, 개인의 권리 문제를 진지하게 다루며, 정의 문제를 단순한 양적 계산 이상의 문제로 파악한다는 점에서는 공리주의의 한계를 일정하게 극복하고 있는 것처럼 보인다. 그러나 개인의 자유와 기호 혹은 취향과 욕구를 있는 그대로 인정한 결과, 사회 공동체의 공동선이나 공공선의 문제를 간과하는 경향이 있다. 자유주의적 정의론은 공동체의 목적 가치, 삶의 의미와 중요성, 공동체 삶의 특성과 질의 문제 등을 제대로 다루지 못하는 한계를 갖는다.

이처럼 공리주의와 자유주의적 정의론 비판을 통해서 샌델이 결론적으로 도달한 지점은 다음과 같다. "정의로운 사회는 단순히 공리를 극대화하거나 선택의 자유를 확보하는 것만으로는 만들 수 없다."15) 공리의 극대화나 자유와 권리의 존중을 넘어서서 좋은 삶의 의미를 고민하고 가꾸는 성숙한 토론 문화의 형성이 선결되어야 한다는 것이다. 샌델은 정의 문제의 핵심인 사회적 직위나 직책, 경제적 재산이나 소득, 정치적 권력 등을 정당하게 분배할 수 있는 어떤 원리 원칙이나 절차와 같은 것이 있을 수 있다고 생각하지 않는다. ― 모두가 합의 가능한 그러한 원리 원칙이 있다면 얼마나 좋겠는가! 이를테면 동성애 합법화, 소수집단의 우대정책, 최고경영자의 임금 책정 등과 같은 미국 사회의 사례에서 볼 수 있듯이, 정의 문제는 사람들의 판단과 관련되기 때문에 수많은 논란을 불러일으킬 수밖에 없다는 것이다.16) 따라서 샌델은 기본적으로 롤스와 다른

---

15) 같은 책, 361쪽.
16) 같은 곳.

입장을 취한다. 즉 정의 문제는 분배 문제라기보다는 가치 측정의 문제라는 것이다.17)

공리주의나 자유주의 이론에서 주로 분배 문제에 초점을 맞춰서 정의 문제를 다루는 것과 달리, 샌델은 정의로운 사회를 위해서 고민해야 할 가장 중요한 문제를 '좋은 삶이 무엇인가?'라는 질문으로 꼽는다. 그리고 이러한 질문에 대한 답을 공동선의 정치 혹은 정치적 담론을 통해서 찾아야 한다고 주장한다. 그러나 현재의 정치적 이슈는 대체로 행복과 자유, 경제성장과 권리 존중에 맞춰져 있다. 미덕과 공동선의 정치, 나아가 도덕적이고 영적인 문제까지를 고민하는 정치적 담론이 필요하다. 말하자면 정의로운 사회를 위해서는 공동선을 위한 새로운 정치를 추구해야 시민들의 강한 공동체 의식이 형성될 수 있다는 것이다. 시민의식, 미덕, 희생, 봉사정신과 같은 공동체의 삶에서 요구되는 시민의 올바른 자세와 태도, 즉 '마음의 습관' 형성이 중요하다는 것이다. 이와 관련하여 — 물론 미국 사회와 관련된 구체적인 문제들이지만 — 샌델은 전통적으로 경제적, 종교적, 인종적 배경이 다양한 청소년들의 시민교육을 담당해 온 미국 공립학교들의 열악한 상황을 지적한다. 공교육의 여건이 나빠지기 때문에 민주사회와 정의사회 구현에 필요한 연대와 시민의식의 교육이 걱정스러운 문제가 되었다는 것이다.18)

다음으로 샌델이 비판적으로 지적하는 문제는 '시장의 도덕적 한계' 문제다. 즉 시장과 시장 친화적 사고가 정의롭지 않은 방식으로 우리 시대를 지배하고 있는데, 이러한 현상은 도덕적으로 문제가 있다. 말하자면 시장의 기준과 가치로서 측정될 수 없는 삶의 영역

---

17) 같은 책, 362쪽.
18) 같은 책, 364-366쪽 참조.

의 문제들(이를테면, 군복무, 출산, 교육, 형무소 운영, 이민 등)이 시장적 경쟁과 가치에 내맡겨지면서 문제가 심각해졌다는 것이다. 이 문제와 관련하여 샌델의 문제의식은 이렇다.

사회적 행위를 시장에 맡기면 그 행위를 규정하는 규범이 타락하거나 질이 떨어질 수 있기에, 시장이 침입하지 못하도록 보호하고 싶은 비시장적 규범이 무엇인지 물을 필요가 있다. 이를 위해서는 선의 가치를 측정하는 올바른 방법을 놓고 공개 토론을 벌여야 한다. 시장은 생산 활동을 조직하는 데 유용한 도구다. 그러나 사회제도를 지배하는 규범을 시장이 고쳐 쓰기를 원치 않는다면, 시장의 도덕적 한계를 공론에 부칠 필요가 있다. (『정의란 무엇인가』, 366쪽 이하)

사회적 삶의 영역에서 시장적 가치와 비시장적 가치의 적용 범위를 적절하게 구분하지 않는다면, 정의로운 사회를 구현할 수 없다. 왜냐하면 시장은 스스로를 도덕적으로 통제하고 조절할 수 있는 힘이나 장치를 가지고 있지 않기 때문이다. 따라서 시장은 사회적 규범이나 가치에 의해서 도덕적으로 조절되거나 통제될 필요가 있다. — 물론 이 점에 대해서 자유주의적 시장경제주의자들은 결코 동의하지 않을 것이다.

샌델이 다음으로 주목하는 문제는 빈부 격차 혹은 불평등의 문제다. 샌델은 이 문제에 대한 공리주의와 자유주의의 접근 방식을 간략하게 스케치한 다음에 자신의 논거를 피력한다. 부자들에게 부유세를 거둬서 가난한 사람들에게 나눠주면 부자의 행복은 감소하지만 가난한 사람들의 행복은 증대된다. 롤스와 같은 자유주의자들도 부의 재분배를 옹호한다. 사회 구성원들은 원초적으로 평등한 입장에서 경제적 불평등의 해소 차원에서 부의 재분배에 합의한 것으로 볼 수 있다. 이에 대해 샌델은 자신의 입장을 다음과 같이 정리한다.

빈부 격차가 지나치면 민주 시민에게 요구되는 연대의식을 약화시킨다는 사실이다. 왜 그럴까? 불평등이 깊어질수록 부자와 가난한 자의 삶은 점점 더 괴리된다. … 결국 불평등은 공리나 합의에 미치는 영향과는 별개로 시민의 미덕을 좀먹는다. 시장에 매료된 보수주의자들과 재분배에 주목하는 자유주의자들은 이러한 손실을 간과한다. (『정의란 무엇인가』, 368쪽)

빈부 격차는 부자들만의 사적 영역을 비대화시켜 공동체의 기반인 공적 영역을 황폐화시킬 뿐만 아니라 시민의식과 공동체 의식의 형성을 저해한다. 이러한 공적 영역의 잠식 문제에 대해 샌델은, 시민의 삶을 개선하고 공동선을 추구하는 데 필요한 공공기관과 공공서비스 같은 기반 시설의 재건과 확충을 해결책으로 제시한다. "부자와 가난한 사람이 모두 아이를 보내고 싶어지는 공립학교, 상류층 통근자를 끌어들일 대중교통 체계, 그리고 보건소, 운동장, 공원, 체력단련장, 도서관, 박물관처럼 사람들을 닫힌 공동체에서 끌어내 민주 시민이 공유하는 장소로 모이게 하는 시설이 그것이다."19) 한마디로 말해서 샌델은 소득 재분배 정책이나 주장만으로는 빈부 격차와 불평등의 문제를 해소할 수 없다는 입장이다. 분배의 정의 문

---

19) 같은 책, 369쪽.

제에서 공동선의 연관성을 이해하며 간과하지 않는 것이 중요하다는 것이다.

자유주의적 관점에서 보면 좋은 삶에 관한 문제는 시민 개개인이 감당해야 할 몫이지, 공적으로, 정치적으로 개입하고 논의할 수 있는 문제가 아니라고 주장할 수 있다. 그것은 자칫 시민의 삶을 침해하는 행위이며 공적인 이성의 사용을 넘어서는 월권이라고 생각할 수도 있다. 이러한 관점에 대해 샌델은 상호 존중을 밑바탕으로 시민의 삶에 개입 가능하고, 또 이전보다는 좀 더 적극적인 개입이 필요하다고 생각한다. 오늘날 다원주의, 다문화주의 사회에서 도덕적, 종교적, 정치적 신념의 차이를 인정하는 것은 일반 상식이 되었다. 그래서 사람들은 오랫동안 그러한 신념의 차이를 "모른 척하고, 방해하지 않으며, 공적 삶에서 그것을 가급적 언급하지 않는다는 뜻이라고 생각해 왔다."[20] 그러나 샌델은 상호간의 이견을 좁히기 위해서 자유주의자들과는 전적으로 다른 적극적인 문제의식과 태도가 필요함을 역설한다. 정의로운 사회를 건설하기 위해서는 무조건적인 상호 존중이나 불간섭의 태도보다는 시민의 삶에 좀 더 적극적으로 개입하는 것이 필요하다는 것이다.

도덕적 이견에 좀 더 적극적으로 개입한다면 상호 존중의 토대를 약화시키기는커녕 오히려 더 강화할 수 있다. 우리는, 동료 시민이 공적 삶에서 드러내는 도덕적, 종교적 신념을 피하기보다는 때로는 그것에 도전하고 경쟁하면서, 때로는 그것을 경청하고 학습하면서, 더욱 직접적으로 개입해야 한다. 어려운 도덕 질문을

---

20) 같은 책, 370쪽.

공개적으로 고민한다고 해서 어느 상황에서든 합의를 끌어낼 수 있다거나, 심지어 타인의 도덕적, 종교적 견해를 평가할 수 있다고 장담하긴 어렵다. 도덕적, 종교적 교리를 더 많이 알수록 그것이 더 싫어질 수도 있다. 그러나 일단 해보기 전까지는 어찌 될지 알 수 없는 일이다. 도덕에 개입하는 정치는 회피하는 정치보다 시민의 사기 진작에 더 도움이 된다. 더불어 정의로운 사회 건설에 더 희망찬 기반을 제공한다. (『정의란 무엇인가』, 370쪽 이하)

『사회정의론』 더 읽기

■ 차등의 원칙과 소득 분배

차등의 원칙을 설명하기 위해서 사회 계층 간의 소득 분배를 생각해 보기로 하자. 다양한 소득 계층들이 우리가 그 기대치에 의해서 분배를 평가할 수 있는 대표적인 개인들과 관련되어 있다고 가정해 보자. 그런데 일례를 들면 재산을 소유하는 민주주의에서, 기업가 계층의 일원으로 출발하는 사람들은 미숙련 노동자의 계층으로 출발하는 사람들보다 훨씬 나은 전망을 갖게 될 것이다. 이러한 사실은 현존하는 사회적 부정의가 제거된 경우에도 마찬가지일 것이다. 그렇다면 무엇이 이와 같이 생활 전망에 있어서 최초의 불평등을 정당화할 수 있을 것인가? 차등의 원칙에 따르면 그것이 정당화될 경우는 오직 기대치의 차등이 미숙련 노동자 대표인의 경우와 같이 보다 불리한 처지에 있는 대표인에게 이득이 될 경우이다. 기대치에 있어서의 불평등은 그것을 감소시킬 때 노동자 계층의 처지가 더욱 악화될 경우에서만 허용될 수 있다. 가령 제2원칙에 있어서 공개적 직위와 관련된 조항이나 자유의 원칙 일반이 전제될 경우, 기업가에게 허용된 보다 큰 기대치는 그들로 하여금 노동자 계층의 장기적인 전망을 향상시키는 일을 하도록 고무하게 된다. 그들의 보다 나은 전망은 자극 요인(incentive)으로 작용함으로써 경제 과정은 보다 효율적으로 되고 기술 혁신이 보다 빠른 속도로 진행되는 등 여러 가지 이득이 생겨난다. 나는 이러한 것들이 어느 정도 들어맞는지 고찰해 보려는 것은 아니다. 그러나 이러한 불평등이 차등의 원칙에 의해 정당화될 경우에는 이런 유(類)의 이야기들이 더 논의가 되어야 할 것이다.

나는 이제 이 원칙에 대해 몇 가지 이야기를 하려 한다. 첫째로 이 원칙을 적용함에 있어 우리는 두 가지 경우를 구분해야 한다. 첫째 경우는 최소 수혜자의 기대치가 실제로 극대화된 경우로서(물론 앞서 말한 제약 조건 하에서), 나은 처지에 있는 자들의 기대치를 변화시켜도 못한 자들의 처지가 더 이상 향상될 수가 없을 때이다. 따라서 앞으로 내가 완전히 정의로운 체제라고 부를 최상의 체제가 달성된다. 두 번째 경우는 처지가 보다 나은 모든 사람들의 기대치가 보다 불리한 자들의 복지가 더 이루어지도록 공헌할 경우이다. 다시 말하면 만일 그들의 기대치가 감소될 경우에는 최소 수혜자의 기대치도 마찬가지로 떨어질 경우이다. 그러나 그렇다고 해서 최대치가 달성되는 것은 아니다. 보다 나은 처지에 있는 자들의 기대치를 증진시킬수록 그것이 최저의 지위에 있는 자들의 기대치도 증진시키는 결과를 갖는다. 이러한 체제는 대체로 정의로운 것이긴 하지만 그러나 최선의 정의로운 체제라고 말할 수는 없다. 한 체제가 정의롭지 못하다는 것은 하나 이상의 보다 높은 기대치들의 정도가 과도한 경우이다. 그래서 이러한 기대치들이 감소할 경우에는 최소 수혜자의 처지가 향상되게 된다. 한 체제가 부정의한 정도는 상위 기대치들이 얼마나 과도하게 높으냐에 달려 있으며 또한 그것들이 예를 들어 공정한 기회균등과 같은 정의의 다른 원칙들을 어느 정도 침해하고 있느냐에 달려 있다. 그러나 그러한 부정의의 정도를 정확하게 측정하려 하지는 않겠다. 여기서 주목할 점은 엄밀히 말해서 차등의 원칙은 극대화의 원칙(maximizing principle)인 데 반해 최선의 체제에 미치지 못하는 경우들 간에는 대단한 차이가 있다는 점이다. 사회는 마땅히 보다 혜택 받는 자들의 한계 기여도가 마이너스(−)쪽인 경우는 피해야만 하는데, 왜냐하면 그것은 기여도가 플러스

(+)일 때에 최상의 체제에 미치지 못하는 경우와는 비교할 수가 없을 정도로 큰 결함을 갖기 때문이다. 빈부간의 보다 큰 격차로 인해 가난한 자는 더 가난해질 것이며 이로 인해서 상호 이익뿐만 아니라 민주주의적 평등의 원칙마저도 깨뜨려지고 만다. (『사회정의론』, 98-99쪽)

■ 정의의 제1원칙과 제2원칙의 구별

정의의 제1원칙과 제2원칙의 구별에 주목하는 것이 중요하다. 제1원칙은 그것에 대한 해석이 설명해 주듯 헌법의 핵심 사항들을 포괄한다. 제2원칙은 공정한 기회균등과, 사회적, 경제적 불평등이 차등의 원칙에 의해 지배될 것을 요구한다. … 기회에 관한 어떤 원칙 — 이를테면 (18세기의 표현을 사용하자면) 재능에 따라 출세할 수 있는 열린사회를 요구하는 원칙 — 은 헌법의 핵심 사항이지만, 공정한 기회균등은 그것보다 더 많은 것을 요구하며 헌법의 핵심 사항으로 간주되지 않는다. 이와 마찬가지로 모든 시민의 기본적 필요를 채워주는 사회적 최소치는 헌법의 핵심 사항이지만, 차등의 원칙은 더 많은 것을 요구하며 헌법의 핵심 사항으로 간주되지 않는다. 두 원칙을 구별하는 기반은 제1원칙이 정치적 가치를 표현하고 제2원칙은 그렇지 않다는 것이 아니다. 두 원칙 모두 정치적 가치를 표현한다. 그 대신에 우리는 사회의 기본구조가 상호 조율된 두 가지 역할을 하며 그중 하나에 제1원칙이, 다른 하나에 제2원칙이 적용된다고 본다. 한 역할에서 기본구조는 (정치적 자유들의 공정한 가치를 포함하는) 시민의 평등한 기본적 자유들을 규정하고 보장하며 정의로운 입헌 체제를 확립한다. 그리고 다른 역할에서는 자유롭고 평등하다고 여겨지는 시민들에게 가장 적합한 형태로 사회적, 경제적 정의의 배경적 제도들을 제공한다. 첫째 역할과 관련되는 문제들은 정치권력의 획득 및 행사에 관한 것이다. 자유주의적인 정당성 원칙을 실현하기 위해 우리는 적어도 이러한 문제들을 자유로운 공적 이성의 기반을 형성하는 정치적 가치들에 호소함으로써 해결하고 싶어 한다.

정의의 원칙들은 4단계 과정에 따라 채택되고 적용된다. 첫째 단계에서 당사자들은 무지의 베일 뒤에서 정의의 원칙을 채택한다. 당사자들이 이용할 수 있는 지식에 대한 제한은 다음 세 단계에서 점차 완화된다. 즉 제헌위원회 단계, 헌법이 허락하고 정의의 원칙이 요구하고 허용하는 대로 법이 제정되는 입법 단계, 그리고 행정관들이 규칙을 적용하고 시민들이 일반적으로 따르며 사법부 구성원들이 헌법과 법률을 해석하는 마지막 단계. 이 마지막 단계에서는 모든 이가 모든 사실에 완전히 접근할 수 있다. 제1원칙은 제헌위원회 단계에 적용되는데, 헌법의 핵심 사항들이 보장되고 있는지의 여부는 헌법의 전문(前文)과 그것의 정치제도들, 그리고 그 제도들이 실제로 실행되는 방식에서 어느 정도 알아볼 수 있다. 이와 달리 제2원칙은 입법 단계에 적용되며, 모든 종류의 사회적, 경제적 입법, 그리고 이 지점에서 생겨나는 모든 종류의 쟁점에 관계된다. 제2원칙의 목적이 실현되었는지의 여부는 확인하기가 훨씬 어렵다. 이 문제들은 어느 정도는 항상 합당한 의견 차이에 열려 있으며, 복잡한 사회적, 경제적 정보를 평가하는 추론과 판단에 의존한다. 또한 우리는 보다 좁은 의미의 분배적 정의의 쟁점들보다는 헌법의 핵심 사항들에서 더 많은 합의를 기대할 수 있다.

따라서 제1원칙에 의해 포괄되는 헌법의 핵심 사항들과 제2원칙에 의해 포괄되는 분배적 정의의 제도들을 구분하는 근거는 제1원칙이 정치적 가치를 표현하고 제2원칙은 그렇지 않다는 것이 아니다. 오히려 구분의 근거는 다음 네 가지이다. …

차등의 원칙은 헌법의 핵심 사항들에 속하지는 않지만, 그럼에도 불구하고 자유롭고 평등하며 일생 동안 정상적이고 완전히 협력적인 사회 구성원으로 여겨지는 시민들에게 가장 적절한 평등 관념을 밝히려고 노력하는 것이 중요하다. 나는 이 관념이 심층적인 차원에서 호혜성을 포함하며, 따라서 적절하게 이해된 민주적 평등성은 차등의 원칙 같은 것을 요구한다고 믿는다. (『공정으로서의 정의: 재서술』, 96-99쪽)

■ 참고문헌

F. 러벳, 김요한 옮김, 『롤스의 정의론 입문』, 서광사, 2013.

존 롤스, 황경식 옮김, 『사회정의론』, 서광사, 1985.

존 롤즈, 에린 켈리 엮음, 김주휘 옮김, 『공정으로서의 정의: 재서술』, 이학사, 2016.

마이클 샌델, 이창신 옮김, 『정의란 무엇인가』, 김영사, 2010.

마이클 샌델, 이양수 옮김, 『정의의 한계』, 도서출판 멜론, 2012.

6장 공자와 맹자
더불어 삶은 어떻게 가능한가?

1. 문제 제기

오늘날 우리 사회는 계층갈등, 이념갈등, 지역갈등, 세대갈등 등 사회적 갈등이 복합적 양상을 띠며 드러나고 있다. 다른 사람의 세계관이나 이념을 이분법적 선과 악의 대립과 충돌로 치환하여 인식하는 태도가 강화되고, 사회적 불평등의 골이 깊어지면서 계층 간의 반목과 갈등이 계급갈등으로 비화될 조짐이 나타난다. 남북 간의 갈등이 첨예화되면서 이와 맞물려 체제 내의 이념적 대립과 갈등은 도저히 봉합할 수 없는 지경으로 악화되어 드러난다. 이 시점에서 우리는 다양하게 분출하는 문제들을 해결하기 위해 깊은 고민에 빠져 있다. 그렇다면 좋든 싫든 오랜 삶의 방식으로 남아 있는 유교의 공동체주의에서 '더불어 삶'의 의미를 찾아내는 것은 어떨까?

유교에 대해서는 크게 두 가지 상반된 평가가 존재한다. 유교를 떠올리면 으레 보수주의, 권위주의를 연상하며 혈연, 지연, 학연 등 연고주의에 뿌리를 둔 소아주의적 병폐를 지적하는가 하면, 심지어 '닫힌사회'에서 '열린사회'로 나아가는 데 있어 가장 큰 장애물로 인식하기도 한다. 다른 한편으로는 동아시아 경제 발전의 동력을 유교 윤리의 내적 성숙에서 찾는 '유교 자본주의', '아시아적 가치' 담론이 '전통의 현대화'라는 학문적 지향의 중심 화두로 등장하고, 욕망의 극대화를 미덕으로 간주하여 개인 간의 극단적인 경쟁과 사욕의 함정에 빠진 현대 자본주의의 사회병리 현상 — 사회적 갈등과 분열의 증폭, 도덕적 문제 — 을 해결할 수 있는 '최적의 이념적 가치'라고 새삼스레 찬양하기도 한다. 최근까지도 진보와 발전의 장애물로 비판받아 왔던 유교는 이제 동아시아인들의 규율 잡힌 근로의식과 윤리의 핵심으로 간주되고 있다. 또한 온정주의적, 가부장적 조직문화에 대한 순응과 권위의 수용을 용이하게 해줌으로써 더욱 효율적인 경제 운용과 기업 경영을 뒷받침해 준 것도 유교 덕분이라 간주하기도 한다. 그러나 유교에 대한 잘못된 독해는 전면적인 서구화를 통해서만 필요한 변화를 가져올 수 있다는 잘못된 인식을 확산시키거나, 서구적인 자유주의 영향은 전통문화에 근본적으로 해악을 끼칠 뿐이라는 방어적인 전통 옹호론을 불러일으키곤 했다.[1]

그렇다면 왜 이렇게 상반된 평가가 공존하는 것일까? 유교는 역사적으로 오르내림의 굴곡이 있기는 했지만, 시공간적 좌표에 따라 우리의 삶에 다양한 모습으로 작용해 왔다. 겉으로 드러난 유교의 다양한 모습들은 유교에 대한 피상적이고 단편적인 이해와 왜곡의

---

1) Wm. 시어도어 드 배리, 표정훈 옮김, 『중국의 '자유' 전통』, 이산, 1998, 10-15쪽 참조.

한 원인이 되기도 했다. 그러나 유교가 오늘날까지 여전히 생명력 있는 담론으로 남아 있는 것은 역설적으로 여기에 그 원인이 있는 지도 모른다. 왜냐하면 유교는 근본적으로 불변의 규범체계와 시대의 추이에 유연하게 대응하는 변화의 원리를 때에 따라 적절하게 조화시켜 상황을 타개해 나가는 중도의 실현에 목적을 두기 때문이다. 이러한 점에서 우리는 공자와 맹자에서 발원하여 조선에 이르기까지 정치의 원리, 삶의 방식이었던 유교로부터 우리 사회의 병리적 증후에 대한 대안을 찾을 수 있을지 다시 물어야 한다.

2. 공자와 맹자의 생애와 저작

중국 역사에서 춘추시대라고 알려진 공자 당시와 그 이전을 포함하는 세기들은 일반적으로 왕조 쇠퇴의 세기로 여겨진다. 모든 국가들과 공국, 후국들이 다국가적 영역 안에서의 생존을 위한 자유투쟁 상태로 돌입한 당시의 세계에서 주 왕실은 단지 궁극적 권위의 원천을 상징하는 유령과 같은 존재로 명맥을 유지하고 있었다.2)

춘추시대 지도 (출처: 구글 이미지)

공자(孔子, B.C. 551-479)의 성은 공(孔), 이름은 구(丘), 자는 중니(仲尼)다. 존칭하여 공부자(孔夫子)로 불린다. 기

---

2) 벤자민 슈월츠, 나성 옮김, 『중국 고대사상의 세계』, 살림, 1996, 97-98쪽.

원전 551년에 현재 산동성에 있었던 작은 나라인 노나라 추읍에서 태어났다. 전하는 바에 따르면 부친의 이름은 흘(紇)이고 자는 숙량(叔梁)으로 노나라의 지방장관을 지냈다. 그의 혈통은 상나라 왕실로부터 송나라를 거쳐 나온 일족이었

공자 (출처: 구글 이미지)

다. 그의 가족에 관해 알려진 것은 형과 조카딸, 그리고 딸과 아들이 각각 한 명씩 있었다는 사실뿐이다. 오늘날의 산동성에 자리 잡았던 노나라는 힘없는 작은 국가에 지나지 않았으나, 그 왕실이 주공(周公)의 후예였기 때문에 주나라의 문화적 유산과 깊은 관련이 있었다. 공자는 주 왕조의 사라지는 권위에 여전히 집착하고 있었으며, 이 점에서 그는 자신의 세대에 매우 충실했던 인물이라고 말할 수 있다.

공자는 공정하게 조화를 이룬 사회관계에 관한 철학을 발전시키고 널리 전파하는 데 생애의 거의 대부분을 보냈다. '주유(周遊)하는 지식인들'의 원형인 공자는 정치적, 학문적 포부를 펼칠 만한 관직을 얻어 자신의 사상을 현실과 접목하여 실천하려고 노력하였으나, 성공적인 결실을 거두지는 못했다. 공자는 기원전 495년 무렵부터 오랫동안 노나라에서 추방당하여 일군의 제자들과 함께 이 나라 저 나라를 두루 돌아다니며 봉건 제후들에게 자신의 사상을 설파하면서 재능을 실현할 기회를 찾았다.

공자 생애의 마지막 3년은 노나라에서 저술과 제자 교육에 힘을

쏟다가 기원전 479년에 죽었다. 평생 동안 자신의 뜻을 펼칠 기회를 갖지는 못했지만, '무관의 제왕[素王]'이라 불러도 조금도 손색이 없을 정도로 후세에 끼친 영향은 지대했다.

공자는 높은 직책을 맡지는 못했다. 처음에는 곡물창고지기라는 작은 관직을 맡았다가 공유지를 관리하는 벼슬도 지냈다. 뒤에 제(齊)나라에서 하는 일 없이 지내다가 기원전 501년 무렵 노나라에서 사공과 대사구(大司寇)를 지냈다.[3]

공자는 자신을 전해 오는 지식을 기술하여 전달하는 사람으로 자리매김할 뿐 창작자로 자처하지 않았다. 『논어』는 공자와 여러 제자들의 말과 행동을 기록한 것으로, 공자와 그 제자들이 삶의 이치와 지혜, 그리고 교육, 문화, 정치 등 인간이 살아가면서 맞닥뜨리는 다양한 문제들에 대해서 대화를 통해 논의한 내용들을 모은 책이다. 이 안에는 공자 개인의 생각과 제자들의 여러 문제 제기에 그 장단점을 정확하게 진단하여 단점은 보완하고 장점을 장려하는 차원에서 대답한 것, 그리고 어떤 주제에 대해서는 제자들끼리 이야기한 것도 들어 있다. 이 외에도 당시의 정치가나 은둔자 혹은 향리의 사람들과 나눈 대화도 기록되어 있다. 『논어』는 인간 공자의 삶의 역사와 진솔한 모습이 온전하게 담겨 있는 전기로서의 성격도 지니고 있어서 공자의 인생관과 세계관이 꾸밈없이 드러난다. 이런 점에서 『논어』는 공자의 삶과 사상을 이해하는 가장 정확하고 소중한 자료이며, 나아가 유가 철학의 중심 사상을 전체적으로 조감할

---

3) 맹자에 따르면, 공자는 한때 창고지기가 되어 "내가 할 일은 계산만 틀리지 않으면 된다"라고 말한 적도 있고, 한때는 목장관리직을 맡아 "내 의무란 소와 양이 건강하게 잘 자라게 돌보기만 하면 되었다"라고 말한 적도 있다고 한다.

수 있는 근본 경전이다.

　공자는 확실히 역사상 가장 위대한 교육자였다. 그는 가르침에는 계급적 차별이 있어서는 안 된다고 주장한 최초의 사람이었다. 뒷날 그는 아무리 가난하여도 포부를 지닌 학생이면 결코 외면하지 않았다고 공언하였고, 모든 청년은 그 능력을 입증할 기회를 가질 때까지 존중되어야 한다고 선언한 것은 위인(偉人)의 아량 있는 원칙을 표명한 것이지만, 동시에 젊은 시절 자신이 제기한 주의 주장을 옹호한 것이기도 했다.

　공자는 확실히 매력적인 성격을 지닌 사람이었다. 그는 30세부터 제자들을 받아들였으며, 늙어서도 한결같이 "배움을 싫어하지 않고, 남을 가르치기에 게을리하지 않았다."(『논어』「술이」) 당시의 어떤 교사도 공자처럼 문학, 역사, 철학에 수준 높은 공부의 기회를 제공한 사람은 없었다. 『논어』에 잘 드러난 것처럼 공자는 젊은 세대와 자유롭게 소통하는 개방적인 지식인이었다.

　초창기의 공자의 제자들은 대부분 봉건 제후국의 고위관료가 되었으나, 후기의 제자들은 대체로 교사나 사회사상가가 되었다. 공자가 교육을 특권이나 사회적 계급에 의한 모든 장애로부터 해방시킨 것은 분명히 혁명적인 주장이었다. 이는 봉건 관료에로의 길을 열어주기도 했지만 다른 한편으로는 미흡하긴 하지만 근대 민주주의 사상의 근본 요소도 포함하고 있었다.

　맹자(孟子, B.C. 372-289)는 전국시대 추(鄒)나라 사람으로 이름은 가(軻)이다. 『사기』「열전」에 따르면, 맹자가 태어난 추나라는 산동반도에 위치한 노나라에 인접했던 관계로 결과적으로 유학의 중심지와 가까이 할 수 있었다. 맹자는 공자의 손자인 자사의 문인

맹자와 촛불 (출처: 구글 이미지)

에게 수업을 받은 것으로 알려져 있다.[4] 그는 어려서 아버지가 죽었기 때문에 어머니로부터 교육을 받고 자랐다. 이와 관련하여 '삼천(三遷)'과 '단기(斷機)'의 고사가 전한다.

공자가 세상을 떠난 이후 유가는 여덟 학파로 갈라졌지만, 한유나 왕안석이 맹자를 높이고 주자가 『맹자』를 사서(四書)에 편입한 뒤 『논어』와 『맹자』가 아울러 일컬어짐으로써 맹자는 '아성(亞聖)'으로서의 지위를 누리게 되었다.

---

4) 이에 대해 조기는 "맹자는 어려서 어머님의 가르침을 받았고, 커서는 공자의 손자인 자사를 스승으로 섬겨 유술을 닦았다"라고 하였다. 『한서』「예문지」나 『공총자』 등에서도 맹자를 자사에게 직접 수업을 받은 제자로 인정하고 있다. 반면 오정이나 왕복례 등은 공자와 자사, 맹자의 연대 고증을 통해 맹자가 자사의 직접 제자가 될 수 없다고 주장한다. 주자의 『집주』에서는 자사의 문도라고 하였고, 「논어서설」에서는 단시 문인이라고만 일컬었다. 정약용은 『사기』의 주장을 따라 맹자가 자사의 문인에게 배운 것으로 단정하고 있다.

맹자의 삶의 여정은 공자가 그랬던 것처럼 어지러운 시기에 여러 나라를 돌아다니면서 도를 전파하고 백성을 근본으로 하는 정치를 뿌리내리는 데 초점이 맞춰져 있다. 맹자는 처음에는 '치국평천하'의 포부와 이상을 품고 여러 나라를 돌아다니면서 계책을 올림과 동시에, 자신만의 정치경제적인 주장을 제시했다. 말년에는 자신이 지향하는 왕도정치가 시행되지 못한 현실에 한계를 느끼고 물러나 책을 쓰면서 남은 삶을 보냈다. 맹자의 사상은 정치이론과 실천방법, 그리고 사회철학의 체계로 구성되는데, 『맹자』 7편의 주요 내용도 정치와 경제 문제로 귀결된다.

『맹자』의 저자가 누구인가에 대해서는 맹자 자신의 저술이라는 것과 제자들의 기록이라는 두 가지 설이 대립한다. 『사기』 「맹자순경열전」에는 다음과 같은 말이 전한다.

맹자가 살던 시대는 천하가 온통 합종과 연횡에 힘쓰고, 공격과 정벌을 현명한 것으로 여겼다. 그래서 맹자가 당의 요임금, 우의 순임금과 삼대의 바른 덕을 말했지만 가는 곳마다 뜻이 합치되지 않았던 것이다. 물러나 만장 등의 제자들과 함께 『시경』, 『서경』을 정리하고 공자의 뜻을 기술하여 『맹자』 7편을 지었다.

후한 때의 학자 조기(趙岐)도 『사기』의 관점을 견지하면서도 더 구체적으로 부연 설명함으로써 맹자가 『맹자』를 지었다는 점을 단정하고 있다.

맹자가 죽을 때까지 이름이 나지 않는 것을 부끄럽게 여겨, 물러나 공손추, 만장 등의 뛰어난 제자와 더불어 의심스러운 것에 대해 따져보고 묻고 답한 것을 모으고, 또 법도가 될 만한 말을 스스로 지어 7편을 지으니 261장 34,685자였다.

주자도 『사기』의 주장을 따라 "『맹자』 7편을 숙독하고 그 글의 기세를 보건대, 쇠를 잘 녹여 부어 만든 것과 같으니, 후대의 사람들이 주워 모아 만든 것이 아니다"라고 하였다. 정약용은 『맹자』의 저자를 둘러싼 논쟁을 정리하면서 『사기』의 설에 긍정적인 태도를 취하고 있다. 그러나 『맹자』에 부분적이나마 제자들의 기록이 포함되어 있고 제자의 기록에 맹자의 본뜻과 다소 부딪치는 내용도 있다는 점에서 『맹자』 7편 모두가 맹자의 온전한 저술이라고 보기 어렵다는 관점을 제기하였다. 한편 『맹자』 7편 이외에 「성선변」, 「문설」, 「효경」, 「위정」 등 외서 4편이 있었다고 전해지나, 『맹자』의 진본이 아니고 후세 사람들이 모방해서 가탁한 것으로 파악하는 것이 일반적이다.

앞에서 논의한 바를 종합하면, 맹자는 만년에 저술에 집중했으며 만장과 공손추가 함께 참여했다는 점을 알 수 있다. 『맹자』는 문체의 기백이 호탕하고 문맥이 일관되며 사상의 앞뒤 관계 또한 일치한다. 이것은 선진(先秦) 시기의 문헌 중에서 드문 일이다.

맹자의 묘는 산동성 추현 북쪽 30리 사기산(四基山) 양지에 있다. 그리고 추현 동북쪽 30리의 부촌(傅村) 집 앞에는 맹모지(孟母池)가 있는데, 만약 부촌이 맹자가 살았던 곳이라면, 맹자가 안장되어 있는 묘지로부터 그다지 멀지 않다.5)

---

5) 채인후, 천병돈 옮김, 『맹자의 철학』, 예문서원, 2010, 35쪽.

3. 어울림과 화해의 윤리

타자의 관점에서 바라보는 능력을 기르는 것은 공존의 삶을 위한 전제조건이다. 나를 미루어서 타인을 헤아리는 윤리적 행위 방식으로서 서(恕)는 전체와 개체를 조화로운 공동체로 이끄는 중요한 사회윤리적 기준이다. 인간은 본질적으로 사회적 관계의 그물망, 상호성의 체계 속에서 자기를 규정하고 삶의 의미를 실현해 나가는 존재다. 인간은 사회 내 존재, 관계로 맺어진 존재로 한 개인의 실존적 위상과 역할은 가정, 직장, 사회집단이라는 관계구조에서 역할에 따라 달리 규정된다. 공자가 말한 정명(正名)은 이러한 관계의 사회적 구조를 잘 드러낸다. "아버지는 아버지답고, 아들은 아들답고, 나라는 나라답고, 공직자는 공직자다운" 사회가 바로 조화로운 공동체인 것이다. 여기서 중요한 것은 이름과 실상을 매개하는 '○○다움'이다. '○○다움'의 구체적 내용은 사회의 변화에 따라 각기 다른 양상으로 드러난다. 정약용에 따르면 인간은 이 세상에 태어나 죽을 때까지 사람과 사람 간의 상호관계 속에서 상호부조적 행위를 하는 사회적 존재다. 유교의 최상의 도덕규범인 인(仁)도 사람과 사람 사이에서 자신의 직분을 다하는 실천윤리에 지나지 않는다. 인간 삶의 본질은 가까이는 부모, 자식, 형제로부터 멀리는 친구와 이웃, 낮게는 신하와 하인, 어린이로부터 높게는 군사(軍師)와 노인에 이르기까지 다양한 인간관계 속에서 서로 돕고 교류하고 접촉하며 바로잡아주면서 공동체적 삶을 유지해 가는 데 있는 것이다.

유교는 인간의 다양한 공동체적 관계망에서 인을 실현하기 위한 방법의 요체로 서(恕)를 제시한다. 공자는 인간의 윤리적 실천에서 일관된 기준으로서 서의 중요성을 강조한다. 『논어』에서 서에 대해 언급한 것은 다음 세 구절이다.

자공이 "평생 실천할 만한 한마디 말이 있습니까?"라고 묻자, 공자가 말했다. "그것은 서이겠지, 자기가 원하지 않는 것을 남에게도 하지 않는 것이다." (『논어』 「위령공」)

중궁이 인을 묻자 공자가 말했다. "문을 나설 때는 마치 큰 손님을 대하듯이 하고, 백성을 부릴 때는 큰 제사를 받드는 듯이 하며, 자기가 바라지 않는 일을 남에게 하지 말아야 한다. 이렇게 하면 나라에서도 원망하는 이가 없고, 집안에서도 원망하는 이가 없을 것이다." (『논어』 「안연」)

인이라는 것은 자신이 서고자 할 때 남부터 서게 하고, 자신이 뜻을 이루고 싶을 때 남부터 뜻을 이루게 해주는 것이다. 자신이 원하는 것을 미루어서 남이 원하는 것을 이해하는 것이 바로 인의 실천방법이다. (『논어』 「옹야」)

그 요점을 간추리면 소극적으로는 '자기가 바라지 않는 것은 남에게도 하지 말라'는 것과 적극적으로는 '자기가 원하는 것에 근거하여 남을 대하라'는 명제로 모아진다. 이와 유사한 구절은 『성경』에서도 찾을 수 있다. 「마태복음」 7장에서는 "너희는 남에게서 바라는 대로 남에게 해주어라"라고 관계의 틀로 맺어진 인간 행위의 지침을 명시하고 있다. 일반적으로 『성경』의 명제가 황금률이라고 한다면, 『논어』에 나타나는 공자의 말은 황금률의 부정적 표현으로 일컬을 수 있다. 불변성과 고차성의 의미를 지시하는 황금이라는 수식어를 달고 있는 이 도덕 원칙의 현존은 종종 도덕적으로 옳은 것에 대한 근본적 일치의 증거로 제시되기도 한다.

서의 의미는 "나를 미루어서 다른 사람에게 미치고", "나를 미루어서 사물에까지 미친다"는 말에서 추론할 수 있듯이, 어떤 행위를 할 때, 우리가 하고 싶어 하거나 하고 싶어 하지 않는 마음의 지평이 동일한 차원에 있음을 전제로 한다. 중요한 것은 행위 주체인 나라는 존재의 마음속에 타자를 배려하는 행위의 원칙이 설정되어 있다는 것이다. 따라서 서가 인간과 인간, 인간과 자연의 소통을 매개하고 개인과 개인, 집단과 집단이 통합되는 윤리적 기준으로 작동하기 위해서는 보편적 기준을 책임지고 보존하는 주체, 즉 진실한 자기를 확립하는 것이 모든 도덕적 실천에 선행되어야 한다는 것이다. 여기에는 서의 준거가 되는 자신이 사사로운 욕구를 이겨내고 공감과 배려의 행위를 책임 있게 실천하는 도덕적 주체가 되어야 한다는 통찰이 담겨 있다.

『대학』에서 서의 개념은 '직각자를 가지고 모서리를 재는 방법'으로 상징화되어 나타난다. 이는 앞에서 언급한 나를 미루어서 남에게 미치고, 나를 미루어서 사물에 미치는 경지와 서로 통한다. 공자는 이를 구체적으로 밝힌다.

군자의 도는 네 가지인데, 나는 그중 하나에도 아직 능숙하지 않다. 자식에게 요구하는 바로서 부모를 섬기는 것에 능숙하지 않고, 신하에게 요구하는 바로서 군주를 섬기는 것에 아직 능숙하지 않고, 손아랫사람에게 요구하는 바로서 손윗사람을 섬기는 것에 아직 능숙하지 않고, 벗에게 요구하는 바로서 먼저 베풀어

행하는 것에 익숙하지 않다. (『대학』 9)

여기서 공자가 예시한 네 가지 군자의 도는 모두 나 자신이 어떤 행위의 주체로서 기준이 될 수 있어야 한다는 점을 함축한다. 인륜을 실천하는 올바른 도로서 서는 그 실천 근거가 외재적인 도덕규범이나 강제적 법에 있는 것이 아니다. 자신의 마음을 미루어 타인으로 확산되어 나아가는 서의 윤리는 인간 각자의 내적인 준칙을 근거로 하여 보편적인 인륜의 도를 실천하는 것이다. 물론 인간의 본질적인 가치는 천명이 인간 본성에 내재함으로써 실현될 수 있다는 점을 전제한다. 다시 말하면 서는 공감의 구조 속에서 타자를 개방적으로 수용하는 것이 사람됨의 본질이라는 인식에서 비롯된 것이다.

맹자도 공자와 마찬가지로 자신의 마음을 준거로 남을 헤아려 행위하는 서를 인을 추구하는 중요한 방법으로 간주한다. "만물은 내 안에 모두 갖추어져 있다. 따라서 나를 반성하여 참되면 이보다 더 큰 즐거움은 없다. (이 즐거움을) 서를 실천하는 데 힘쓴다면 거의 인을 추구하는 것이다."(『맹자』「진심 상」) 서의 의미를 파악하는 데 있어 중요한 것은 서를 실천하는 보편적인 원리가 인간의 본성 안에 갖추어져 있다는 것이다. 그뿐만 아니라 도덕적 자기반성을 통한 참된 자아의 회복이 행복이며, 이를 근거로 서를 실천에 옮기는 것이 곧 인을 추구하는 것이다. 서는 나와 타자가 더불어 행복을 누리는 것, 개인적인 행복과 즐거움을 타자와 적극적으로 공유하며 열린 마음으로 소통하는 교제방법이다.

이런 맥락에서 정약용은 서를 추서(推恕)와 용서(容恕)로 구분하고, 인을 실현하는 적절한 방법은 추서라고 주장한다. 추서와 용서는 언뜻 유사해 보이지만 도덕적 행위 주체의 행위 의도와 자율성, 자발성이라는 면에서 각기 다른 방향을 향하고 있다. 추서가 도덕적 자기수양에 중점을 두어 자신의 선을 행하는 것이라면, 용서는 다른 사람을 다스리는 데 초점을 맞춰 타인의 악에 너그러운 것을 의미한다. 남의 잘못이나 모자람을 수용한다는 점에서 용서도 미덕이긴 하지만, 은혜를 베푸는 사람과 은혜를 받는 사람으로 확연하게 구분함으로써 은혜를 받는 사람이 수치심을 느끼거나 보상의 의무를 지게 한다는 점에서 자기와 타자를 대립적인 관계에 놓는 것이다.

서는 본래 스스로를 다스리는 도덕적 실천 덕목이다. 타자와의 관계에서 행위 기준이 되는 것은 바로 자기 자신이다. 상호성의 윤리학에서 바람직한 행위 방식은 자기가 원하는 것은 그대로 남에게 베풀고, 자기가 원하지 않는 것은 남에게 행하지 않는 것이다. 추서는 자기수양에 목적을 둠으로써 도덕적 행위 주체의 자기 세움을 전제한다. 따라서 자기반성에 근거한 자발적 동기가 인간 행위를 촉발하는 계기로 작용한다. 반면 용서하는 행위 그 자체는 적극적이지만 행위를 유발하는 동기가 타인의 행위로부터 비롯되기 때문에 타인의 행위 여하에 따라 나의 행위가 결정되는 도덕적 타율성을 면치 못한다. 따라서 인이 도덕 주체의 자발적이고 자율적인 노력을 통해 실현되고, 인간의 자아실현도 인간 상호간의 평등한 소통에서 성취된다는 점을 고려한다면 추서만이 실천방법이라 할 수 있다.

앞에서 살펴본 것처럼 유교의 서에는 "내가 서고자 하면 다른 사람을 설 수 있게 하라"는 타인에 대한 적극적 배려의 원칙과 "내가 하고 싶지 않은 일은 다른 사람에게도 베풀지 말라"는 소극적인 배려의 원칙이 함께 나타난다. 칸트와 밀의 언어로 옮기면 각각 인간 행위의 '행복 증진의 원칙'과 '해악 금지의 원칙'이 동시에 제시되어 있는 것이다. 칸트는 "자기가 바라지 않는 것은 남에게도 하지 말라"로 정식화되는 부정적 표현의 황금률, 즉 해악 금지의 원칙이 자기 자신에 대한 의무를 강제하지 않고, 타인에 대한 사랑의 의무를 강제하지 않으며, 상호간의 의무의 근거도 지니지 않는다는 점에서 분명한 한계가 있다고 주장한다.

결국 인이 관계로 맺어진 존재로서 인간의 상호 의존성과 공동체적 본성을 드러내는 것이라면, 도덕적 행위 주체의 자발성과 무관하게 불가피하게 타인의 부도덕이나 해악을 참는 용서로서의 관용은 조화롭고 평화로운 공동체 구성의 보편적 행위 기준이 되기에는 한계가 있다. 중요한 것은 행위 주체의 도덕적 자기반성을 기저로 인류 공동의 행복 증진을 원칙으로 하는 추서로서의 관용이 더욱 요청된다는 점이다.

4. 조화로운 삶과 유교의 이상사회

인간은 필연적으로 유한성을 내재하고 있는 존재다. 따라서 인간은 자신의 본성적 한계로 인해 파생되는 공포심과 이해관계로부터 벗어나기 위해 공존, 공생의 삶을 요청한다. 공동체는 인간 본성에서 비롯된 직접적인 산물인 것이다. 자아실현을 근거로 한 공동선의 실현은 모든 공동체의 궁극적 목적이다.

유교에서 이상세계로 제시한 대동(大同)은 소강(小康)의 상대적인 개념이다. 소강이 우왕, 탕왕, 문왕, 무왕, 성왕, 주공의 정치를 의미한다면, 대동은 이상을 추구하는 사람들의 희망을 반영한 것이다. 대동과 소강은 각각 공공의 세계와 사적인 세계를 대변하는 대립적인 개념이다. 유교는 자아실현이 공동선의 구현으로 이어지는 대동사회를 다음과 같이 그리고 있다.

> 큰 도리가 행해지면, 천하에는 공공의 의리가 구현된다. 현명한 자를 뽑고 능력에 따라 관직이 수여되며 신의와 화목을 가르친다. 그러므로 사람들은 자신의 어버이만 어버이로 여기지 않고, 자기 자식만을 자식으로 보살피지 않는다. 노인으로 하여금 편안하게 여생을 보내게 하며, 젊은이에게는 일할 여건이 보장되고, 어린이는 길러주는 사람이 있으며, 과부와 홀아비를 돌보며 병든 자도 모두 보살핌을 받는다. 남자는 (적령이 되면) 결혼할 상대가 있으며 여자도 시집갈 곳이 있다. 재화가 땅에 버려지는 것을 싫어하지만 굳이 사사로이 저장할 필요는 없다. 스스로 일하는 것을 싫어하지 않지만 반드시 자기만을 위해서 일하지도 않는다. 그러므로 은밀히 음모가 생기지도 않고 도적이나 난적도 발생하지 않는다. 그러므로 바깥 대문을 닫을 필요가 없다. 이런 상태를 대동이라 한다. (『예기』「예운」)

대동사회의 지향은 이 세상의 모든 것은 한 사람의 몸과 같다는 의미로 모아진다. 따라서 세상을 평화롭게 유지하는 것과 모든 사람이 즐거움을 함께하는 것을 목적으로 삼는다. 순자는 진나라의 통치자가 마땅히 "힘의 정치를 막고 도의의 정치를 행하며, 무력을 버리고 문치로 돌아와야 한다"고 강조했다. 아울러 통치자가 시대적 사명으로 행해야 할 것은 무력으로 영토를 확장하는 것이 아니라 사회와 사회 간에 믿음의 토대를 굳건하게 하는 것이라고 주장했다(『순자』「강국」). 따라서 유가는 예로 백성들을 교화하여 사회 질서를 세우고, 다름의 공존 속에서 크게 하나가 되는 대동을 이상 사회로 그렸다. 반면 대동과 대립적인 견지에서 소강사회는 일시적 방편에 그쳐야 하는 사회다.

지금 큰 도리가 숨고 천하는 개인의 일가가 되었다. 사람들은 각기 자기의 어버이만 어버이로 여기고, 자기의 자식만 자식으로 여긴다. 재화와 노동을 자기만을 위해 사용한다. 대인이 대대로 그 지위를 세습하는 것을 예라 하고, 성곽을 쌓고 도랑과 못을 파서 나라의 방비를 튼튼히 하며, 예의를 법도로 삼아 군신의 관계를 바로잡는다. 부자의 관계를 돈독히 하고, 형제 사이를 화목하게 하며 부부를 화합하게 하며, 제도를 만들고 전리(田里)를 세워, 용맹과 지혜를 숭상하고 공을 이루는 것도 자신만을 위한다. 그러므로 음모가 생기고 싸움이 이로 인해 일어난다. 우왕, 탕왕, 문왕, 무왕, 성왕, 주공은 천거되어 예의로써 세상을 교화했다. 이 여섯 군자는 예를 실행하는 데 힘을 다했다. 예의로써 그 의리를 밝히고, 그 믿음을 이루고, 잘못을 밝히고 인(仁)을 본받아 겸양의 도리를 가르치고 백성에게 지켜야 할 보편적인 도덕[常道]이 있음을 보여주었다. 보편적인 도덕을 따르지 않는 자가 있으면 비록 권세가 있는 자라도 배제되었고, 백성들은 이를 재앙으로 여겼다. 이것을 소강이라 한다. (『예기』「예운」)

보편적인 도덕의 시행과 동시에 공공성이 실현되는 유교의 이상 세계는 사람들이 자신의 가족만을 중요하게 여기지 않고 의지할 곳 없는 노인, 고아, 중병에 걸린 자를 서로 돕고 남은 재물이나 노동력을 아낌없이 내어주는 상호부조의 사회다. 사람들이 자기 자신만을 위해 축재하지 않고, 자기 자신만을 위해 일하지 않는 공동 호혜의 사회가 곧 공공성이 실현된 대동세계다.6) 보편적인 도덕은 결여되고 사사로운 욕구가 지배하는 소강사회는 사유재산을 기초로 사적인 욕망을 극대화한 세계다. 공유제를 기반으로 한 대동사회는 원시 공동체가 붕괴하고 사유재산에 기초한 계급사회로 대체된 이후, 고대인들이 추구한 이상사회에 대한 아름다운 소망을 집대성한 것이다. 이는 사유재산에 근거한 암흑사회가 갈등과 투쟁으로 악화되는 현실을 부정하기 위해 출현하였다.7) 그렇다고 소강사회가 반드시 잘못된 세계를 가리키는 것은 아니다. 단지 시대의 추세와 삶의 환경이 변화함에 따라 대동에서 소강으로 이행된 것에 지나지 않는다. 하, 은, 주가 비록 대동사회의 맥락에 이르지 못했다 하더라도 대동과 소강은 모두 왕도정치의 근간을 이룬다는 점에서 공통점이 있다. 다시 말하면 소강사회가 모든 사회적 행위가 가족주의와 사사로운 이익으로 환원되는 이익 지향 사회이고, 대동사회가 공공의 의리가 실현되는 사회라는 점에서 확연한 차이가 있지만, 똑같이 보편적 도덕을 강조한 점은 합리적 근거를 갖는다.

대동과 소강으로 대비되는 유교의 이상사회를 지금 우리의 현실에 그대로 적용할 수는 없다. 그러나 "큰 도리가 행해지고 공공의 의리가 실현되며, 소외계층에 대한 복지의 의무를 사회 전체에 책임 지우는" 보편적 도덕과 복지의 이상은 경제적 양극화의 심화로

---

6) 미조구치 유조, 정태섭·김용천 옮김, 『중국의 공과 사』, 신서원, 2006, 18쪽.

7) 진정염·임기염, 이성규 옮김, 『중국의 유토피아 사상』, 지식산업사, 1993, 130쪽.

계층 간의 불화와 알력, 갈등이 증폭되고 있는 우리 사회의 통합에 참조의 여백을 남겨둔다.

유교의 '화이부동(和而不同)'의 정신은 개인의 주체성, 자율성을 견지하면서 차이를 동일성의 논리로 배제하고 규제하는 전체주의 문화를 경계한다. "군자는 사람들과 화합[和]하지만 부화뇌동[同]하지는 않고, 소인은 부화뇌동하지만 사람들과 화합하지는 못한다."(『논어』「자로」) "군자는 여러 사람들과 조화를 이루면서도[周] 당파를 이루지는 않고, 소인은 당파를 형성하여[比] 여러 사람들과 조화를 이루지 못한다."(『논어』「위정」) "군자는 자긍심을 지니지만 다투지는 않고, 여럿이 어울리지만 편당을 가르지는 않는다."(『논어』「위령공」)

여기서 화합과 획일성, 두루 어울림과 당파, 자긍심과 다툼은 사회적 존재로서 인간의 모습을 대비하여 드러내고 있다. 화합과 어울림, 자긍심이 개성이 존중받는 조화의 세계를 나타내는 것이라면, 획일성, 당파, 다툼은 다름을 허용하지 않는 동일성의 세계, 이념적 편향과 사익을 앞세우는 집단의 속성을 드러낸 것이다. 공자가 다름의 조화를 이루되 삶의 획일화를 경계한 것은, 건강한 사회를 이루기 위해서는 내재적 동일화의 논리에 기초한 배제의 윤리를 지양하고 타자를 포용하고 인정하는 관용과 공존의 윤리, 인정의 윤리를 성취해야 한다고 본 것이다. 군자와 소인은 다양한 측면에서 대비되지만, 가장 기본적인 기준은 공과 사다. 국가와 사회 등 공동체의 이익과 정의를 앞세우는가, 아니면 개인이나 자신이 속한 이익 집단의 이해관계를 중시하는가에 따라 군자와 소인은 극명하게 대칭적인 삶을 살아간다. 공적 자아로서 군자의 삶은 정치적, 경제적 강자가 약자로서 인간존재의 개별적 필요에 맞추어 무제약적으로 배려하고 도움을 주어야 한다는 비대칭적 의무를 도덕의 중심 원칙으로 본다.8) 반면 동일성의 논리에 빠져 다름의 조화를 배제하고, 모이기만 하면 당파를 형성하여 사사로운 이익을 추구하는 동이불화(同而不和)의 논리는 다원성, 다양성을 배제하면서 획일적인 가치나 이념을 강요하고 교화하는 지배와 흡수, 병합의 논리다. 군자는 자기와 타자의 차이를 인정하고 존중하며 타자 위에 군림하거나 동일화의 기제로 흡수하지 않는다. 반대로 소인은 자신의 주관과 세계관에 따라 타자를 인정하지 않고 자신의 세계로 흡수하여 소멸시키는 존재다.

화이부동의 정신을 통합의 공동체 이념과 연관 지어 해석하면 계층과 계층의 조화, 지역과 지역의 화합, 이념 주체 간의 갈등과 극단적 대립의 화해적 해소를 도모하면서도 차이와 특성을 배제하거나 전체주의화하고 균일화하려는 태도를 지양하는 통합과 유대의 세계관으로 보아도 무방할 것이다. 왜냐하면 유대는 정의의 다른 측면으로 이해될 수 있고, 유대관계에서 모든 주체는 다른 사람들, 즉 의사소통적 삶의 형식을 공유하는 다른 사람들의 안녕을 위해 서로서로 노력하기 때문이다.9)

정약용이 조화와 동일성에 대한 논변으로 가장 적절한 사례로 제시했듯이, 『춘추좌전』에서 경공과 안자의 대화 속에 나타나는 화이부동(和而不同)의 의미는 유가 공동체 철학의 핵심을 가장 분명하게 드러낸다.

---

8) 악셀 호네트, 문성훈·이현재·장은주·하주영 옮김, 『정의의 타자』, 나남, 2009, 205쪽.
9) 악셀 호네트, 강병호 옮김, 『물화: 인정이론적 탐구』, 나남, 2006, 54쪽.

제나라 경공이 사냥에서 돌아오자 안자가 천대(遄臺)에서 (경공을) 모시고 있었다. (그때) 양구거가 말을 달려 왔다. 경공이 말하기를 "오직 양구거만이 나와 기분이 화합한다"라고 하니, 안자가 대답하기를 "거는 경공에게 또한 기분을 같게 하는 것인데, 어찌 이것이 화합이 될 수 있겠습니까?"라고 하였다. 이에 경공이 "화와 동이 다른가?" 하니, 안자는 이렇게 대답하였다. "다릅니다. 화(和)란 국을 끓이는 것과 같아서, 물, 불, 초, 젓갈, 소금, 매실에다 삶은 생선이나 고기를 넣고 나무로 불을 때서, 요리사가 그것들을 조화시켜 맛을 고르게 하여 모자라는 것은 더 넣고 많은 것은 덜어내어 국을 만듭니다. 그런 뒤에 군자는 이를 먹고는 기분 좋아 마음을 화평하게 가집니다. 임금과 신하 사이도 또한 그러합니다. 임금이 옳다고 한 것도 그것이 잘못되었으면 신하가 그 잘못을 말씀드려 옳게 만들어나가고, (반대로) 임금이 그르다고 한 것도 그것이 옳으면 신하가 그 옳은 것은 말씀드려서 틀린 것을 고쳐나가야 합니다. 이렇게 해야 정치가 공평해져서 서로 충돌이 없고, 백성들도 다투는 마음이 없어집니다. 그러므로 『시경』에 이르기를 '또한 조화된 맛의 국이 있어, 이미 경계하고 이미 고르게 하였네'라고 하였습니다. 선왕이 오미(五味)를 갖추게 하고 오성(五聲)을 고르게 한 것은 사람의 마음을 평온하게 하고, 좋은 정치를 이루기 위해서였습니다. 음악의 소리 또한 맛을 맞추는 일과 같습니다. … 지금 양구거는 그렇지 않습니다. 임금께서 좋다고 이르시는 것은 양구거도 좋다고 말하고, 임금께서 그르다고 이르시는 것은 그도 또한 그르다고 말합니다. 만약 물로써 물의 맛을 낸다면 누가 그것을 맛있게 먹을 수 있으며, 만약 거문고나 비파의 어느 한 가지만을 같은 소리로 탄다면 누가 그 소리를 좋게 들을 수 있겠습니까? 동(同)이 옳지 않다는 것은 이와 같은 것입니다." (『춘추좌전』「소공 20년」)

안자의 비유처럼 화의 논리는 국을 끓일 때 들어간 갖가지 재료들이 독특한 개체의 맛을 살리면서 다른 재료와 조화를 이뤄 새로운 맛을 창출하는 다원성의 조화를 통한 창조의 세계다. 여러 가지 맛의 조화를 통해 음식의 맛이 새로워지듯이 음악도 마찬가지로 다양한 악기가 제 소리에 충실하면서 자신을 도드라지게 드러내거나 가라앉지 않아야 조화로운 교향악이 울려 퍼지게 된다. 우리 사회의 불화의 갈등을 양산하는 정치도 마찬가지 이치다.

유학적 전통에서 세상을 경영하는 근본 목적은 위민(爲民)과 민본(民本)에 있다. 기대승은 나라를 경영하는 근본으로 세 가지 강령을 제시했다. "어진 이를 구하려는 마음만 있고 뜻이 서지 못하면 어진 이를 구할지라도 얻지 못할 것이고, 설령 어진 이를 얻었다 하더라도 뜻이 굳게 서지 못하면 그를 활용할 수 없을 것이다. 반드시 임용된 자들에게 임무를 맡겨주고 성공하기를 권하고 하찮은 잘못은 접어두고 따지지 말아야 한다. 이것이 나라를 다스리는 큰 강령이다. 큰 강령이 서지 못하면 하찮은 폐단을 바로잡고자 해도 될 수 없을 것이다." 기대승은 정통성을 담보할 수 있는 올바른 국가 경영의 방법으로 "국가의 비전을 세우는 것", "현명하고 능력 있는 인재를 구하는 것", "자율성에 근거한 책임감을 부여하는 것"을 내세웠다.[10] 세 요소는 유기적으로 상호 연계되었을 때 지치의 이념을 원활하게 구현할 수 있다. 기대승에 따르면, 국가의 비전은 하, 은, 주

---

10) 기대승, 성백효 외 옮김, 『국역고봉전서』 2, 민족문화추진회, 2007, 88-90쪽.

삼대의 정치를 지향하면서, 엄격한 인재 선발로 소인은 멀리하고 군자는 가까이하는 데서 성취된다. 군주의 성군을 향한 굳은 의지는 현명하고 능력 있는 인재를 구하는 것으로 귀결될 수밖에 없으며, 이러한 기반 위에서 덕치가 실현 가능하므로 궁극적으로 어질고 능력 있는 사람을 존경하는 차원으로 확장되어야 한다. 마지막으로 자율성에 근거하여 책임을 부과하는 책임정치는 행정의 전문성과 효율성을 동시에 실현할 수 있는 방법이다. 이렇게 볼 때, 한 시대의 지식인은 사회에서 특수한 공적 역할을 부여받은 개인이며, 단지 자신의 업무만을 묵묵히 수행하는 데 만족하는 전문가 혹은 능력 있는 구성원으로 환원될 수 없는 존재다.

기대승은 한나라 광무제의 사례를 들어 군주와 신하의 관계에서 행위 방식으로서 서(恕)의 합리적 실천과 적용에 대해 다음과 같이 논지를 펼친다.

한나라 광무제가 죄 없는 황후를 폐하려 하여 질운에게 말하자, 운이 이렇게 대답했습니다. "부부의 금슬에 대해서는 아비도 자식에게 관여할 수 없는데, 더구나 신하가 군주에 대해 관여할 수 있겠습니까?" 이에 광무제가 질운을 두고 자신의 마음을 미루어 다른 사람의 마음을 헤아리는 것을 잘했다고 생각했습니다. 주자는 이에 대해 서(恕)라는 한 글자에 대한 이해가 명확하지 못한 폐해가 크다고 하였습니다. 대개 신하가 된 자는 마땅히 인군에게 어려운 일을 책하여 인군이 과실이 없게 하는 것으로 자기의 임무를 삼아야 할 것이요, 자기가 능하지 못하다 하여 인군에게 어려운 일을 책하지 않아서는 안 됩니다. 인군이 된 자 또한 마땅히 선행을 실천하는 데 힘써서 덕을 밝히고 백성을 새롭게

한 뒤에야 자신의 마음을 미루어 다른 사람에게 미쳐야 서라고 이를 수 있는 것입니다.[11]

기대승에 따르면 군주와 신하로서 광무제와 질운의 관계는 타자의 관점에서 생각하고 행동하는 서의 의미를 잘못 이해한 것이다. 국가의 중대사를 결정하는 막중한 책무를 지고 있는 군주에 대한 신하의 책망은 과실이 없게 하는 데 목적이 있기 때문에 조금 지나치다 해도 문제될 것이 없다. 반면 군주는 국가의 존망을 결정하는 중요한 위치에 있기 때문에 선행을 실천하여 덕을 밝히고 백성을 새롭게 하는 행위 규범을 내면의 덕성으로 체득해야 한다. 이런 맥락에서 기대승은 통치 행위의 독점적 주체로서 백성의 안위를 책임져야 할 제왕의 정치적 태도와 통치윤리, 경계해야 할 점을 피력한다. 제왕의 서는 자신에 대한 책망을 후하게 하고 남에 대한 책망을 적게 하는 소극적 태도에 만족해서는 안 된다. 제왕의 서는 천하와 국가를 소유하여 예악과 형정이 모두 갖추어져 있으므로 적극적으로 자신에게 악행이 없게 하고 이를 미루어 다른 이에게까지 미친 뒤에야 서라고 이를 수 있는 것이다.

군주와 신하의 관계에 있어서 서와 화(和)의 논리는 군주의 정책과 행위에 대해 권위주의에 굴복하지 않고 정확한 옳고 그름의 준거를 제시하는 것이다. 여기에는 동일성의 사유에서 차이의 사유로, 획일성의 사유에서 다양성의 사유로 생각의 대전환이 전제되어야 한다. 다름은 자기정체성의 근원이다. 자기만의 서사를 결여한 사람은 정체성이 없는 사람이다. 자기가 속한 문화 공동체가 겪어온

11) 같은 책, 30쪽.

슬픔과 기쁨, 향수와 동경, 그리고 성공과 좌절의 역사를 망각한 사람은 자기망각증에 걸린 관념적 세계시민일 따름이다.12)

이처럼 유가적 공동체의 논리가 집산주의나 전체주의화로 길로 엇나가지 않고 다원성을 기초로 한 사회통합의 길로 나아가려면 개개인의 독특성을 인정, 존중, 수용하는 다름의 공존을 받아들여야 한다. 달리 말하면 사적인 소유욕과 사적인 영역이 전체 안에서 조화를 이루고 충족되는 것, 곧 사사로움과 사사로움의 조화 상태에서 바로 공공의 세계가 이루어지며, 사사로움이 없는 공공성에서 사사로움을 수용하고 인정하는 공공성으로 전환함으로써 사사로움을 통해 공공성을 지향하는 방식으로 발전해야 한다는 것이다.

5. 자아실현과 공동선

유교가 현대사회에 미친 공로와 과실에 대해서는 다양한 시선이 존재한다. 현상윤은 조선 유학의 긍정적 영향을 군자학의 면려, 인륜도덕의 숭상, 청렴절의의 존중에서 찾았으며, 모화사상, 당쟁의 격화, 계급사상, 문약, 산업능력의 저하, 상명주의(尙名主義), 복고사상 등을 문제점으로 제시했다.

유교는 다양한 관점에서 비판을 받아왔다. 무엇보다 먼저 유교도덕의 가족중심주의에서 파생된 문제점으로 부모와 자식 사이의 중심 개념인 효가 평등한 관계로 고려되지 않고 부모에 대한 자식의 일방적 의무의 관계, 즉 종속적 관계로 이해되고 있다는 점을 지적한다. 즉 유교의 윤리관이 당시의 불공정한 사회를 반영했고, 또

---

12) 이승환, 『유교담론의 지형학』, 푸른숲, 2004, 345쪽.

그러한 사회의 지속을 위하여 이바지하였다고 비판한 것이다.13) 그러나 부모의 자애로움과 자식의 효, 부모의 자식 사이의 친애는 인간의 본성인 보편적 동정심, 즉 인에 근거를 둔 것으로 위아래의 질서체계인 동시에 서로의 자율성을 전제하고 있다는 점에서 차이의 조화로 이해할 수도 있다. 이황은 "어버이를 섬기는 마음을 미루어 하늘 섬기는 도를 다하고, 일마다 덕을 닦아 반성하지 않음이 없고, 어느 때도 두려워하지 않음이 없도록 해야 한다"(『퇴계전서』 권 6 「무진육조소」)고 말함으로써 부모에 대한 지극한 효행이 사회 속에서 사람다움의 실현으로 파급되고 이상적인 도덕사회의 실현으로 확장될 수 있다고 보았다. 우리가 비판의 표적으로 삼고 있는 유교의 가족주의를 비판적 성찰을 통해 시대적 현실과 조화를 이뤄 재현한다면, 자애로움과 효로 짝지어진 유교의 가족윤리는 이웃에 대한 사랑, 나아가 자연애로까지 확대될 수 있을 것이다.

더불어 지적할 수 있는 것은 공적 의식의 결핍과 사회의식의 결여다. 즉 봉건사회의 도덕 가운데 강조되고 있는 충의 의미는 녹을 주고받는 군주와 신하 사이의 개인적 인간관계에 근거를 둔 의무

---

13) 김태길은 『공자사상과 현대』에서 이에 대해 이렇게 논의한다. 즉 유학의 오류에서는 부모의 자(慈)와 자식의 효(孝), 형의 우(友)와 아우의 공(恭)은 짝을 이룬다. 그런데 부모의 자와 형의 우애를 말하지 않고 효제(孝悌)만 강조하는 것은, 부모는 자연스럽게 자식을 사랑하는 데 반해 자식의 효는 그에 미치지 못하고, 형은 아우를 자연적으로 우애하는 데 비해 아우가 형을 공경하는 것이 그에 미치지 못하기 때문이라는 것이다. 김태길, 『공자사상과 현대사회』, 철학과현실사, 1988, 147쪽. 이와 같은 맥락의 주장은 정약용의 인간학에서도 잘 드러난다. 정약용이 이미 효, 제, 자 세 가지 덕 가운데 효제만을 성현들의 가르침의 요체로 제시하고 자(慈)를 명시하지 않은 것은, 자는 금수에게도 있는 생래적 본능으로 노력하지 않아도 자연스럽게 발로되어 실천이 가능하기 때문이라는 것이다. 「시양아(示兩兒)」, 『다산시문집』 권21, 19쪽.

요, 시민사회와 공동체에 대한 의무는 아니라는 것이다. 본래 충(忠)은 중(中)과 심(心)으로 이루어진 말로 주희의 사유방식으로 이해하면, 주체적 인격으로서 내가 자신의 본성을 온전히 실현하는 것이다. 따라서 충이 서(恕)와 결합되어 실천윤리로 나아가면, 자기의 중심을 다하여 공공성을 추구하는 것으로 사적 영역과 공적 영역을 매개하는 행위의 준칙이 될 수 있다.

마지막으로 예의 숭상과 형식주의를 지나칠 수 없다. 예는 계급적 질서를 유지하기에 매우 효과적인 규범이기 때문에 예의 숭상은 위아래의 구별이 철저한 사회에서는 필연적인 현상이었으며, 따라서 예의 형식화는 불가피한 것이었다. 유교를 비판적으로 성찰하여 현재의 관점에서 재의미화하기 위해서는 예를 새롭게 이해하여 현재의 현상과 접목할 필요가 있다. 예는 인의 드러난 모습, 도덕 표현의 형식이다. 공자는 "사람이 어질지 못하면 예 바른들 무엇 하며, 사람이 어질지 않으면서 음악을 해서 무엇 하겠는가"라고 반문함으로써 예라는 사회규범은 언제나 인이라는 도덕적 본성을 전제로 해야 한다는 점을 강조했다. 따라서 형식으로서 규칙의 윤리가 인과 의라는 덕성에 바탕을 두지 않는 형식주의로 떨어지는 것을 경계하여 "바탕이 형식을 넘어서면 거칠고 형식이 바탕을 지나치게 넘어서면 겉만 번지르르하니 형식과 바탕이 어울려야 군자"(『논어』「옹야」)라고 강조했다. 이렇게 볼 때 예의 본래적 의미는 계급적 질서를 정당화하는 도구로 기능한 것이 아니라 인간애가 사회생활에서 구체적으로 행동화될 때의 사랑의 질서라 할 수 있다.

그러나 인과 예의 관계를 중심으로 살펴볼 때, 공자가 인을 강조하는 의도는 실제로 혈연을 기초로 한 차등적 질서를 옹호하는 규범체계로서 예와 직접적인 관계가 있다. 규범이나 규칙은 사회를

166

유지하는 중요한 기틀이며, 인간과 인간, 집단과 집단의 갈등과 분쟁을 조정하는 데 긍정적인 기제로 작동한다. 그러나 한편으로는 공동체의 구성원을 단일한 이념이나 체제에 복종하도록 특정한 방식으로 길들이는 부정적 측면이 드러나기도 한다. 공자의 제자 유약은 "그 사람됨이 부모에게 효도하고 어른을 공경하면서 윗사람 해치기를 좋아하는 사람은 드물고, 윗사람 해치기를 좋아하지 않으면서 질서를 어지럽히는 데 앞장서는 사람은 없다"(『논어』「학이」)고 단언한다. 이에 따르면 가족관계의 수직적 질서를 규율하는 자식의 부모에 대한 자발적 보은의 덕목인 효는 사회적 인간관계에서 윗사람을 공경하는 윤리로 확장되며, 그 출발점과 목표 모두 사람됨의 실현으로 귀결된다. 여기서 문제가 되는 것은 사람다움의 의미와 범주다. 예가 윗사람이라는 이유로 아랫사람의 순응과 복종을 강요한다면, 이는 봉건 이데올로기의 변형에 불과한 것이 되기 때문이다.

그러나 순자는 인의(仁義)를 강조하여 도덕형이상학을 발전시킨 맹자와는 달리 유교적 사회질서체계로서 예치를 강조한다. 순자는 인간을 동물과 비교하여 차별화의 우위에 둘 수 있는 점은 사회성[群]에 있다고 보았다.

사람의 힘은 소만 못하고 달리기는 말만 못한데도 소와 말은 사람의 부림을 당한다. 그 까닭은 무엇이겠는가? 그것은 사람은 사회[群]를 형성할 수 있지만 저들은 사회를 이루지 못하기 때문이다. 사람은 어떻게 사회를 형성할 수 있는가? 바로 분(分)이 있었기 때문이다. 어떻게 분이 가능한가? 바로 의(義)가 있기 때문이다. 따라서 의를 바탕으로 분을 정하면 서로 화합하고, 화합하면 통일되고, 통일하면 힘이 많아지고, 힘이 많아지면 강해지고, 강하면 만물을 제압할 수 있다. 그래서 (자기의) 집을 짓고 안정적으로 살아갈 수 있다. 따라서 사계절의 질서를 정하고, 만물을 이용하고 천하 사람들이 그 이익을 함께할 수 있는 것은 다름 아닌 분과 의가 있기 때문이다. 그러므로 사람은 태어나면서부터 사회를 떠날 수 없는데, 사회 내에 분별이 없으면 다투게 되고, 다투면 혼란이 생기고, 혼란하면 흩어지고, 흩어지면 약해지고, 약하면 만물을 제압할 수 없고, 결국 (안정적으로) 집을 짓고 살아갈 수 없다. 이렇게 보자면 인간은 한순간도 예의를 버릴 수 없다. (『순자』 「왕제」)

순자에 따르면 인간이 공동체를 형성하여 상호경쟁과 상호부조의 사회생활이 가능한 것은 인간이 지닌 분업 능력과 도덕심, 사회성에 기인한다. 그런데 여기서 중요한 것은 분(分)과 의(義)의 관계다. 인간의 분업 능력과 질서체계가 인간 사회의 생산성을 제고하고 공동체의 안정을 도모하는 중요한 요소인 것은 사실이지만, 그 밑바탕에는 분명히 도덕성이 전제되어야 한다. 결국 관계로 짜인 사회구조에서 바탕으로 자리 잡은 도덕성과 역할 분담의 조화를 통해서만 화해와 조화의 공동체도 실현될 수 있는 것이다.

결국 우리는 유교의 본래적 의미를 찾아냄으로써 현대사회에서 유교의 적용 가능성을 물을 수 있을 것이다. 유교 문화의 기본적 특징은 인간과 자연의 합일을 강조하고 인간 간의 화해를 중시하는 데 있다. 유교의 주된 관심은 개인보다는 인간과 사회에 있으며 도덕주의를 강조한다. 유교는 본질적으로 높은 이상세계를 추구하면서도 현실세계를 중시하고, 인간과 자연, 개체와 전체, 윤리와 경제,

질서[禮]와 즐거움[樂]의 조화를 추구하며, 앎과 실천의 병행과 일치를 목표로 한다. 이를 현대와의 관계 속에서 발전적으로 이해하면 "서양 근대사상을 폐기하고 유교로 되돌아가자는 것이 아니라 유교와 근대 자유주의의 지양 방향 또는 양자의 절충적 대안들을 모색"하자는 의미에서 21세기에 유교가 지향해야 할 대안으로 천도론과 계약론의 지양, 전체와 개체의 조화, 명분론과 경쟁론의 지양, 인의와 공리의 조화 등을 제시할 수 있다.14) 이렇게 볼 때, 화해와 조화의 삶의 방식으로서 유교의 본질은 자기수양을 통해 공동선을 이루고, 자신의 본성을 다하여 타자의 삶도 더불어 도우며, 자기를 이루고 타인도 이루는 삶의 방식으로 이해할 수 있다. 유교에서 사람다움은 도덕적 자기수양으로부터 시작되지만, 타자와 원만하게 더불어 삶에 이르는 도덕 공동체의 실현으로 결실을 맺게 된다.

자로가 공자에게 군자에 대해 물었을 때, 공자는 "경으로써 자기 수양을 하며, 자기수양을 통해 사람을 편안하게 하고, 자기수양을 통해 백성을 편안하게 한다"(『논어』「헌문」)고 말한다. '경(敬)'은 삼가고 경외한다는 의미를 가지며, '안(安)'은 모든 사람이 자신에게 주어진 본성을 편안하게 이루고 그 사업을 완전하게 성취한다는 뜻을 함축하고 있다. 유교에서 인간은 경을 통해 천도의 구현자로서 성실한 인간에 이를 수 있다. "오직 천하에 지극히 성실한 사람이어야 타고난 본성을 다할 수 있으니, 그 천성을 다하면 사람의 본성을 다할 것이요, 사람의 본성을 다하면 사물의 본성도 다할 것이요, 사물의 본성을 다하면 하늘과 땅의 조화로 모든 것을 화육하는 것을 도울 것이요, 천지의 화육을 도우며 천지와 더불어 참여하게

---

14) 이상익, 『유가사회철학연구』, 심산문화, 2002, 433쪽.

된다."(『중용』 22) 이는 자신과 타자에게 동시에 성실해야만 천명으로 주어진 자신의 본성은 물론 타자의 삶과 연관된 사회적 삶도 성취할 수 있음을 의미한다. 또한 『중용』에서는 "성(誠)은 스스로 자기를 이룰 뿐만 아니라 만물을 이룰 수 있다. 자신을 이루는 것은 인(仁)이요, 만물을 이루게 하는 것은 지(知)이다. 이것이 천성의 덕이며, 안과 밖을 아우르는 도이니, 그런 까닭에 제때에 쓰는 데 마땅한 것"(『중용』 25)이라 함으로써 도덕적 자아실현과 공동선의 실현을 아우르는 자기완성을 통한 공동선의 실현이라는 유교의 기본 명제가 도출된다.

사람다움으로서 인은 사랑에는 차등이 있다는 점을 전제로 하여 혈연관계의 가깝고 멂에 따라 혈연적으로 가까운 친족을 사랑하는 단계에서 혈연집단을 넘어서 다른 사람을 사랑하고 공감하는 공동체 성원에 대한 사랑에까지 이른다. 유교의 인의 윤리는 혈연적 종법제(宗法制)를 기초로 하여 전체 씨족과 부락 구성원 사이에 엄격한 등급 질서를 가지고 있을 뿐만 아니라, 모든 사람을 널리 사랑하는 정신까지도 지니고 있는 인도주의적 관계구조를 보존하고 확장할 것을 요청한다.15) 종법제도는 당시 사람들이 종족생활을 영위하면서 총체적으로 만들어낸 종족제도를 실천하고 유지하는 하나의 완전한 규범이자 방법이라 할 수 있다. 유교는 출발점에서부터 주나라의 제도와 규범에 대한 재해석을 통해 인문주의 정신을 계승하는 것을 철학적 신념으로 삼았다. 유교는 사회적 가치관의 출발점을 가족에서 찾고 사회적 공공성을 가족을 모델로 하는 혈연적 인간관계에서 출발하여 규범화하는 접근 방식을 취한다. 서주의 종법-

---

15) 리쩌 하우, 정병석 옮김, 『중국고대사상사론』, 한길사, 2013, 80쪽.

봉건제도를 관통하는 핵심적인 질서의 원리는 국가를 궁극적으로 하나의 확장된 가족으로 보는 것이다. 이것이 가능했던 것은 종법-봉건제도가 가족을 지배하는 혈연적 질서와 정치적 영역을 지배하는 신분적 질서를 일치시키는 제도였기 때문이다.16) 차별적 인도주의에서 평등적 인도주의로의 확장은 맹자가 "자기 집 노인을 공경하여 그 마음이 남의 집 노인을 공경하는 데까지 미치게 하고, 자기 집 아이를 사랑하여 그 마음이 남의 집 아이를 사랑하는 데까지 미치게 한다"고 강조한 데서 분명하게 드러난다.

유교의 인은 인간중심주의를 밑바탕으로 하지만 사람을 사랑하는 차원을 넘어서 만물을 아끼는 단계로까지 확장된다. 인은 자신을 중심으로 한 인적 관계망을 사회 전체로 확대해 나가는 구체적 현실의 삶에서 도덕적 갈등과 가치의 충돌을 해소시켜 합리적인 질서를 만들어내는 실천적 계기로 작용함으로써 근원적인 가치를 지닌다. 이러한 맥락에서 정약용은 "『중용』에서 성이란 사물의 시작과 끝이라고 하였는데, 그 시점은 자신을 이루는 것이요, 종착점은 타자를 이루게 하는 것이다. 자신을 이룸은 자기수양하는 것이요, 타자를 이루게 한다는 것은 곧 백성을 교화하는 것"(『대학공의』 2)이라고 주장함으로써 유교의 궁극적 목적이 인격적 자아실현의 과정으로서 수신과 백성의 인간다운 삶의 구현, 도덕적 교화과정인 치인의 통합에 있음을 분명히 하였다.

군자의 학문은 수기와 치인이라는 두 가지를 벗어나지 않는다. 수기는 자신을 착하게 하는 것이고 치인은 남을 사랑하는 것이

---

16) 임홍빈 외, 『동서철학에 나타난 공적 합리성 논쟁』, 철학과현실사, 2005, 20쪽.

다. 자신을 착하게 하는 것은 의(義)가 되고 남을 사랑하는 것은 인(仁)이 되니, 인과 의는 상호작용하여 어느 한쪽도 없앨 수 없다. 이 둘 가운데 하나만을 고집하는 것은 변통을 알지 못하는 것이니 잘못이다. … 양주의 도는 우와 후직의 시대에 안회의 지킴을 행한 것이고, 묵자의 도는 안회의 시대에 우와 후직의 행동을 한 것이다. 그들의 죄가 이와 같을 뿐이니, 어찌 다름이 있겠는가. (『대학공의』 2)

정약용은 '위아설(爲我說)'을 주장한 양주나 '겸애설(兼愛說)'의 기치를 내세운 묵적을 무조건적으로 비판하지 않는다. 정약용의 이들에 대한 비판의 요점은 양주와 묵적이 각각 자기실현의 원칙으로서 의와 공동선으로서 인의 구현에 있어 한쪽에 치우쳤다는 점에서 불변의 원칙을 시의에 알맞게 발휘하여 사태를 결하는 시중(時中)의 도에 어긋났다는 점이다.

궁극적으로 유교의 지향점이 자아실현과 공동선 구현의 중도에 있다고 할 때 내적인 성실성을 추구하는 성의정심(誠意正心)이나 외적인 명료함을 추구하는 격물치지(格物致知)는 도덕적 자아와 공동체의 복지 실현을 위한 수양과정으로서 의미를 갖는다. 이처럼 유교는 개인의 인격적 연마(개인윤리)와 교화적 질서(사회윤리)를 확립한다는 두 가지 문제를 기본적인 전제로 제시해 왔으며, 여기서 개인의 내면적 인격과 사회의 공동체적 질서는 근원적으로 개별적인 영역이 아니라 유기적인 관계구조를 이루고 있다.

6. 유교 윤리의 계승과 지양

유교는 현대 우리 사회의 다양한 영역에서 분출하고 있는 사회해체와 갈등 양상을 도덕적 재구성과 통합의 체계로 이끌어가는 데어떤 역할을 할 수 있을까? 자기수양과 공동선의 실현으로 구체화되는 유교의 특성과 배려의 윤리로서 서(恕)와 다원성의 조화와 통일이라는 관점에서 '화이부동(和而不同)'의 정신이 우리 시대의 윤리적 문제점을 치유하는 대안적 가치가 될 수 있을까? 계층, 이념, 지역, 세대를 중심축으로 한 갈등과 반목이 나날이 상승되는 이 시대에 '화해의 공동체'의 바탕을 이루는 사상적 뿌리를 모색하는 일은 중요하다. 이에 의무윤리를 대체한 덕의 윤리의 새로운 부상과함께 유교가 새롭게 조명을 받고 있다. 이는 동아시아의 경제발전과 더불어 그 사상적 원천으로 논의가 진전된 유교 자본주의 담론과 그 궤를 달리한다.

유교는 유덕한 성품의 형성이나 인격의 도야를 강조한다는 점에서 도덕의 동기화를 중시하는 덕의 윤리적 특성을 강하게 지니고있다. 유학자는 자기수양이라는 내적인 도덕적 완성과 사회적 삶에서 공동선의 실현이라는 목표를 향해 쉼 없는 자기감시의 수양과정에서 내적인 삶을 반성적으로 성찰한다. 공공성의 확보가 건강한공동체를 담보하기 위한 중요한 전제조건이라면, 자기수양과 공동선의 실현 방식으로써 치인(治人)의 조화로운 실현을 주장하면서도여전히 권위주의적, 수직적 질서체계의 지반 위에 서 있는 유교가사회통합의 사상적 기틀을 제공할 수 있는지에 대해서는 의심스러운 시선이 있을 수밖에 없다. 앞에서 언급한 유교의 배려와 공존의윤리로서 서와 차이를 인정하고 획일화의 전체주의를 거부하는 화이부동의 정신이 분명히 중요한 시사점을 주기는 하지만 그 안에 내재되어 있는 문제점도 명철한 사유로 밝혀내야 한다. 이런 점에서 전통의 재인식은 그것의 현실적 요청, 그리고 현대적 비판과 검증 위에서 이루어져야지 그렇지 못할 경우 전통에 대한 은폐된 해석을 낳을 수 있으며 또한 현실적 힘을 갖지 못한다는 지적은 타당하다. 특히 유교 공동체가 대일통(大一統) 관념에 연원을 둔 위로부터 공동체주의, 가족의 원리에 바탕을 둔 혈연 공동체주의, 개체의 순종으로 이루어지는 전체성적 공동체주의의 모습을 지니고, 이 과정에서 다양한 차이들을 억압하고 배제한다면 유교를 비판적 관점에서 접근하는 것은 지극히 온당하다.

『논어』, 『맹자』 더 읽기

■ 군자

공자가 말했다. "군자는 먹는 것에 대해 배부름을 추구하지 않고, 거처하는 데 편안함을 추구하지 않는다. 또한 일하는 데 민첩하고 말하는 데는 신중하며, 도의를 아는 사람에게 나아가 자신의 잘못을 바로잡는다. 이런 사람이라면 배우기를 좋아한다고 할 만하다." (『논어』「학이」14)

공자가 말했다. "군자는 여러 사람들과 조화를 이루면서도 당파를 만들지는 않고, 소인은 당파를 만들어 여러 사람들과 조화를 이루지 못한다." (『논어』「위정」14)

공자가 말했다. "배우기만 하고 생각하지 않으면 막연하여 얻은 것이 없고, 생각만 하고 배우지 않으면 위태롭다." (『논어』「위정」15)

공자가 말했다. "부유함과 귀함은 사람들이 바라는 것이지만, 정당한 방법으로 얻은 것이 아니라면 그것을 누려서는 안 된다. 가난과 비천함은 사람들이 싫어하는 것이지만 부당하게 그렇게 되었다 하더라도 억지로 벗어나려 해서는 안 된다. 군자가 인을 버리고 어찌 군자로서의 명성을 이루겠는가. 군자는 밥 먹는 순간에도 인을 어기지 말아야 하고, 아무리 급한 때라도 반드시 인에 근거해야 하고, 위태로운 순간일지라도 반드시 인에 근거해야 한다." (『논어』「이인」5)

자화[공서적]가 제나라에 심부름 가게 되자, 염자가 자화의 어머니를 위하여 곡식을 보내주기를 청하였다. 공자가 말했다. "여섯 말 넉 되를 주어라." 더 줄 것을 요청하자, "열여섯 말을 주어라"라고 하였다. 염자가 곡식 여든 섬을 주자, 공자가 말했다. "적이 제나라에 갈 때에 살찐 말을 타고 가벼운 털 가죽옷을 입었다. 내가 듣기로는 '군자는 절박한 것은 도와주지만 부유한 자가 더 부자 되게 하지는 않는다.'" (『논어』「옹야」 3)

공자가 말했다. "바탕이 겉모습을 넘어서면 촌스럽고, 겉모습이 바탕을 넘어서면 형식적이게 된다. 겉모습과 바탕이 잘 어울린 뒤에야 군자다운 것이다." (『논어』「옹야」 16)

공자가 말했다. "성인을 내가 만나볼 수 없다면, 군자라도 만나볼 수 있으면 좋겠다."
공자가 말했다. "선한 사람을 내가 만나볼 수 없다면, 한결같은 사람이라도 만나볼 수 있으면 좋겠다. 없으면서도 있는 체하고, 비었으면서도 가득 찬 체하며, 곤궁하면서도 부유한 체하는 세상이니, 한결같은 마음을 지니고 살기도 어려운 일이다." (『논어』「술이」 26)

공자가 말했다. "공손하면서도 예가 없으면 수고롭기만 하고, 신중하면서도 예가 없으면 두려움을 갖게 되며, 용감하면서도 예가 없으면 질서를 어지럽게 되고, 정직하면서도 예가 없으면 박절하게 된다. 군자가 친족들을 잘 돌봐주면 백성들 사이에서는 어진 기풍이 일어나며, 옛 친구를 버리지 않으면 백성들이 각박해지지 않는다." (『논어』「태백」 2)

176

공자는 네 가지는 절대로 하지 않았다. 사사로운 뜻을 갖는 일이 없으셨고, 기필코 해야 한다는 일이 없으셨으며, 무리하게 고집부리는 일이 없으셨고, 자신만을 내세우는 일도 없으셨다. (『논어』「자한」 4)

안연이 인에 대해 묻자, 공자가 말했다. "자기를 이겨내고 예로 돌아가는 것이 인이다. 하루만이라도 자기를 이겨내고 예로 돌아가면, 천하가 인에 귀의할 것이다. 인을 실천하는 것이야 자신에게 달린 것이지 다른 사람에게 달린 것이겠느냐."
안연이 물었다. "그 구체적인 방법을 묻고자 합니다."
공자가 말했다. "예가 아니면 보지 말고, 예가 아니면 듣지 말며, 예가 아니면 말하지 말고, 예가 아니면 움직이지 말라." (『논어』「안연」 1)

계강자가 공자에게 정치에 대해 물었다. "만일 무도한 자를 죽여서 올바른 도리로 나아가게 한다면 어떻겠습니까?" 공자가 대답했다. "선생께서는 정치를 하는 데 어찌 죽이는 방법을 쓰시겠습니까? 선생께서 선해지고자 하면 백성들도 선해지는 것입니다. 군자의 덕은 바람이고 소인의 덕은 풀입니다. 풀 위에 바람이 불면 풀은 반드시 눕기 마련입니다." (『논어』「안연」 19)

자로가 물었다. "위나라 임금이 선생님을 모시고 정치를 한다면, 선생님께서는 장차 무엇을 먼저 하시겠습니까?" 공자가 말했다. "반드시 명분을 바로잡겠다." 자로가 말했다. "그런 것도 있습니까? 세상 물정 모르는 선생님이시여! 어째서 그것을 바로잡겠다고 하십니까?" 공자가 말했다. "어리숙하구나, 유[자로]야! 군자는 자기가 알지 못하는 것에 대해서는 대체로 가만히 내버려두는 것이다. 명분이 바르지 못하면 말이 사리에 맞지 않고, 말이 사리에 맞지 않으면 일이 이루어지지 않고, 일이 이루어지지 않으면 예와 음악이 흥성하지 못하고, 예와 음악이 흥성하지 못하면 형벌이 적절하지 않고, 형벌이 적절하지 않으면 백성들은 살아갈 방도가 없다. 그러므로 군자는 명분을 세우면 반드시 그에 대해 말을 할 수 있고, 말을 하면 반드시 실천할 수 있다. 군자는 그 말에 대해서 구차(苟且)하게 하는 일이 없어야 하는 것이다." (『논어』 「자로」 3)

공자가 말했다. "군자는 사람들과 화합하지만 부화뇌동(附和雷同)하지 않고, 소인은 부화뇌동하지만 사람들과 화합하지는 못한다." (『논어』 「자로」 23)

자로가 군자에 대해 묻자, 공자가 말했다. "자기수양을 통하여 공경스러워져야 한다." "그렇게 하면 됩니까?" "자기수양을 통하여 사람들을 편안하게 해주어야 한다." "그렇게 하면 됩니까?" "자기수양을 통하여 백성들을 편안하게 해주어야 한다. 자기수양을 통하여 백성들을 편안하게 해주는 것은 요임금과 순임금도 오히려 어렵게 여겼던 것이다." (『논어』 「헌문」 42)

공자가 말했다. "군자는 그 사람의 말만 듣고서 사람을 등용하지 않으며, 그 사람만 보고서 그의 의견까지 묵살하지는 않는다." (『논어』 「위령공」 23)

공자께서 말씀하셨다. "유익한 벗이 셋이 있고, 해로운 벗이 셋이 있다. 정직한 사람을 벗하고, 신의가 있는 사람을 벗하고, 견문이 많은 사람을 벗하면 유익하다. 위선적인 사람을 벗하고, 아첨 잘하는 사람을 벗하고, 말만 잘하는 사람을 벗하면 해롭다."(『논어』「계씨」4)

공자께서 말씀하셨다. "군자를 모실 때 저지르기 쉬운 세 가지 잘못이 있다. 말할 때가 되지 않았는데 말하는 것을 조급하다고 한다. 말해야 할 때가 되었는데도 말하지 않는 것은 속마음을 숨긴다고 한다. 얼굴빛을 살펴보지도 않고 말하는 것을 눈 뜬 장님이라고 한다." (『논어』「계씨」6)

공자께서 말씀하셨다. "군자에게는 항상 생각하는 것이 아홉 가지가 있다. 볼 때에는 밝게 볼 것을 생각하고 들을 때에는 똑똑하게 들을 것을 생각하며, 얼굴빛은 온화하게 할 것을 생각하고 몸가짐은 공손하게 할 것을 생각하며, 말을 할 때에는 진실하게 할 것을 생각하고, 일을 할 때에는 공경스럽게 할 것을 생각하고, 의심이 날 때에는 물어볼 것을 생각하고, 성이 날 때에는 뒤에 겪을 어려움을 생각하며, 이득 되는 것을 보았을 때에는 의로운 것인가를 생각한다." (『논어』「계씨」10)

■ 인간 본성

사람에게는 다 남에게 차마 하지 못하는 마음이 있다. 옛날 임금들에게는 남에게 차마 하지 못하는 마음이 있기에 남에게 차마 하지 못하는 정치가 있다. 남에게 차마 하지 못하는 마음으로 남에게 차마 하지 못하는 정치를 하면 천하를 다스리기란 손바닥 위에서 놀리듯 될 것이다. 사람마다 남에게 차마 하지 못하는 마음이 있다는 이유는, 가령 누구나 철모르는 아기가 뿍뿍 샘 속으로 기어 들어가는 것을 보는 즉시, 가슴이 선뜻하여 불쌍하다는 마음이 우러날 것이다.

이는 이 아이의 부모와 은근히 사귈 길을 트자는 데서 나온 것도 아니요, 마을 어른들이나 친구들에게서 칭찬하는 말을 듣자는 데서 나온 것도 아니며, 이렇다 저렇다 소리를 듣기 싫어서 그런 것도 아니다.

이렇게 따지고 보면 불쌍히 여기는 마음이 없으면 인간이 아니다. 부끄러워하고 싫어하는 마음이 없으면 인간이 아니다. 사양하는 마음이 없으면 인간이 아니다. 옳고 그름을 따지는 마음이 없으면 인간이 아니다. 불쌍히 여기는 마음은 인(仁)의 싹이요, 부끄러워하고 싫어하는 마음은 의(義)의 싹이요, 사양하는 마음은 예(禮)의 싹이요, 옳고 그름을 따지는 마음은 지(智)의 싹이다. 사람에게는 이 네 가지 싹이 있으니, 이는 마치 우리에게 네 팔다리가 있는 것과 같다. (『맹자』「공손추 상」)

고자가 말하기를 "성(性)이란 여울물과 같은지라 동쪽으로 터놓으면 동으로 흐르고, 서쪽으로 터놓으면 서로 흐르나니, 인간의 본성에 선하거나 선하지 않거나 하는 구분이 없는 것은 마치 물이란 동서로 구별하지 않는 것과 같습니다." 맹자가 말하기를 "물이란 정말 동서를 구분하지 않지만 위아래로 구분하지 않는가. 인간의 성이 선한 것은 마치 물이 아래로 흐르는 것과 같으니, 인간은 누구나 선하고 물은 언제나 아래로 흐르는 법이다. 이제 물을 손으로 치면 위로 뛰어 이마 위를 벗어나게 할 수 있고, 마구 끌어당기면 산 위로 올릴 수도 있지만, 그야 어찌 물의 본성이랄 수 있겠는가. 쏠리는 힘으로 그렇게 되는 것이니, 인간이 선하지 않게 될 수 있는 것은 그 본성이 또한 이와 비슷하기 때문이다." (『맹자』「고자 상」)

■ 참고문헌

기대승, 성백효 외 옮김, 『국역고봉전서』 2, 민족문화추진회, 2007.
리쩌 하우, 정병석 옮김, 『중국고대사상사론』, 한길사, 2013.
미조구치 유조, 정태섭·김용천 옮김, 『중국의 공과 사』, 신서원, 2006.
벤자민 슈월츠, 나성 옮김, 『중국 고대사상의 세계』, 살림, 1996.
악셀 호네트, 문성훈·이현재·장은주·하주영 옮김, 『정의의 타자』,
    나남, 2009.
악셀 호네트, 강병호 옮김, 『물화: 인정이론적 탐구』, 나남, 2006.
이상익, 『유가사회철학연구』, 심산문화, 2002.
이승환, 『유교담론의 지형학』, 푸른숲, 2004.
임홍빈 외, 『동서철학에 나타난 공적 합리성 논쟁』, 철학과현실사,
    2005.
진정염·임기염, 이성규 옮김, 『중국의 유토피아 사상』, 지식산업사,
    1993.
채인후, 천병돈 옮김, 『맹자의 철학』, 예문서원, 2010.
Wm. 시어도어 드 배리, 표정훈 옮김, 『중국의 '자유' 전통』, 이산,
    1998.

7장 노자와 장자
자연스러운 삶은 좋은 삶인가?

1. 문제 제기

피터 싱어(Peter Singer)는 신자유주의를 이념적 뿌리로 하는 현대 자본주의가 야기한 도덕적 무정부 상태를 "자유 시장 사회는 전통적인 유대를 해체하고 모든 관계를 금전적인 연계로 환원하는 한편 개인적인 이기심의 힘들을 그대로 방임함으로써 스스로 통제할 수 없는 하나의 마귀를 불러낸 것"[1])으로 묘사했다. 한편에서는 신자유주의를 기조로 한 세계화의 흐름을 피할 수 없는 대세로 인정하면서 공정한 경쟁의 규범을 제도화하고, 환경적으로 지속 가능한 발전을 지향하는 대안적 세계화를 추구해야 한다고 주장한다. 하지만 우리 사회의 세계화는 우리가 원하건 원하지 않건 사회 내부에 크고 작은 사회적 긴장과 갈등, 균열을 만들어내고 있다.

---

1) 피터 싱어, 정연교 옮김, 『이렇게 살아가도 괜찮은가』, 세종서적, 1996, 65쪽.

그렇다면 폭력과 공포, 재앙이 하루가 다르게 상승하는 우리의 삶에서 판도라의 항아리에 남은 희망을 어떻게 건져낼 수 있을까? 시간의 화살은 저만치 멀리 새로운 미래를 향해 날아가는데 먼 과거의 삶의 방식과 사유에서 지금 이 시대의 복잡한 문제들을 치유할 수 있는 처방전을 찾을 수 있을까? 경쟁과 물질적 속박으로부터 자유, 인위와 욕망으로부터 무위와 자연으로의 생태계의 전환을 역설하는 노자와 장자의 사유와 삶에서 '오래된 현재'의 의미를 찾아낼 수도 있지 않을까? 노자의 사상이 무위(無爲)와 자연(自然)에 초점이 맞춰져 있다면, 장자의 사상은 자유라는 한마디로 축약하여 표현할 수 있다. 노자와 장자의 사상이 끊임없는 경쟁과 갈등, 욕망의 시대로 규정할 수 있는 자본주의적 삶에 어떤 대안적 의미를 제시할 수 있을까? 인위적 삶과 대비되는 자연스러운 삶은 어떤 모습으로 나타날까?

2. 노자와 장자의 생애

『사기』에 따르면 노자(老子)는 춘추 말기 사람으로 성은 이(李)씨이며 이름은 이(耳)이고 자는 담(聃)이다. 태어난 곳은 초나라 고현(苦縣) 여향(厲鄕) 곡인리(曲仁里)인데, 그곳은 오늘날의 하남성 녹읍(鹿邑)의 동쪽 지역으로 안휘성의 박현(亳縣)과 가깝다.

노자는 동주(東周) 수장실(守藏室)의 관리로 문헌 자료의 수집과 보관을 관리하는 관직을 맡고 있었다. 노자는 도덕을 수련하였으며, 학설의 기조도 자신을 감추어 드러나지 않게 힘쓰는 데 있었다. 노자는 주나라에 오랫동안 거주했는데, 그 무렵 동주는 이미 쇠퇴하여 주나라 천자는 이름만 있을 뿐 실제로는 어떤 역할도 하지 못하

노자 (출처: 구글 이미지)

는 상태였다. 그는 주나라가 쇠퇴하는 것을 보고 관직을 버린 채 서쪽으로 갔다. 『도덕경』을 저술한 연유도 노자가 주나라를 떠난 것과 관련이 있다. 노자가 함곡관(函谷關, 오늘날 하남성 영보현의 남쪽에 있다)에 이르렀을 때,

관문 수비를 책임졌던 윤희(尹喜)가 노자에게 "선생께서 이제 은거하시려 하니, 청컨대 선생님의 사상을 남겨놓을 수 있는 책 한 권을 써주시기를 바랍니다"라고 부탁하였다. 이에 노자가 상하 두 편의 저서를 지어 도덕의 의미를 5천여 글자로 서술하고 떠나버렸다는 것이다. 『사기』에서는 공자가 주나라에 있을 때 노자에게 예에 대해 묻고 답한 사실을 기록하고 있다. 이때 노자는 유학의 이상적 인간상인 성현도 육신은 죽어 없어지고 말만 남아 있는 허상에 불과하고 군자도 때를 만나지 못하면 이리저리 유랑하는 방랑자에 불과하다고 말한다. 따라서 교만과 탐욕, 허세와 지나친 욕망을 경계하는 것이 소박하고 자연스러운 삶의 선행조건이 되어야 한다는 것이다. 공자는 노자의 말을 듣고 돌아와 그 모습을 다음과 같이 묘사했다고 한다.

새는 잘 날 수 있고, 물고기는 잘 헤엄을 치며, 들짐승은 잘 달릴 수 있다는 것을 나는 알고 있다. 그러므로 달리는 들짐승은 그물로 잡을 수 있으며, 헤엄치는 물고기는 낚시로 낚을 수 있고,

184

나는 새는 화살로 잡을 수가 있다. 그러나 용은 구름과 바람을 타고 하늘로 올라가니 용에 대해서 나는 아무것도 알 수가 없구나. 오늘 내가 노자를 만나보니 그는 마치 용과 같은 사람이었다.

사마천은 노자의 생애를 확실하게 증명하고 있지는 못하다. 공자가 죽은 지 129년 뒤, 사관의 기록에 주나라 태사(太史)였던 담(儋)이 진나라 헌공을 만나 진언한 적이 있었는데, 담과 노자가 동일 인물이라고 주장하는 사람과 별개의 인물이라고 주장하는 사람 사이에 논란이 있었다. 사마천은 노자의 사상을 "무위로써 저절로 교화되게 하고 청정으로 스스로 올바르게 되었다"고 결론지었다.

노자의 가치와 특징은 사회와 정치를 형이상학적인 성질을 지닌 사변철학으로 끌어올린 점에서 찾아야 할 것이다. 덕과 무위가 노자의 정치사회이론이라 한다면, 도와 무명은 노자의 철학적인 본체라 할 수 있다. 비록 천도와 연관이 있는 관념들은 중국 고대에서 그 유래가 매우 오래된 것으로 보이지만, 그것이 철학적 성질을 가진 것으로 정화되고 순수화된 것은 바로 노자에 의해서이다. 덕과 도의 순서를 '도덕'으로 바꾸어놓은 것도 바로 이런 연유에서이다.

장자(莊子, B.C. 369-289경)는 몽(蒙) 지방 사람으로 이름은 주(周)이다. 장자는 정세가 급격하고도 복잡하게 변하고 전란이 끊이지 않던 전국 중기에 살았다. 장자는 양나라 혜왕, 제나라 선왕과 같은 시대를 살았으며, 몽 지방의 칠원(漆園)이라는 고을의 관리를 지냈다. 그는 사회적 지위가 낮아서 기껏해야 옻나무 밭을 관리하는 하급 관리를 지냈을 뿐이다. 그는 이처럼 낮은 관직에서 사회 상

장자의 호접몽 (출처: 구글 이미지)

층의 부정부패로 얼룩진 실상을 파악할 수 있었으며, 하층의 노동자들과 어울려 지낼 기회를 갖기도 하였다. 『장자』에 표현된 유려한 문장과 깊은 사유도 대체로 이 시기에 축적된 것이었다. 만년에 그는 궁핍한 생활을 하였는데, 어떤 때는 짚신을 삼아서 생활을 겨우 이어갔으며, 또 어떤 때는 돈을 빌리러 돌아다니기도 했다. 그러나 그는 군주나 부유한 상인들을 신랄하게 풍자하고 비웃었다. 반면에 노동자나 가난한 장애인들에 대해서는 정신적 풍요를 강조하면서 항상 동정과 찬사의 뜻을 드러냈다. 『장자』에 등장하는 주요 인물들이 가난한 사람과 장애인 등 소외계층이라는 점이 이를 증명한다. 이러한 사실은 장자가 평민 지식인의 대표자라는 것을 잘 보여준다.2)

사마천에 따르면, "장자는 노자의 학설을 근본으로 삼았으며 문장력이 뛰어나고 세사와 정리(情理)에 합당한 비유를 통해 유가와 묵가를 공격하였으므로 당대의 대학자라 하더라도 그의 공격을 피할 길이 없었다." 장자의 표현이 거센 물결과 같이 자유분방하고 자기 마음대로였으므로 당시의 주류 지식인들에게는 좋은 평가를 받지 못했다는 점도 아울러 지적하고 있다. 『사기』에서는 초나라 위왕이 장자가 현인이라는 말을 듣고 사신을 보내 후한 예물로 그를

---

2) 리우샤오간, 최진석 옮김, 『장자철학』, 소나무, 1997, 머리말.

맞아들여 재상으로 삼으려 하였으나 거절당하였다는 일화를 전하고 있다.

천금이라면 막대한 돈이며 재상이라면 존귀한 지위이지만, 그대는 교제(郊祭)를 지낼 때 제물로 바쳐지는 소를 보지 못하였는가? 그 소는 몇 년 동안 사육되다 수놓은 옷이 입혀져 태묘(太廟)로 끌려 들어가는데, 그때 가서 하찮은 돼지가 되겠다고 해서 그렇게 될 수가 있겠소? 그대는 빨리 돌아가 나를 더 이상 욕되게 하지 마시오. 나는 차라리 더러운 시궁창에서 노닐며 즐거워할지언정 나라를 가진 제후들에게 구속당하지는 않을 것이오. 죽을 때까지 벼슬하지 않아 나의 마음을 즐겁게 하고자 하오.

장자의 저술은 『장자』라는 책에 모아져 있는데, 「내편」, 「외편」, 「잡편」으로 이루어져 있다. 『장자』는 10여만 자나 되는 저서로 우언(寓言)체의 글이 많고, 「어부」, 「도척」, 「거협」 편 등을 지어 공자와 그 학파를 비판하고 노자의 학설을 천명하였다. 『장자』 「내편」은 장자가 친히 지은 것으로 알려져 있으며, 「외편」과 「잡편」은 장자 학파의 학자들이 편집하여 이루어졌다는 것이 일반적인 관점이다. 사마천이 『사기』에서 열거한 『장자』의 편명이 「외편」, 「잡편」과 관련된 것들이어서, 어떤 학자들은 「외편」도 장자가 직접 지은 것으로 간주하기도 한다. 그러나 「내편」에는 도, 덕, 명(命), 신 등의 개념만 있고 도덕, 성명, 정신과 같은 복합 개념이 없다. 「외편」과 「잡편」에는 이러한 복합 개념이 30여 차례 나온다. 이것은 『장자』의 「내편」이 「외편」이나 「잡편」보다 이른 시기에 쓰였다는 증거다.

3. 노자와 장자의 눈에 비친 현대인의 삶

전국시대(戰國時代)라는 전쟁의 참화 속에서 일그러진 인간의 모습을 무수히 목격한 장자는 인간의 작위적인 삶과 자연스러운 삶을 작위적 잔꾀[小知]와 인위적 교언(巧言), 자연적 지혜[大知]와 자연의 언어[大言]로 대비하여 그리고 있다.

훌륭한 지혜는 한가하고 너그럽지만 하찮것없는 잔꾀는 사소한 일을 따지려 든다. 훌륭한 말은 담담하나 쓸데없는 잔말은 이러쿵저러쿵 시끄럽다. (세속적인 인간은) 잠들면 꿈꾸어 마음이 쉴 새가 없고, 깨어나면 또 육체가 활동을 시작하여 쉴 새가 없다. 교제에서 분쟁을 일으키고 날마다 다툼으로 속을 썩이는데, (그 가운데는) 우유부단한 자도 있고 음흉한 자도 있다. 두려움이 작을 때는 흠칫흠칫 놀라지만 그것이 커지면 그만 넋을 잃고 기운을 못 차린다. 그들의 마음이 옳고 그름을 가릴 때 그 모질기란 쇠뇌나 활을 당겼다 세차게 쏘는 것과 같다. 그들이 승리를 끝까지 지키려 할 때 그 끈덕진 고집이란 맹세를 지키는 것과 같다. 그들이 날로 기운이 쇠약해 가는 것은 가을과 겨울에 초목이 말라 시듦과 같다. 탐욕에 빠져버리면 본래의 (순수한) 모습으로 되돌아갈 수는 없다. 그들이 늙어서 더욱 욕심이 많아질 때 그 억눌린 모습은 꼭 봉해 막은 것과 같다. 죽음에 가까워진 마음을 두 번 다시 회생시킬 수는 없는 법이다. (『장자』「제물론」)

장자는 현대의 언어로 묘사한 것과 견주어도 손색이 없을 정도로 지금 우리의 삶을 정확하게 지적하고 있다. 조급한 삶, 시끄러운 삶,

쉴 새 없이 움직이는 삶, 치열한 경쟁으로 얼룩진 삶… 현대인의 삶과 무엇이 다른가? 인간이 자연과 자유로부터 동떨어진 모순투성이의 삶으로 추락할 수밖에 없는 이유는 무엇일까? 장자에 따르면, "우물 안 개구리가 바다에 대해 말할 수 없는 것은 우물이라는 공간에 얽매여 있기 때문이고, 여름 벌레가 얼음을 말할 수 없는 이유는 시간에 매여 있기 때문이듯이, 권력과 자본에 고개 숙인 지식인이 진리에 대해 말할 수 없는 것은 허위의식과 이념에 얽매여 있기 때문이다."(『장자』「추수」)

경쟁과 속도로 특징지을 수 있는 우리의 삶이 감각과 욕망의 세계로 한정되어 있다면, 무엇보다 중요한 문제는 어떻게 욕망을 적절하게 제어하여 자연스러운 삶으로 이끌어갈 수 있느냐 하는 것이다. 무한욕망의 극단적인 삶에 노출되어 있는 현대인의 모습을 노자의 언어를 빌려 표현하면, 억지스럽게 이룰 수 없는 욕망을 꿈꾸는 기자(企者), 자신만 옳다고 주장하는 자시자(自是者), 자신을 드러내 보이지 못해 안달인 자현자(自見者), 자신의 공만을 내세우는 자벌자(自伐者), 타자 앞에서 젠체하고 뻐기면서 타인 위에 군림하고자 하는 자긍자(自矜者)로 분류할 수 있다. 그러나 욕망의 늪에 빠진 인간이 평온한 삶, 자유로운 삶, 자연스러운 삶을 실현할 수 있을까?

발꿈치를 들고 서 있는 자는 오래 서 있을 수 없고, 가랑이를 벌리고 걷는 자는 오래 걸을 수 없다. 스스로 드러내는 자는 밝지 아니하고, 스스로 뽐내는 자는 공이 없고 스스로 자만하는 자는 으뜸이 될 수 없다. 이것들은 도에 있어서는 찌꺼기 음식이요 군더더기 행동이라 한다. 만물은 이런 것을 혐오한다. 그러므로 도

를 체득한 자는 (이런 것에) 처하지 않는다. (『노자』 24)

인위적인 삶의 방식에 대한 노자의 비판과 같은 맥락으로, 홍대
용도 「의산문답」에서 인간이 자기중심주의와 허위의식에 빠지는
것은 인간의 뻐기는 마음, 이기려는 마음, 타자 위에 군림하고 싶은
마음, 사사로운 이익에 빠진 마음에서 비롯된다고 보았다. 노자는
자연에 끊임없이 인위적인 손길을 가하여 가차 없이 흠집 내고 조
작하는 문명사회의 가식적, 허위적 측면을 다음과 같이 비판한다.

> 화려한 색깔은 사람의 눈을 멀게 한다. 현란한 음악은 사람의
> 귀를 먹게 한다. 지나치게 맛이 강한 음식은 사람의 입맛을 상하
> 게 한다. 격렬한 운동은 사람의 정신을 미치게 만든다. 얻기 어려
> 운 재화는 사람의 행위를 비뚤어지게 한다. 이런 까닭에 성인은
> 배에 힘쓰고 눈에 힘쓰지 않았다. 그러므로 저것을 버리고 이것
> 을 취하였다. (『노자』 12)

노자는 사물에 대한 감각적 인식을 마음의 고요함을 어지럽히는
장애물로 간주한다. 배는 마음의 편안함을 가리킨다. 배는 내적인
것이고 눈은 외적인 것이다. 내적인 관점에서 색도 없고 소리도 없
으므로 모든 감각기관이 깨끗하여 바깥 대상에 오염되지 않는다.
감각적 쾌락과 소유를 위한 발광은 모두 눈에서 비롯된다. 그러므
로 눈에 힘쓰지 않는다고 말한 것이다.3) 눈은 지배권의 상징이다.

---

3) 여기서 대칭적으로 배열되어 있는 '배'와 '눈'에 대한 여러 학자들의 의
  견을 살펴보면, 학자들마다 약간의 차이가 있지만, 배를 긍정적으로 눈
  을 부정적으로 보는 점은 같다. 장석창은 '배'를 단순하고 깨끗하고 맑은

본다는 것, 볼 수 있다는 것은 곧 지배자의 우월적 위치에 있음을 의미한다. 눈이 지배의지와 지식 독점의 원동력인 데 반해, 배는 자의식이 없이 자연적인 좋아함과 좋아하지 않음만 아는 무지(無知)의 지(知)와 같다. '색 없는 색[無色之色]',4) '소리 없는 소리[無聲之聲]', '맛 없는 맛[無味之味]'도 이러한 관점에서 이해할 수 있다. 따라서 장자는 "먼저 마음을 하나로 모아라. 귀로 듣지 말고 마음으로 들어라. 다음에는 마음으로 듣지 말고 기로 들어라. 귀는 고작 소리를 들을 뿐이고, 마음은 고작 외면만을 알 뿐이지만, 기는 비어서 다른 존재와 마주치는 것이다. 도는 오로지 빈 곳에만 깃든다"(『장자』「인간세」)라고 했다. 『장자』「천지」편에도 『노자』와 비슷한 의미의 구절이 보인다.

백 년이나 된 나무를 쪼개 신성한 술 단지를 만들고, 청색, 황색으로 색을 칠하면 그 깎고 남은 나머지는 도랑에 버린다. 술 단지와 도랑 속의 나머지를 비교하면 아름다움과 추함의 차이가 있다. (그러나) 본성을 상실했다는 점에서 마찬가지다. 하나라의 걸왕, 도척과 증삼, 사추는 행동의 도의성에 차이가 있다. 그러나 그 본성을 상실했다는 점에서는 마찬가지다. 그런데 대체로 본성을 잃은 원인에는 다섯 가지가 있다. 첫째, 다섯 가지 색이 눈을 어지럽혀 시력을 흐리게 한다. 둘째, 다섯 가지 소리가 귀를 어지

생활을 대표하는 것으로, '눈'은 기교와 거짓에 능하고 욕망이 많은 것을 상징하는 것으로 보았다. 엄영봉은 '배'는 쉽게 만족하는 것, '눈'은 만족할 줄 모르는 것을 나타내는 것으로 보았다. 임어당은 '배'는 내면의 자아, '눈'은 외부의 자아 혹은 감각세계를 가리키는 것으로 보았다.
4) 도의 속성으로서 색을 말한다. 도의 속성으로서 색은 육신의 눈이 아니라 마음의 눈으로 볼 수밖에 달리 볼 방도가 없다.

럽혀 청각을 둔하게 한다. 셋째, 다섯 가지 냄새[五臭, 누린내(羶), 향내(薰), 향기(香), 비린내(鯹), 썩은내(腐)]가 코에 훈기를 넣어 코가 막히고 머리를 아프게 한다. 넷째, 다섯 가지 맛이 입을 흐리게 하여 맛을 알 수 없게 한다. 다섯째, 취사선택이 마음을 어지럽혀 본성을 날아 흩어지게 한다. 이 다섯 가지는 모두 삶을 해치는 것이다. (『장자』「천지」)

인간의 감각기관은 대상을 인식하고 파악하는 기초적인 요소이면서 동시에 끊임없이 대상을 폐쇄적인 주관의 세계에 가둬놓는 곳이기도 하다. 감각기관은 대상을 철저하게 구분하고 분류하여 서열화하고 차별화하는 기제다. 인간의 감각에만 의존하여 인식하는 세계는 모든 대상을 위계화된 수직적 질서체계에 진열, 배열함으로써 인간 자신마저 일회적인 소비재로 전락시키고 만다. '나는 생각한다. 그러므로 존재한다'가 사유하는 주체로서 인간존재의 본질을 압축적으로 드러낸 것이라면, '나는 보여진다. 그러므로 존재한다'는 자본이 일상을 지배하는 감각의 세계에서 대상화된 존재로 노출되는 인간의 모습을 잘 나타낸다. 눈이 있다는 것은 본다는 것이며, 본다는 것은 인식한다는 것이며, 인식한다는 것은 전체 중의 부분만을 파악한다는 것이기에 눈이란 진정 감옥이다. 인식한다는 것은 모든 대상을 있는 그대로 두지 않고 부분이라는 틀, 인식의 틀에 가두는 것이기 때문이다.5)

그렇다면 철저하게 욕망과 경쟁을 인류 진보의 철칙으로 장려하는 자본주의적 삶의 문제점을 치유할 수 있는 방법은 무엇일까? 노

---

5) 임철규, 『눈의 역사, 눈의 미학』, 한길사, 2004, 32-37쪽 참조.

자는 인자와 검소, 지나치게 나서지 않는 태도를 세 가지 보물[三寶]이라 하여 자연스럽게 타자와 공감, 공존할 수 있는 삶의 태도로 제시하고, 부드러움과 앞을 다투지 않음을 본질로 하는 물에서 그 의미를 찾는다.

4. 무위와 자연의 삶은 어떤 모습일까?

억지로 하지 않음은 자신의 마음이 깨어 있어 바깥의 어떤 사물도 침해할 수 없는 것을 의미한다. 노자는 무위(無爲)의 이러한 맥락을 강조하여 "도는 언제나 억지로 하지 않으면서도 또한 하지 않음이 없다. 후왕(侯王)이 도를 지킨다면, 만물은 저절로 교화될 것이다. 교화되어서 욕망이 생기면, 나는 이것을 이름 없는 통나무로 진정시킬 것이다. 이름 없는 통나무는 어떤 경우에도 욕망을 드러내지 않는다. 고요함으로써 욕망을 일으키지 않으면 세상이 저절로 바르게 될 것이다"라고 말한다. 여기서 후왕은 권력과 지배의지, 소유욕을 기반으로 세상을 사유화하는 존재로서 무한욕망으로 규정되는 절대 권력의 위험성을 암시한다. 노자에 따르면 인간 욕망과 권력의지의 결합으로 나타나는 절대 권력의 함정에서 벗어나는 유일한 방법은 욕망이 없는 담담하고 자연스러운 소박함으로 인간의 욕망과 탐욕을 다스리는 것이다. 노자가 소박한 삶의 상징으로 제시한 통나무[樸]는 문명의 이기를 공급해 주는 자비와 보시의 상징이며 동시에 자기 고집의 세계에서 벗어나 있음을 의미한다. 이 세상에 존재하는 만물은 근본적으로 욕구와 욕망의 멍에를 짊어지고 산다. 그러나 그 욕망이 모두에게 같은 의미로 다가오는 것은 아니다. 철저하게 사사로운 이익으로 환원되는 인간의 욕심과 달리 자연스러움과 소박함을 담지한 자연 속의 존재는 자기중심적 소유에 집착하는 아집의 세계에 매몰되지 않는다.

중정한 도로 나라를 다스리고 기이한 술책으로 군사를 쓰며, 일을 만들지 않고서[無事] 세상을 취한다. 나는 어떻게 세상이 그러한지 아는가? 세상에 꺼리고 가리는 것이 많으면 백성은 더욱 가난해지고, 백성들에게 문명의 이기(利器)가 많으면 국가는 더욱 혼란스러워진다. 인간에게 교묘한 기술이 많으면 기이한 물건이 더욱 많이 제작된다. 법령이 번잡하고 복잡해질수록 도적이 많아진다. 그러므로 성인은 "내가 억지로 하지 않으면 백성이 저절로 교화되고, 내가 고요함을 좋아하면 백성이 저절로 바르게 되며, 내가 일을 만들지 않으면 백성은 저절로 부자가 되고, 내가 욕망을 드러내지 않으면 백성은 저절로 순박하게 된다"고 하였다. (『노자』 57)

노자는 세상은 물 흐르듯이 지나가도록 억지로 하지 않고 의도적, 인위적으로 일을 만들지 않으면 된다고 주장한다. 자연은 되지 않을 일을 억지로 하지 않고 인위적으로 일삼지 않으며,6) 자기주장

---

6) "인의란 옛 임금들의 일시적인 주막이며, 하루를 머물기에는 괜찮으나 오래 있을 곳은 못 된다. 오래 머물러 있으면 비난이 많아지기 마련이다."(『장자』 「천운」) "막고야의 산에 신인이 사는데 … 그가 정신을 집중하면, 모든 것이 병들지 않고 곡식도 잘 익는다."(『장자』 「소요유」) 이 구절에 대해 성현영은 "성인은 움직일 때와 고요할 때가 상응하니, 공(空)과 유(有)를 아울러 비춘다. 비록 조정에 거처하더라도 산림에 있는 것과 다르지 않으니, 지혜의 빛을 누그러뜨려 속인과 함께하며, 더러움 속에 있어도 오염되지 않음을 말한 것이다"라고 풀이하고 있다. 여기서 우리는 '무사무위(無事無爲)'의 참 의미를 읽을 수 있다.

으로 채색된 자아의식이 완전히 소멸된 무아(無我)의 상태다. 이렇게 볼 때 인간의 독단적인 이상과 이기심이 자연과 인간의 조화로운 공존의 삶을 방해하는 장애가 된다.

그러나 노자가 제시한 무위를 개인적인 삶의 방식으로 받아들인다 하더라도 정치사회적 관점에서 억지로 하지 않는 통치가 가능할까? 자연스러움을 정치에 도입하는 것은 또 하나의 바탕이 없는 이상주의가 아닌가? 어떤 규정이나 제약이 없이 인간의 자발성(혹은 자율성)에 맡겨두면 세상은 과연 잘 돌아갈까? 굳이 따지자면 인간에게는 무의식적 욕망으로서 본능과 본성이 있다. 즉 존재론적 욕망(본성의 욕망, 삶에의 욕망)과 소유론적 욕망(본능의 욕망)이 있는 것이다. 처음부터 끝까지 자기 이익에 매몰된 소유론적 욕망과 자기 이익을 추구하면서 다른 사람을 배려함으로써 이익을 공유하려는 태도는 전혀 다르다. 문제는 본능의 욕심이 여과 없이 그대로 표출되어 자기 자신만을 사랑하는 이기적 배타성이다. 결국 문제의 해법은 인간의 마음을 자연화하는 데 있다. 자기 자신만을 내세우는 태도에서 벗어나 타인과 공존, 공감하면서 자아실현을 위해 노력하는 것이 인간을 자연화하는 첫걸음이다.

지혜로운 삶의 방식은 타인을 대하는 데 있어 항상 부드러움을 지키고, 감히 세상에 앞서지 않는 태도다. 노자는 부드러움을 지켜 세상과 다투지 않으면서 평화롭게 살아가는 지혜로운 삶의 방식을 다음과 같이 말한다.

세상의 지극한 부드러움은 세상의 지극히 굳세고 강한 것을 부리고, 무(無)는 틈새가 없는 곳에도 들어가니, 나는 이로써 무위가 유익함을 안다. 말하지 않는 가르침과 무위의 이익을 세상은

거의 이해하지 못한다. (『노자』 43)[7]

천하에 시작이 있어 천하의 어머니가 된다. 이미 그 어머니를 얻었으니, 그로써 자식을 알고, 이미 그 자식을 안 것으로 다시 그 어머니를 지키니, 죽어도 두려울 것이 없다. 욕심의 모든 통로를 막고 문을 닫으면, 죽을 때까지 지치지 않을 것이다. 욕심의 모든 통로를 열어놓고 일을 풀어나가려고 한다면 결코 구제할 수 없다. 작은 것을 보는 것을 밝음이라 하고, 부드러움을 차지하려는 것을 강하다고 한다. 빛을 활용하고 지혜의 밝음에로 복귀하면 몸에 재앙이 없을 것이니, 이것이 영원함을 익히는 것[襲常]이다. (『노자』 52)

기는 들어가지 않는 데가 없고, 물은 길을 따라 흐르지 않는 곳이 없다. 텅 비어 부드럽고 약한 것은 통하지 못하는 곳이 없다. 따라서 지극히 약하고 부드러운 것이 지극히 강하고 센 것을 이길 수 있다. 이 과정을 순환하다 보면 억지로 하는 것, 내면의 자율성을 억압하는 외적 강제가 역설적으로 가장 유약하다는 것을 알 수 있다. 결국 부드러운 것은 삶의 길이고, 딱딱하고 강한 것은 죽음의 길이다. 살아 있을 때 부드럽고 죽으면 단단해지는 것은 화기(和氣)[8] 때문이다. 화기는 타인과 더불어 자유롭게 소통하고 공감하

---

7) 이 장은 『노자』 78장의 "세상에 물보다 부드럽고 여린 것은 없다. 그러나 단단하고 강한 것을 공격하는 데 물을 능가하지 못하니, 아무것도 물을 대신할 수 없기 때문이다"와 같은 맥락에서 이해될 수 있다.

8) 화기란 '음양의 조화가 이루어진 기'로 노자에서는 생성을 설명하는 개념으로 사용한다. 『지남침(指南針)』「신실팔법(神室八法)」에 따르면, 화(和)란 "신실(神室)의 문으로 광명(光明)이 어디에건 통하여 자유로이

며, 억지 부리지 않고 순리에 따르는 기운을 말한다. "사람이 살아 있을 때는 부드럽지만, 죽으면 뻣뻣해진다. 그러므로 딱딱하고 강한 것은 죽음의 무리이고, 부드러운 것은 삶의 무리다. 나무가 강하면 부러지고 잘려 없어지는 것과 같다. 그러므로 단단하고 강한 것은 아래에 놓이고 부드러운 것은 위에 놓인다."(『노자』 76) 다시 말하면 부드럽게 사는 것은 상생(相生)하는 삶이고, 딱딱하고 강하게 사는 것은 타인과 경쟁하며 극복, 승리하여 홀로 삶을 추구하는 방식이다.

5. 물의 상징으로 본 인문적 삶

물은 낮은 곳에 머물고, 겸손하게 자신을 낮추며, 부드럽고 약하면서도 이 세상 모든 곳에 존재한다는 점에서 노자가 말하는 도의 속성을 잘 드러내는 은유적 상징이다. 노자는 인간도 자연의 속성, 물의 속성에 따라 행위함으로써 억지스럽고 강압적인 삶의 방식에서 벗어나야 한다고 주장한다.

세상에 물보다 부드럽고 여린 것은 없다. 그러나 단단하고 강한 것을 공격하는 데 물을 능가하지 못하니, 아무것도 물을 대신할 수 없기 때문이다. 그러므로 물이 굳센 것을 이기듯이 약한 것이 강한 것을 이긴다. 세상에 이것을 모르는 이가 없지만, 실천할

출입할 수 있다"는 의미다. 그렇다면 화기를 어떻게 내면화할 것인가? 「신실팔법」에서는 "예로써 남의 밑에 처하며, 겸손하고 공손하게 스스로를 낮추고, 마음은 평정하고 기는 부드럽게 하여 난폭함이 전혀 없고 분노가 생기지 않게 한다. 위대하면서도 낮출 수 있고, 강하면서 약할 수 있다"고 하였다.

수 있는 사람은 드물다. 그러므로 성인은 말하기를 "나라의 욕됨을 감수하는 이가 나라의 주인이 되고, 나라의 궂은일을 떠맡는 이가 세상의 왕이 된다"고 하였다. 바른말은 마치 그른 말처럼 들린다. (『노자』 78)

노자는 물의 비유를 통해 부드러움이 강함을 이기는 자연스러운 이치를 논하고 있다. 물, 갓난아이, 여성은 부드러움을 나타낼 때 즐겨 사용하는 은유다. 노자는 도의 본질을 물의 성질로 환유하여 이야기한다. 최고의 선은 물과 같다. 물은 만물을 이롭게 하지만 다투거나 공을 내세우지 않는다. 또한 사람들이 싫어하는 곳에 머문다. 이런 점에서 물은 도에 가깝다. 머무는 것은 땅처럼 낮고, 마음 쓰는 것은 연못처럼 깊으며, 주는 것은 매우 자애롭고, 말하는 것은 매우 믿음이 있으며, 정치에 있어서는 잘 다스리고, 일을 할 때는 매우 유능하며, 움직이는 것은 때에 잘 맞춘다. 오직 다투지 않으므로 허물이 없다(『노자』 8).

이제 노자의 목소리를 통해 도와 가장 유사한 물의 속성을 정리해 보자. 첫째, 나지막하게 흐르는 물, 잔잔하게 작은 물결이 이어지는 물은 평온하다. 물은 이치에 순응해서 항상 높은 곳에서 낮은 곳으로 흐른다. 웅덩이를 만나면 가득 채운 뒤에 흘러간다. 가로막는 장애물이 있으면 순순히 돌아간다. 둘째, 물의 세계에는 상대를 완전히 제압하여 소멸시키겠다는 무한경쟁과 적대의식, 투쟁의지가 없다. 자본주의적 삶을 대변하는 나와 너를 편 가르는 분별이 없다. 다툼은 나와 너, 우리 편과 다른 편을 철저하게 편 가르고 차별할 때 생긴다. 셋째, 물에는 자기주장만을 일삼는 내가 없다. 물은 유연해서 모난 그릇에 담으면 모나고, 둥근 그릇에 담으면 둥글다. 진리의 적이 독단이듯이 나만 옳다고 주장하는 사람에게 타자의 존재는 물론 공존, 공감의 지대는 사라지고 만다. 타자와 자유롭게 소통하고 공감하면서 자기를 실현하는 무위와 자유의 삶에 자기를 가치의 중심, 관계의 중심으로 내세우는 자기주장은 들어설 자리가 없다. 넷째, 물의 성질이 평평하여 기울어짐이 없는 것처럼 성인의 마음은 올바르기 때문에 잘못된 것을 잘 다스린다. 장자는 이런 점을 염두에 두고 "물의 평면이 규준에 꼭 맞으면 장인은 그것을 기준으로 쓴다"(『장자』「천도」)라고 하였다. 성인은 자신의 마음을 자연성으로 해체했기 때문에 아집이나 고집이 들어설 자리가 없다. 성인은 마음을 물화(物化)하고 마음을 자연화한 상태에 있다. 성인의 덕은 연못이나 웅덩이의 물처럼 좋은 물, 깨끗한 물만 받아들이는 것이 아니라 나쁜 물, 더러운 물도 구별하지 않고 받아들인다. 따라서 성인은 지혜의 빛을 누그러뜨려 보통 사람과 함께하는 화광동진(和光同塵)의 경지 — 최고의 선 — 에 이른다.

물에서 다투지 않는 속성을 찾아낸 노자의 사유로부터 우리는 인간과 인간의 싸움터로 변한 자본주의 사회에 대응하는 삶의 방법을 강구할 수 있다. 도를 깨달은 자는 다투지 않는 태도로 부드러움과 약함을 지킨다. 겸허의 덕은 만물과 모든 사람에게 부담을 주지 않고 존재의 터를 제공한다. 노자는 낮은 곳에 머물면서 다투지 않고 자연의 이치에 따르는 물의 이미지를 끌어와 자연의 덕을 깨달은 성인 또는 통치자의 이상적인 태도를 설명한다.

강과 바다가 뭇 계곡물의 왕이 될 수 있는 것은 자기를 잘 낮추기 때문이니, 그래서 뭇 계곡물의 왕이 될 수 있다. 그러므로 성인이 백성 위에 서고자 한다면 반드시 말을 낮추고, 백성 앞에서고자 한다면 반드시 자신을 뒤로한다. 그러므로 성인은 백성 위에 머물러도 백성이 무겁다고 여기지 않고, 백성 앞에 있어도 백성이 해롭게 여기지 않는다. 그러므로 천하 사람들이 즐거이 받들되 싫증 내지 않는다. 성인은 사람들과 다투지 않기에 천하에 누구도 그와 다툴 수 없다. (『노자』 66)

노자는 지배와 장악의 논리가 횡행하는 세계, 동일화의 기제로 획일성의 논리가 득세하는 세상, 자기의 아집에서 비롯된 사유와 삶의 무늬로 모든 것을 재단하고 통일하려는 사고방식이 지배하는 무(武)의 세계를 비판한다. 그는 인문주의적 사고와 자연주의적 삶의 방식이 조화를 이루는 세계를 이상적 삶으로 설정한다.

옛날의 훌륭한 무사는 무력을 쓰지 않고, 잘 싸우는 사람은 화내지 않으며, 적을 잘 이기는 사람은 적과 싸우지 않고, 남을 잘쓰는 사람은 자신을 낮추었다. 이것을 가리켜 '다투지 않음의 덕'이라 하고, 이것을 가리켜 '남의 힘을 쓴다'고 하며, 이것을 가리켜 '하늘에 짝한다'고 한다. 이것이 옛날의 지극한 도이다. (『노자』 68)

화광동진(和光同塵)은 위계적 질서와 상관없이 타자와 어울려 살아가는 삶의 방식을 상징적으로 드러낸다. 여기서 '광(光)'은 지혜가 두루 비친다는 뜻이다. 성인의 지혜의 빛은 해나 달처럼 세상을 비추지만 자신의 빛과 자취를 숨기고 평범한 사람들과 조화를 이룬다. 성덕을 감추고 덮어 자신의 빛으로 사람들을 눈부시게 하지 않는다는 것이다. 노자가 인간관계를 조화롭게 하는 세 가지 보물로 제시한 인자와 검소, 지나치게 나서지 않는 모습도 자신의 빛을 누그러뜨려 타자와 잘 어울리는 삶이다.

장자는 만물과 더불어 화평한 봄을 꿈꾸면서도 사물 때문에 인간의 본질을 해치지 않으며 자연의 흐름에 따라 변화하지만 그 근본을 끝까지 지키는 삶을 추구한다. 이는 생명의 시간을 마음에 모이도록 하는 것이며, 다른 말로는 재주를 온전히 하는 것이다. 즉 화평하고 즐거운 기운을 소통하여 기쁜 마음을 잃지 않고 밤낮으로 틈이 벌어지지 않도록 하는 것이다. 삶과 죽음, 존재와 소멸, 곤궁과 영달, 가난과 부귀, 어진 자와 어리석은 자, 명예와 오욕, 배고프고 목마르고 춥고 더운 것, 이런 것들은 사물의 변화이면서 동시의 천명이 운행하는 세계다. 우리는 이러한 변화 속에 묻혀 살지만 인간의 지혜나 지식으로는 그 원인을 규명하거나 운행의 체계를 규제할 수 없다(『장자』「덕충부」). 오직 사물의 변화에 휩쓸리거나 편입되지 않으면서 모든 존재와 평등하게 더불어 온전한 삶을 기약할 수 있을 뿐이다.

6. 자연스러운 삶, 자유로운 삶

노자와 장자 모두 욕망과 욕구의 일탈을 조율할 수 있는 마음공부를 무위와 자연의 삶을 위한 방법으로 제시한다. 심재(心齋)는 욕망으로 가득 찬 마음속 의식을 씻어내는 수양방법으로 자신의 존재조차도 의식하지 못하게 되는 경지다. 분산된 의식을 하나로 집중하는 방법에는 두 가지가 있다. 마음이 바깥 사물의 자극에 대응하여 발산할 때 분산시키지 않고 오로지 하나의 대상에만 집중하는 전일(專一) 공부가 '용지불분(用志不分)'이라면, 외물의 자극에 동요하지 않고 자신을 지키는 방법은 자수(自守, '수기종(守其宗)', '수기일(守其一)')의 공부다. 좌망(坐忘)은 고요한 상태를 유지하며 앉아서 자아, 사회, 자연 등 일체를 잊어버리는 정신적 경지를 나타낸다. 장자에 따르면, 좌망은 예악과 인의를 잊어버리는 공부로부터 시작한다. 인간의 삶을 규제하는 제도와 인위적으로 틀 지어진 도덕, 즉 유교의 작위적 도덕의 세계인 인의로부터 해방되었을 때 인간의 온전한 자유가 실현된다. 장자가 일상적 삶을 살아가는 인간의 자아의식의 해소에 얼마나 몰두하고 있는가는 제물론의 시작과 끝이 '상아(喪我)'와 '물화(物化)'라는 점에서 잘 드러난다. '상아'가 독단, 아집, 고집으로 닫힌 자아로부터 해방을 의미한다면, '물화'는 자아의식이 사라져 타자와의 대립이 완전히 해소된 상태를 나타낸다.

남곽자기가 책상에 기대 앉아 하늘을 우러르며 후 하고 길게 숨을 내쉰다. 멍하니 자기의 몸을 잊은 것 같다. 안성자유가 그 앞에 모시고 서 있다가 물었다. "어찌 된 일입니까? 육체란 본래 고목처럼 될 수 있고, 마음도 불 꺼진 재가 될 수 있다는 겁니까? 지금 책상에 기대신 모습은 예전에 기대신 모습과는 다릅니다." 자기는 대답했다. "언(偃)아, 너 참 훌륭한 질문을 하는구나. 지금 나는 나 스스로를 잊어버렸다. 너는 그것을 알 수 있겠느냐. 너는 사람의 통소 소리는 들어도 땅의 통소 소리를 듣지 못했고, 또 땅의 통소 소리를 듣는다 해도 아직 하늘의 통소 소리를 듣지 못했겠지." (『장자』 「제물론」)

언제인가 장주(莊周)는 나비가 된 꿈을 꾸었다. 훨훨 날아다니는 나비가 된 채 유쾌하게 즐기면서도 자기가 장주라는 것을 깨닫지 못했다. 문득 깨어나 보니 틀림없는 장주가 아닌가. 도대체 장주가 꿈에 나비가 되었을까? 아니면 나비가 꿈에 장주가 된 것일까? 장주와 나비에는 반드시 구별이 있다. 이러한 변화를 물화(物化)라고 한다. (『장자』「제물론」)

장자에 따르면, 언어는 평등한 자연적 질서로부터 인간을 격리함으로써 차별적 사회질서를 만들어내는 주요 원인이다. 언어는 존재 방식의 차이만 있을 뿐 가치의 차별이 존재하지 않는 만물의 세계, 있는 그대로의 자연스러운 세계에 대한 차별적 인식을 조장한다. '조삼모사(朝三暮四)' 이야기는 언어의 작위적이고 위선적인 특성을 우화적으로 드러낸다.

헛되이 애써 한쪽에 치우친 편견을 내세우면서 실은 모두가 하나임을 알지 못한다. 그것을 조삼(朝三)이라 한다. 조삼이란 무엇인가? 원숭이 부리는 사람이 원숭이에게 상수리를 나누어 주면서 "아침에 세 개, 저녁에 네 개다"라고 했더니 원숭이들이 모두 화를 냈다. 그래서 "그럼 아침에 네 개, 저녁에 세 개다"라고 하였더니 원숭이들이 모두 좋아했다. 이름도 내용도 어그러짐이 없는데 기쁨과 노여움이 일었다. 그대로의 커다란 긍정에 몸을 맡기고 있어야 한다. 그러므로 성인은 옳음과 그름을 조화시키고, 자연의 균형에서 쉰다. 이러한 것을 양행(兩行, 대립된 두 쪽이 다 순조롭게 뻗어 나가는 입장)이라 한다. (『장자』「제물론」)

이렇게 보면 언어는 그 자체로 닫혀 있는 자의적 체계를 통해 자신의 세계를 구축한다. 이는 있는 그대로의 존재의 세계와 어떤 필연적인 관계도 맺지 않는다. 언어는 자체의 구조 안으로 대상을 끌어들이는 방식을 통해서만 기능을 발휘한다. 시간과 공간을 달리하지만, 롤랑 바르트도 삶의 자유를 구속하는 언어의 자의성을 분명히 인식했다. "우리가 권력에서 벗어나는 힘뿐만 아니라, 특히 그 누구도 굴종시키지 않는 힘을 자유라 부른다면, 자유는 언어 밖에서만 존재할 수 있다. 그러나 불행하게도 인간의 언어에는 출구가 없다. 그것은 유폐된 문이다. 우리는 거기서 불가능의 대가를 치르고서야 빠져나올 수 있다."9) 언어로 언어를 분석하고 해설하는 순환적인 언어의 놀이에서 우리에게는 언어체를 가지고 속임수를 쓰는 일, 언어체를 속이는 일만이 남아 있다. 속임수로서 글쓰기가 바로 장자가 지적한 분별과 차별의 의미체계로서 언어에서 비롯되는 것이다.

장자는 타고난 그대로의 자연적 본성에 무한한 신뢰를 보내지 않는다. 자연적 생명의 온전한 실현을 방해하는 장애는 외부에서 만들어지거나 주어지는 것이 아니라 오히려 인간 내부에 도사리고 있다.10) 인간은 자기중심적 편향성이 구체화된 '성심(成心)'의 상태로부터 저절로 벗어날 수 없는 존재다. 인간존재의 취약점은 제도

---

9) 롤랑 바르트, 김희영 옮김, 『텍스트의 즐거움』, 동문선, 2002, 17쪽.
10) 자연세계와 인간세계를 바라보는 노자와 장자의 관점상의 차이점도 바로 이 지점에서 갈라진다. 노자는 '자연'을 의제화(擬制化)한 정치적 질서의 구축을 통하여 인간 질서와 자연 질서의 완전한 합일이 가능하고 또 그렇게 함으로써 새로운 항상적 질서체계의 모색이라는 시대적 과제가 해결될 수 있다고 보았다. 그러나 장자의 관점에서 이러한 노자의 생각은 자연 질서와 인간 질서의 괴리를 초래하는 상당 부분이 인간의 본질적 경향성으로부터 비롯된 결과라는 점을 망각한 오류다.

의 부재나 미비에서 기인하기보다는 인간존재의 본질적 성향에서 비롯된다. 장자에 있어 타고난 그대로의 인간의 존재 상황은 처음부터 극복되어야 할 무엇이었던 것이다. 그렇다면 근원적 부자유, 자기중심적 편향, 억압의 상태인 성심으로부터 벗어나기 위해 인간은 어떻게 할 수 있을까? 기계를 사용해서 편리함만을 도모하거나 책략을 써서 남을 교묘하게 속이는 마음으로서 기심(機心),11) 모든 사태에서 옳고 그름을 분별하려는 시비지심(是非之心), 독단과 아집으로 굳어진 일상의 자아의식으로서 성심 등 세속적인 자기극복 과정을 거쳤을 때 비로소 인간의 해방과 자유가 이루어진다. 장자의 관점에서 외양의 꾸밈으로 구성되는 문명세계, 타산적 사고와 경쟁으로 이루어진 자본의 세계에서 기심, 성심, 시비지심을 극복하는 길은 청정무위지심(淸靜無爲之心), 무심(無心)의 심, 고요하고 맑게 텅 비어 광명(光明)을 발산하는 마음을 실천하는 삶 속에서 회복하는 것이다.

그렇다면 우리는 언어로부터 파생되는 오해와 왜곡의 삶, 물질의 질곡에서 벗어나 어떻게 자연스러운 삶으로 나아갈 수 있을까? 완전히 언어의 세계를 떠나야 하는 것일까? 언어를 통한 인식행위의 결과인 일체의 판단을 방기하는 것은 가능할까? 장자가 삶의 이상으로 제시한 '만물제동(萬物齊同)'의 이치도 언어에 실려 표현되는 순간 분별적 세계로 진입하는 것이라는 점에서 한계가 있는 것 아닐까? 장자는 언어의 자의적 의미체계에 가급적 끌려들어가지 않는

---

11) "기계를 쓰면 기사(機事)가 있게 되고, 기사가 있으면 필시 기심(機心)이 생기기 마련이다."(장자 「천지」) 성현영은 "'기관의 기(器)'가 있으면 '기관을 움직이는 일'이 있고, '기관을 움직이는 일'이 있으면 반드시 '기관의 움직임에 따라 변하는 마음'이 생긴다"고 하였다.

언어를 구사하는 것의 대안으로 치언(巵言), 우언(寓言), 중언(重言)을 비교하여 논의한다.

치언(巵言)은 자연을 대변하는 말이다. 언어이면서 언어가 아닌 것, 옳고 그름을 확정할 수 없는, 일상적인 기준에서는 무의미한 언어의 나열을 말한다. 노자도 이미 "훌륭한 말에는 흠잡고 꾸짖을 데가 없다"(『노자』27)라고 말했다. 자연의 세계는 이념과 차별로 채색되어 끊임없이 인간을 위아래로 계층화하여 드러내는 언어의 세계가 아니다. '말이 잦으면 자주 막히는 것'이 자연의 이치다. 치언은 자기주장만을 일삼는 독단적인 삶을 지양하며 사람과 사물, 때와 장소에 따라 적절하게 자기주장을 조율하는 언어의 세계다. "술그릇은 꽉 차면 기울고 텅 비면 오히려 바로 선다." 인간의 언어도 지나치게 거창하게 과장하면 사태와 상황을 왜곡하는 허위가 된다. 술그릇을 넘치도록 가득 채우면 기울듯이 장황하게 쓸모없는 언어들을 나열하면 본질의 참모습은 사라지고 의미 없는 언어의 형식만이 삶의 관계를 지배한다. 오히려 문장의 여백이 풍요로운 의미를 함축하듯이 적절한 언어의 공백은 진정한 사유와 실천의 공간을 만든다. 우언(寓言)은 전달하고자 하는 뜻을 직접 표현하지 않고 사람, 사물 등에 의탁하는 방식으로 비유와 상징을 사용하여 은연중 자신의 진의를 알아차리도록 하는 방법이다. '철리우언(哲理寓言)'이란 말에서 알 수 있듯이 우언 속에 지혜와 진리가 내포되어 있는 것이다. 중언(重言)은 당시 사람들이 존중하던 사람에 의탁해서 자기주장을 펼치는 것이다. 논리학의 논증에 비유하면 '권위로부터 논증'에 해당한다.

우리는 다양한 관계로 맺어진 현실에서 가치 갈등과 충돌에서 벗어날 수 없다. 인간은 조화와 소통, 공존의 삶을 지향하면서도 경쟁을 사회발전을 위한 미덕으로 간주하는 사회적 흐름, 개인적 욕망과 사회적 욕망의 괴리로 인해 반목과 질시의 상태로 파편화된다. 장자는 이러한 문제를 해결하기 위해서는 자연스러운 질서를 따르면서 자연의 진리로 세상을 바라보는 관점을 지녀야 한다고 주장한다. 진리[道]의 관점에서 세상은 끊임없이 변하기 때문에 귀천의 차별이 존재할 수 없고, 진리의 본질은 사물의 변화에 따르는 것이기 때문에 단일한 규범이니 굳은 이념으로 틀 지어진 행위의 준거를 설정해서는 안 된다. 만물은 한결같이 평등하기 때문에 어디에도 치우치지 않는 자유의 세계로서 '무방(无方)'을 추구해야 한다(『장자』「추수」).

이렇게 볼 때 장자가 꿈꾸는 이상적 인간은 소박(素樸)과 순수에 바탕을 둔 어린아이와 같은 존재가 아니라 작위적 세계관이 지배하는 삶의 현실을 넘어서 끊임없이 자기극복을 통해 스스로를 이루어 나가는 진인(眞人), 지인(至人), 신인(神人)이다.

7. 자연과 자유가 실현된 무위의 공동체

노자는 가장 좋은 정치란 군주가 있는지 없는지조차 모르는 정치라 하였다. 좋은 정치가 실현되는 사회에서 백성들의 일상은 해가 뜨면 일어나 일을 하고 해가 지면 들어와 쉬며, 우물 파서 물 마시고 밭 갈아 먹으면서 살아가는 데 군주의 힘이 전혀 영향을 미치지 않는 삶을 노래한다. 이러한 사회에서는 집단이나 전체가 개인을 구조적으로 억압하거나 구속하는 일은 일어나지 않는다. 노자는 자신의 이상향을 다음과 같이 그리고 있다.

작은 나라 적은 백성에, 열 사람 백 사람이 쓸 수 있는 무기가 있어도 사용하지 않도록 한다. 백성으로 하여금 죽음을 중하게 여겨(생명을 소중하게 여겨) 멀리 옮겨가 살지 않도록 한다. 이리하여 배와 수레가 있어도 타고 가는 일이 없게 하고, 갑옷과 병기가 있어도 그것을 진 칠 곳이 없게 한다. 사람들로 하여금 다시 옛날처럼 새끼줄을 맺어 약속의 표시로 쓰는 풍습을 부활시켜 이용하도록 한다. 자신들이 먹는 것을 맛있다고 생각하고, 입는 옷을 아름답다고 생각하고, 사는 곳을 편안하게 생각하도록 하며, 자신들의 풍속을 즐기게끔 한다. 그리하여 이웃 나라를 바라보며 닭 우는 소리 개 짖는 소리를 들으면서도, 백성들은 늙어 죽도록 다른 나라를 오갈 일이 없게 한다. (『노자』 80)

노자가 '작은 나라 적은 백성'의 세계로 유토피아를 그렸다면, 장자는 현실세계에서 자유를 찾는 것은 불가능하다고 인식했기 때문에 이 세상 어디에도 없는 '무하유지향(無何有之鄕)'에 가서 자유를 찾는 환상을 꿈꾸었다. 장자가 말하는 무하유지향이나 사해의 밖, 먼지와 때가 가득한 진구(塵垢)의 밖은 모두 순수하게 정신적인 영역으로 현실세계와는 동떨어진 세계였다.12)

내 생각에 천하를 잘 다스리는 자는 그런 짓을 하지 않는다. 저 백성에게는 공통된 성격(자연적 본성)이 있다, 그것은 베를 짜서 옷을 해 입는다든지 밭을 갈아 식량을 얻는다든지 하는 일이다. 이를 보고 본성을 같이한다고 한다. 개인의 삶이 보장되어 편

---

12) 리우샤오간, 최진석 옮김, 『장자철학』, 소나무, 1997, 422쪽.

애(偏愛)에 따른 집단의 억압이 없으니, 이를 일러 자연스러운 본성에 맡기는 것이라 한다. 그러므로 지극한 덕의 세계에서는 사람들이 거동이 유유자적하며 눈매가 맑고 환하다. 이러한 때에는 산에 길도 없었고 연못에는 배나 다리도 없었다. 만물이 무리를 이루어 살았고, 사는 곳에 경계를 두지 않았다. 새와 짐승은 때 지어 살았고 초목은 마음껏 자랐다. 그래서 새나 짐승을 끈으로 묶어 끌고 다니며 놀 수도 있었고, 새나 까치 둥지로 기어올라 들여다볼 수도 있었다. 그러므로 지극한 덕의 세계에서는 사람들이 새나 짐승과 함께 살고 만물과 함께 어울려 있었다. 어찌 군자나 소인이라는 차별이 있음을 알겠는가? 무지하여 본래의 참모습을 떠나지 아니하였고, 아무 욕망도 없어 그야말로 소박하기 그지없었다. 소박하였으므로 백성의 자연스러운 본성도 온전하였던 것이다. (『장자』「추수」)

남쪽 멀리 월 땅에 한 고을이 있었다. 그 나라 이름은 '건덕지국(建德之國)'이었다. 그곳 백성은 어리석고 소박하였으며, 사사로운 욕망도 거의 품지 않았다. 일할 줄만 알았지 물건을 저장할 줄 몰랐고, 남에게 무엇을 주고도 보답을 바라지 않았다. 무엇이 의에 들어맞는지 알지도 못했으며, 어떻게 예를 지키는지도 몰랐다. 멋대로 무심히 행동하면서도 위대한 자연의 도를 실천하고 있었다. 삶은 즐겁기만 하였고, 죽으면 편안히 묻혔다. (『장자』「산목」)

자연 그대로의 나무토막을 손상하지 않았는데, 누가 술동이를 만들겠는가? 천연의 백옥이 손상되지 않았는데, 누가 그 옥을 깎아 그릇을 만들겠는가? 마찬가지로 참된 도덕이 없어지지 않았는데, 어찌 인의(仁義)를 택하겠는가? 본래 인간의 자연 그대로의 성정이 흩어지지 않고 완전한 때라면 어찌 예악을 필요로 하겠는가? 오색이 문란하지 않은데, 어느 누가 오색을 이용하여 무늬를 만들겠는가? 오성이 어지럽지 않은데, 누가 육율(六律) 가락에 맞춰 연주하겠는가? (『장자』「마제」)

장자 사상을 따르는 학파 가운데 무군파는 허구적인 정신의 왕국이 아니라 현실세계 안에서 천성이 가장 잘 보존된 세상, 즉 지극한 덕이 실현된 세계를 꿈의 세계로 동경했다. 군자와 소인의 구분, 즉 높고 낮음, 귀하고 천함의 구별이 없고, 통치자와 피통치자의 대립이 없는 것은 소박한 평등사회다.13) 이와 같은 사회가 실현될 때, 사람들의 순박하고 자유로운 본성이 자연스럽게 발현될 수 있다.

---

13) 같은 책, 424쪽.

『노자』, 『장자』 더 읽기

■ 자연스러움과 욕망

쥐고 있으면서 더 채우려는 것은 그만두느니만 못하고, 다듬어 뾰족하게 하면 오래 보존할 수 없다. 금과 옥이 집에 가득하면 아무도 지킬 수 없네. 부귀하되 교만하면 스스로 허물을 남기게 되니, 공을 이루면 물러나는 것이 자연의 이치네. (『노자』 9)

화려한 색깔은 사람의 눈을 멀게 한다. 현란한 음악은 사람의 귀를 먹게 한다. 지나치게 맛이 강한 음식은 사람의 입맛을 상하게 한다. 격렬한 운동은 사람의 정신을 미치게 만든다. 얻기 어려운 재화는 사람의 행위를 비뚤어지게 한다. 이런 까닭에 성인은 배에 힘쓰고 눈에 힘쓰지 않았다. 그러므로 저것을 버리고 이것을 취하였다. (『노자』 12)

'말 없는 말, 말하지 않는 말함'이 자연이다. 그러므로 회오리바람은 아침 한나절을 불지 못한다. 소나기는 하루 종일 내리지 못한다. 누가 이것을 아는가? 하늘과 땅이다. 하늘과 땅도 오히려 오래 계속하지 못하거늘 하물며 사람이야. 그러므로 도를 따르는 사람은 도와 동화되고 덕을 지닌 사람은 덕과 동화된다. (도와 덕을) 잃어버린 자는 잃음과 같아진다. 도와 하나가 되면 도도 기꺼이 받아들이고 덕과 같아지면 덕도 기꺼이 받아들이며 (도와 덕을) 잃어버리면 잃어버린 상태도 되어버리니, 믿음직스럽지 못하므로 불신이 있다. (『노자』 23)

발꿈치를 들고 서 있는 자는 오래 서 있을 수 없고, 가랑이를 벌리고 걷는 자는 오래 걸을 수 없다. 스스로 드러내는 자는 밝지 아니하고, 스스로 뽐내는 자는 공이 없고, 스스로 자만하는 자는 으뜸이 될 수 없다. 이것들은 도에 있어서는 찌꺼기 음식이요 군더더기 행동이라 한다. 만물은 이런 것을 혐오한다. 그러므로 도를 체득한 자는 (이런 것에) 처하지 않는다. (『노자』 24)

근심은 만족할 줄 모르는 것보다 큰 것이 없고, 허물은 얻으려고 욕심내는 것보다 큰 것이 없다. 그러므로 만족할 줄 아는 만족이 영원한[지속적인] 만족이다. (『노자』 58)

나에게는 세 가지 보물이 있으니 첫째는 인자함이요, 둘째는 검소함이요, 셋째는 감히 천하 앞에 나서지 않는 것이다. 인자하기 때문에 용감할 수 있고, 검소하므로 넉넉할 수 있고, 감히 천하에 앞서지 않으므로 만인의 지도자가 될 수 있다. 이제 인자함을 버리고 용감해지려 하고, 검소하지 않으면서 헤프고, 물러섬 없이 앞장서려고만 하니, 결국 (제 몸을) 망칠 것이로다. 인자함으로 싸우면 승리하고, 인자함으로 지키면 견고하니, 하늘이 장차 그를 구원하는 것은 인자함으로써 지키기 때문이다. (『노자』 67)

사람이 태어날 때는 부드럽고 약하지만 죽은 다음에는 굳고 강해진다. 세상 모든 사물과 풀과 나무도 살아 있을 때는 부드럽지만 죽고 나면 딱딱하게 변한다. 그러므로 굳고 딱딱한 것은 죽음의 범주에 해당하고, 유연하고 부드러운 것은 삶의 범주에 해당한다. 이러한 현상을 참조할 때 군대가 강하면 패하고, 나무 또한 강하면 부러질 것이다. 강하고 큰 것은 아래에 위치하고, 부드럽고 약한 것은 위에 머문다. (『노자』 76)

■ 도

도는 비어서 쓰니 혹은 차지 않은 듯하고, 깊은 연못과도 같구나! 만물의 본원인 듯하네. 그 날카로움을 무디게 하고, 그 얽힘을 풀며, 그 드러나는 빛을 감추고, 세상[더러움]과 하나가 되네. 그윽하기도 하구나! 혹 존재하는 듯하네. 나는 그것이 누구의 자식인지 모르겠네. 아마도 하느님[象帝]보다 앞서 존재한 듯하네. (『노자』 4)

하늘과 땅은 어질지 못하여 만물을 짚으로 만든 개처럼 여기고, 성인은 어질지 못하여 백성을 짚으로 만든 개처럼 여긴다. 하늘과 땅 사이는 마치 (대장간의) 풀무와도 같아서, 텅 비어 다함이 없고 움직이면 더욱 (만물이) 쏟아져 나온다. 말이 많으면 자주 막히니 빈 것을 지키는 것만 못하다. (『노자』 5)

잘 운행하는 사람[요즘으로 말하자면 운전 잘하는 사람]은 수레바퀴의 자국을 남기지 않고, 훌륭한 말에는 흠잡고 꾸짖을 데가 없고, 셈을 잘하는 사람은 산가지를 쓰지 않고, 잘 잠그는 사람은 빗장을 지르지 않아도 열지 못하고, 잘 묶는 사람은 줄로 묶지 않아도 풀지 못한다. 이런 까닭에 성인은 항상 사람을 잘 구제하므로 버려지는 사람이 없고, 항상 물건을 잘 건지므로 버려지는 물건이 없게 된다. 이것을 일러 밝음이 뻗어 나간다고 말한다. 그러므로 선한 사람은 선하지 않은 사람의 스승이 되고, 선하지 않은 사람은 선한 사람의 도움이 된다. 그 스승을 귀하게 여기지 않고 그 도움을 사랑하지 않는다면, 비록 지혜가 있을지라도 크게 미혹된다. 이것을 일러 현묘한 진리라 말한다. (『노자』 27)

하늘의 도는 다투지 않으면서 잘 이기고, 말없이도 잘 응하고, 부르지 않아도 스스로 찾아오며, 너그러우면서도 잘 꾀하니, 하늘의 그물은 넓고 넓어 성긴 듯하지만 놓치는 것이 없다. (『노자』 73)

■ 물의 비유

큰 도는 흘러넘치는 물처럼 왼쪽에도 오른쪽에도 두루 퍼진다. 만물이 이를 의지하여 생겨나지만 사양하지 않고, 공을 이루되 명성을 소유하려 하지 않고, 만물을 감싸고 양육하되 주인이 되지 않는다. 항상 욕심이 없어 작은 것이라 이름 할 수 있고, 만물이 그에게로 돌아가되 주인이 되지 않으니 큰 것이라고 이름 할 만하다. 끝내 스스로를 크다고 여기지 않기 때문에 큰 것을 이루어낼 수 있다. (『노자』 34)

최고의 선은 물과 같다. 물이 선함은 만물을 이롭게 하지만 다투지 않고, 모든 사람이 싫어하는 곳에 거처하는 것이다. 그래서 물은 도와 가깝다. 땅처럼 낮은 곳에 머물고 마음은 연못처럼 고요하며, 더불어 사귐에 아주 인자하고, 말이 매우 믿음직하고, 발라서 잘 다스리고, 일함에 매우 능숙하고 움직임이 때를 잘 맞춘다. 오직 다투지 않으므로 허물이 없다. (『노자』 8)

강과 바다가 수많은 계곡을 다스릴 수 있는 까닭은 강과 바다가 계곡물보다 낮은 곳에 위치하기 때문이다. 이 점이 강과 바다가 수많은 계곡물을 지배하여 왕이 될 수 있는 이유다. 이것은 백성들 위에 군림하고 싶은 성인이 항상 말을 겸손하게 하여 자신을 낮추는 이유이기도 하다. (『노자』 66)

■ 조화로운 덕과 비움

공이 물었다. "무엇을 일러 재주가 온전하다고 합니까?" 공자가 대답했다. "삶과 죽음, 존속과 멸망, 곤궁과 영달, 가난과 부유, 어진 자와 어리석은 자, 명예와 오욕, 배고프고 목마르고, 춥고 더운 것, 이것들은 사물의 변화요, 천명의 운행입니다. 밤낮으로 우리 눈앞에서 갈마들지만 인간의 지혜로는 그 비롯됨을 규제할 수 없습니다. 그러므로 이것으로 화평을 어지럽힐 수 없고, 영혼에 들어갈 수도 없습니다. 화평하고 즐거운 기운을 소통하게 하여 기쁜 마음을 잃지 않고 밤낮으로 틈이 벌어지지 않도록 하면 만물과 더불어 화평한 봄이 됩니다. 이것이야말로 생명의 시간을 마음에 모이도록 하는 것입니다. 이것을 재주를 온전히 한다고 하는 것입니다." (『장자』「덕충부」)

공자가 대답했다. "삶과 죽음 또한 큰일이다. 그러나 그것 때문에 변하지 않으며 비록 하늘과 땅이 뒤집혀 떨어져도 그로 인해 마음을 잃지 않는다. 살핌에 거짓이 없으니 사물 때문에 변하지 않으며, 천명인 자연에 따라 변화하지만 그 근본을 지킨다." 상계가 물었다. "무엇을 이르는 말씀입니까?" 공자가 대답했다. "다른 점에서 보면 간과 쓸개는 초나라와 월나라만큼 다르지만 같은 점에서 보면 만물은 모두 하나다. 무릇 그런 사람은 귀와 눈이 좋아하는 것을 생각하지 않고 덕이 조화로운 곳에 마음을 노닐게 하며 사물을 일체로 보고 그 득실을 보지 않는다. 그러므로 다리를 잃었어도 몸에 묻은 흙을 털어버린 것처럼 생각한다." (『장자』「덕충부」)

세상에서 흔히 말하는 지자(知者)란 큰 도둑을 위해 (물건을) 모아

두는 자가 아니겠느냐? 이른바 성인이란 큰 도둑을 위해 (물건을) 지키는 자가 아니겠느냐? 어째서 그런 줄 아는가? 옛날 용봉은 참살되고 비간은 가슴이 찢겼으며 장홍은 창자가 갈렸고 자서는 송장이 (양자강에서) 썩혔다. 그러니 네 명의 현자조차도 그 몸이 사좌를 면치 못했다. 그러므로 도척의 부하가 그에게 물었다. "도둑질에도 도가 있습니까?" 도척이 대답했다. "어디서나 도 없는 곳이 있겠느냐? 방 안에 무엇이 있는지 잘 알아맞히면 성(聖)이고, 스며들 때 선두에 서는 게 용(勇)이다. 나올 때 맨 뒤에 있으면 의(義)이고, 될지안 될지를 아는 게 지(知)이며, 분배를 공평하게 함이 인(仁)이다. 이 다섯 가지가 갖추어지지 않은 채 큰 도둑이 된 자란 이 세상에 아직 없다." 이 말로 미루어 보아, 선한 사람도 성인의 도를 얻지못하면 (선하다는 점을) 내세울 수 없게 되듯이, 도척도 성인의 도를얻지 못하면 아무 행동도 할 수 없게 된다. 세상에 선한 사람은 적고선하지 못한 사람이 많으므로, 곧 성인이 세상에 베푸는 이득은 적고 해가 많게 된다. 그러므로 "입술이 없어지면 이가 시리고 노나라의 술이 멀개지면 한단이 포위된다. (마찬가지로) 성인이 생겨나면 큰 도둑이 일어난다"는 속담이 있다. (그러니) 성인을 치고 도둑을해방시켜 줄 때 비로소 세상이 다스려진다. 무릇 강이 마르면 골짜기가 텅 비고 언덕이 평평해지면 못(의 물)이 가득 찬다. (마찬가지로) 성인이 죽으면 큰 도둑이 일어나지 못하게 되고, 세상이 평화롭고 무사하게 되리라. (그러나) 성인이 죽지 않으면 큰 도둑이 없어지지 않는다. 비록 성인을 존중하고 세상을 다스린다 해도 결국 그것은 도척 같은 인간을 존중하고 이롭게 하는 셈이 된다. (『장자』「거협」)

임금이 말했다. "그 건덕(建德)의 나라란 길은 멀고 험한데 또 강과

산이 (겹겹으로) 있소. 내게는 배도 수레도 없으니 어쩌면 좋겠소?"
시남자가 대답했다. "임금께서는 높은 지위를 믿는 오만함을 버리고
욕망에 사로잡히지 않는 태도를 수레로 삼으십시오." 임금이 말했
다. "그 나라는 길이 아득히 멀고 아는 사람도 없소. 나는 누구와
길동무를 해야겠소? 내겐 식량도 없고 먹지도 못할 테니 어디까지
갈 수 있겠소?" 시남자가 대답했다. "임금님의 경비를 줄이고 욕망
을 적게 하면 비록 식량이 없어도 충분할 것입니다. 임금께서 장강
을 건너 바다에 (배를 타고) 떠 있게 되면 바라보아도 바닷가가 보
이지 않고 가도 가도 끝을 알 수 없을 것입니다. 임금님을 전송하는
사람들이 모두 바닷가에서 돌아가면 임금께선 이때부터 (초연히 속
세와) 동떨어져 (자유의 경지에) 있게 됩니다. 그러니 사람을 지배하
여 나라를 지니는 자에겐 나라를 지니는 번거로움이 있고 백성에게
촉망받는 자에겐 백성의 괴로움이 있습니다. 그래서 요임금은 백성
을 지배하지 않고 백성에게 존경받으려 하지도 않았습니다. 저는 임
금께서도 그런 번거로움과 근심을 없애고 홀로 도와 벗이 된 채 (허
무의 경지인) 대막(大莫)의 나라에서 놀기를 바랍니다. (가령) 배로
강을 건널 때 (그 한쪽이) 빈 배인데 자기 배에게 와 부딪쳤다면 아
무리 성급한 사람이라도 화를 내지는 않을 것입니다. 그러나 그 배
에 한 사람이라도 누가 타고 있다면 소리쳐 그 배를 피하거나 물러
가라고 할 것입니다. 한 번 소리쳐 듣지 못해서 다시 소리쳐도 듣지
못해 결국 세 번째 소리치게 되면 반드시 욕설이 따르기 마련입니
다. 아까는 화를 내지 않았는데 이번에는 화를 내는 것은 아까는 빈
배였고 지금은 사람이 타고 있기 때문입니다. (이처럼) 사람도 스스
로를 텅 비게 하고 세상을 산다면 그 무엇이 그에게 해를 끼칠 수
있겠습니까?" (『장자』 「산목」)

■ 참고문헌

롤랑 바르트, 김희영 옮김, 『텍스트의 즐거움』, 동문선, 2002.
리우샤오간, 최진석 옮김, 『장자철학』, 소나무, 1997.
임철규, 『눈의 역사, 눈의 미학』, 한길사, 2004.
피터 싱어, 정연교 옮김, 『이렇게 살아가도 괜찮은가』, 세종서적, 1996.

8장 한비자
법치가 최선책인가?

1. 문제 제기

한비가 살았던 시기는 온갖 꽃이 일제히 피듯이 수많은 학자들이 자신의 주장과 사상을 펼쳐 학파를 형성하면서 사상적 충만의 시대를 거쳐 결실을 맺던 때였다. 그렇다면 전쟁의 참화 속에서 어그러진 인간 사회의 갈등과 분열, 그리고 고통스러운 삶을 넘어서기 위해 다양한 대안을 제시한 사상가들의 세계관, 인간관에 함축된 공통적인 주장은 무엇이었을까? 당시 사상가와 정치가들은 정치적 주도권을 장악하기 위한 주장의 근거를 모두 주례(周禮)에서 찾았다. 주례는 중국 인문주의의 원천을 이뤘던 주 문화의 전거로서 종법(宗法)과 봉건(封建)이라는 제도적 장치를 매개로 당시의 사회적 삶을 규율하는 규범체계다. 주례를 가장 적극적으로 계승하여 발전시킨 것은 유가였다. 공자는 '확장된 가족으로서 국가', '수렴된 국가로서 가족'이 서로 긴밀하게 연계된 '가국(家國)' 체제를 설정하여, 혈연적 연대의식에 근거한 호혜적 가족 공동체를 관계론적 자아에 근거를 둔 국가 공동체에 그대로 이식하여 작동하는 사회를 구상했다.

그러나 춘추에서 전국에 걸친 '종법-봉건'이라는 분권적 지배체제에서 '군작(軍爵)-군현(郡縣)'에 기반을 둔 중앙집권적 지배체제로의 이행에는 법가의 법치적 사유가 자리하고 있다. 유가적 사유는 자기수양을 통한 공동선의 실현이라는 명제를 통해 도덕적 자기통제를 경유한 왕도정치 실현을 제시하고 있다는 점에서 정치와 통치에 강한 도덕성을 투사하고 있다. 이와 반대로 법가는 철저하게 사회 전체의 효율성 제고라는 측면에서 법과 제도의 체계화를 강조하는 사회공학적 성격을 띠고 있다. 다시 말하면 법가적 사유에서 인간은 자기성찰과 내적 닦음을 통해 자신의 존재론적 의미를 실현해 나가는 질적인 존재가 아니라 어디까지나 국가를 구성하는 요소적 차원에서 양적으로 평가받고 관리되어야 하는 존재일 뿐이다.[1]

이러한 점에서 한비는 이상적인 인간인 성인의 덕치에 기반을 둔 인치를 넘어서 인간의 사적 욕망을 규제하는 법치를 주장한다. 한비의 법치사상은 가족주의에 기초한 유교의 도덕정치를 비판한 가운데서 싹텄기 때문에 사람이 지배하는 사회보다는 법 또는 제도가 지배하는 사회를 선호한다. 프랜시스 후쿠야마는 국가 간 경제적 번영의 차이는 가족 이외의 사회 구성원과 신뢰할 수 있는 인간관계를 창출할 수 있는 문화의 소유 여부에 달려 있다고 주장한다. 이런 관점에서 한국과 중국 등 가족주의에 기반을 둔 유교 국가는 신뢰도가 매우 낮은 사회인 반면, 일본과 독일은 신뢰도가 높은 사회

---

1) 임홍빈 외, 『동서철학에 나타난 공적 합리성 논쟁』, 철학과현실사, 2005, 25쪽.

220

로 평가했다. 후쿠야마는 가족 중심적인 사회일수록 가족 구성원 사이의 유대나 신뢰도는 높을지 모르지만 사회 전체의 신뢰도나 연대의 힘은 떨어진다고 파악한 것이다. 그러나 인치가 사사로운 인간관계나 통치 권력의 주관적 판단에 의존하기 때문에 자의적이고 지속성을 결여한 문제점이 있다는 점을 인정한다 하더라도, 법치만이 좋은 사회를 이루기 위한 최선의 방법이라고 확신할 수 있는가? 인치와 법치는 영원히 평행선을 이루는 것인가? 한비가 주장한 법치의 시선을 통해 다시 인치와 법치의 문제를 살펴보도록 하자.

2. 한비의 생애와 사상

중국 춘추전국시대는 우리에게 흔히 약육강식과 하극상(下剋上)의 시대로 각인되어 있다. 그러나 이러한 혼란의 시대상의 이면에 '제자백가(諸子百家)'로 불리는 수많은 학파들이 사상의 향연을 벌이면서 학문의 전성기를 구가했다는 점도 역사적 사실로 드러난다. 오랜 전란과 혼란의 시기를 마감하고 새로운 통일 시대를 연 사상의 원천은 법가에서 비롯되었다.

법가의 집대성자로 일컬어지는 한비(韓非, B.C. 286?-233)는 전국시대가 저물어가는 시기에 새로운 통일국가 진나라의 통치철학을 제시한 학자로, 한비자(韓非子)로 존칭되기도 한다. 사마천은 『사기』「노자한비열전」에서 한비에 대해 다음과 같이 평가하고 있다.

한비는 한(韓)나라 공자로서 형명(刑名)과 법술(法術)의 학설을 좋아하였으나, 그의 학설의 근본은 황로사상에 있었다. 한비는 선천적으로 말더듬이여서 변론에는 서툴렀으나 저술에는 뛰어났다. 이사(李斯)와 더불어 순경(荀卿)에게서 공부하였는데, 이사는 자기 스스로 한비보다 못하다고 인정하였다.

사마천에 따르면, 한비의 시대의식과 당시 국정에 대한 문제의식은 시의성의 결여와 명분과 실질이 괴리되는 인재 등용의 부적절성에 있었으며, 이런 맥락에서 한비는 유학자에 대해서도 비판적 시각을 지니고 있었다.

한비는 한나라가 날로 쇠미해짐을 보고 여러 차례 글을 올려 한왕(韓王)에게 간언하였으나 한왕은 그의 의견을 채택하지 않았다. 한비는 한왕이 나라를 다스림에 법제를 정비하고 권세를 장악하여 신하를 통제하며 부국강병하게 하고 어진 인재를 등용하는 데에 힘쓰지 않을 뿐만 아니라, 도리어 실속 없는 소인배들을 등용시켜 그들을 실질적인 공로자 윗자리에 앉히는 것을 통탄하였다. 한비는 또 유학자는 경전으로 나라의 법도를 어지럽히고, 협사(俠士)는 무력으로 나라의 금령을 범하고 있다고 하였다. 그런데 군주는 나라가 태평할 때는 명성을 누리는 유학자나 유사들을 총애하고 나라가 위급할 때는 갑옷을 입고 투구를 쓴 무사를 등용하였다. 따라서 지금 나라에서 녹을 주어 기른 자는 위급할 때에 쓰일 자가 아니고 위급할 때 쓰이는 자는 평소 녹을 주어 기르던 자가 아니라고 생각하였다. 그래서 한비는 청렴하고 강직한 사람들이 사악한 권신들에 의해서 배척당하는 것을 슬퍼하며, 예전 정치의 성패와 득실의 변천을 관찰하여 「고분(孤憤)」, 「오두(五蠹)」, 「내외저(內外儲)」, 「세림(說林)」, 「세난(說難)」 편 등 10여만 자의 글을 저술하였다.

222

한비자 (출처: 구글 이미지)　　　전국시대 지도 (출처: 구글 이미지)

한비가 바라본 현실은 참담했다. 임금은 제도와 정책을 통한 통치 의지도 없었고, 권력으로 여러 관료들을 통제할 능력도 없었다. 그러니 현명하고 올곧은 인물을 등용하기보다는 입속의 혀처럼 달콤한 악마의 언어로 임금의 눈과 귀를 막는 간신들과 실속 없는 자들을 중용하여 나라는 쇠락과 좌초의 한길로 향하고 있었다. 반드시 키우고 자라게 해야 할 것은 쓸모가 없게 되고, 반드시 필요한 것이 육성되지 못하는 비극적인 현실이었다. 한비에게는 글을 써서 현실을 비판하고 건강하고 새로운 정치의 비전을 제시하는 일만이 자신에게 남겨진 역사적 책무였다.

기원전 233년 한비와 진왕(秦王)이 만났다. 그리고 그해 한비는 죽임을 당하고, 이로부터 12년 뒤 기원전 221년 진왕은 전국을 통일하고 진시황(秦始皇)에 등극한다. 한비와 진왕의 만남은 진왕의 간절한 의지가 작용했기 때문이었다. 두 사람이 만나기 전, 어떤 사람이 진나라에 한비의 저서 몇 권을 지니고 들어갔고, 이때 한비가 쓴 「고분(孤憤)」, 「오두(五蠹)」2)를 읽은 진왕은 "아! 과인이 이 글을 쓴 이를 만나 사귈 수 있다면 죽어도 여한이 없을 것이다"라고 감탄했다.

진왕이 한비에 대해 호의를 가지고 있을 때, 한비는 한나라를 치는 대신 조(趙)나라를 공격해야 한다고 진언했다. 한비의 주장에는 세 가지 의도가 담겨 있었다. 첫째, 한나라는 30년 넘게 진나라를 섬겨왔는데 그 신뢰를 무시하고 한나라를 공격한다면 다른 여러 나라들에게 위기감을 갖게 할 것이다. 이렇게 되면 제후국들은 진나라에 대항하기 위해 연합할 것이고, 이는 진나라가 통일대업을 이루는 데 큰 장애가 될 것이다. 둘째, 한나라는 작은 나라이지만 수비가 견고하여 쉽게 멸망시키기 어렵다. 따라서 진나라는 많은 국력을 낭비하게 될 것이고 제나라와 조나라 등에게 기회를 제공할 수 있다. 셋째, 제나라와 조나라를 공격하여 평정하면 한나라는 자연스럽게 진나라에 복속될 것이다. 한비의 건의는 겉으로는 진나라의 통일전략을 내세웠지만, 마음속으로 한나라를 존속시키려는 의도가 숨어 있었다.

당시 진왕의 책사로는 이사(李斯, B.C. 284-208)가 있었다. 이사는 순자(荀子, B.C. 316-237) 밑에서 한비와 함께 동문수학하던 친구였다. 이사를 통해 자신이 감명 깊게 읽었던 글이 한비가 지었다는 것을 안 진왕은 곧 한나라를 치라고 명령했다. 전쟁을 마다하지 않는 만남, 진왕과 한비의 만남은 이토록 극적이었다. 그러나 진왕

---

2) '오두(五蠹)'는 한비가 살던 시대의 사회역사관을 반영한다. 한비는 역사란 부단히 변화하고 진보하는 것으로 "세상은 끊임없이 변화하기 때문에 모든 일은 그 변화에 맞추어 준비해야 한다"고 주장했다. 그는 "학자, 담론가, 칼을 찬 자, 병든 자(병역을 기피한 자), 상공업자" 등을 척결해야 할 다섯 마리의 좀벌레로 비유했다.

의 옆에는 최측근 이사와 요고(姚賈)가 있었다. 한비의 등장은 그들에게 자신의 존재 근거와 관련하여 긴장과 고민을 안겨줬다. 특히 한비와 같이 공부하면서 한비의 명석하고 출중한 능력을 익히 알고 있었던 이사는 자신이 2인자로 밀려날지도 모른다는 강박관념에 시달렸다. 이사는 한비의 건의에 당연히 반대했다. 이들은 한비가 영원히 화근이 될 것이라는 점을 직감했고, 한비를 시기하여 이렇게 비방했다.

한비는 한나라의 공자 가운데 한 사람입니다. 지금 임금께서는 다른 여섯 제후국을 병합하려 하는데, 한비는 끝내는 한나라를 위하지 진나라를 위하지는 않을 것이니, 이것은 사람이 본래 지닌 감정입니다. 지금 임금께서 그를 등용하지 않으시면서 오래 붙잡아두다가 그를 돌려보내신다면 이는 스스로 후환을 남기는 일이오니, 차라리 그의 잘못을 잡아내어 법대로 처형하는 것이 좋을 것입니다.

진왕은 이들의 말에 현혹되어 한비를 형리에게 넘겨 처리하도록 하였다. 이사는 사람을 시켜 한비에게 사약을 보내 자살하도록 하였다. 한비는 직접 진왕을 만나 자신의 생각을 진언하고자 하였으나 만남의 모든 통로는 닫혀 있었다. 나중에 진왕은 이를 후회하고 한비를 사면하려 했으나, 한비는 이미 이 세상 사람이 아니었다. 사마천은 이를 두고 "신자, 한자는 모두 책을 저술하여 후세에 전하니, 이를 배우는 자가 많이 있다. 나는 다만 한비가 「세난」 편을 저술하고도 자신은 화를 벗어나지 못한 것이 슬플 따름이다"라고 한탄했다.

3. 인치와 덕치를 넘어 법치로

공자와 맹자를 중심으로 하는 유교는 윤리적으로 완성된 존재인 성인 군주의 도덕정치를 근본으로 한다. 공자와 맹자에 있어서 법은 군자가 따라야 할 표준이나 규범적 패턴들을 의미한다. 잘 알려진 것처럼 맹자는 "도덕적인 선만 좇아서는 나라를 다스릴 수 없고, 법만 가지고는 법(행위에 관한 규범과 예를 포함하는 넓은 의미의 법)이 실행될 수 없다"고 단언했다. 여기서 형법은 군주의 덕이 부족한 곳에서는 실행될 수 없는 법의 하위 범주로 암시되고 있다.3) 형법뿐만 아니라 모든 제도가 인간의 삶을 강제하는 도구로 작동하는 법가의 출현으로 법이 지니는 내포 중에서 강제적인 의미가 더욱 강화되는 것은 필연적이었다.

전국시대의 역사는 두 가지 상반된 의미 — 약육강식, 적자생존의 자연의 논리가 지배하는 혼돈과 전쟁의 소용돌이 혹은 이전 가국체제(家國體制)의 근본을 이루었던 종법제도(宗法制度)가 해체되면서 구시대가 저물고 새로운 변화를 도모하던 시기 — 로 다가온다.4) 어둠이 밝음을 잉태하듯이 혼란은 항상 변화를 수반한다. 새로운 시대를 지향하는 서민들의 갈망은 지배체제와 삶의 환경에도 큰 영향을 끼쳤다. 생산과 교환이 증대되면서 겉으로 드러나는 전쟁의 와중에서도 삶의 지형은 더욱 풍요로워지고 발전되었다. 법가의 이념에 기반을 둔 신흥 지주계급이 표적으로 삼은 것은 구체

---

3) 벤자민 슈월츠, 나성 옮김, 『중국 고대 사상의 세계』, 살림, 1996, 445쪽.
4) 한국 자본주의에서 재벌의 가족경영이 봉건시대의 가국체제와 유사한 '가산체제(家産體制)'라는 점을 감안한다면, 우리는 여전히 전근대사회의 유산을 아무런 반성 없이 답습하고 있는 셈이다.

제의 고착된 질서체계였다. 토지 국유를 전제로 한 정전제(井田制), 가족주의와 국가주의가 결합된 종법제도가 붕괴되면서 많은 귀족들이 몰락하였다. 극심한 사회변동의 흐름 속에서 일부 서민들이 새롭게 사회 주도세력을 형성하면서 신흥 지주계급으로 등장했다. 법가는 일부 신흥 지추계층의 이익을 대변하는 통치 이데올로기로 작용했다. 인치와 왕도를 지향하는 유가는 근본적으로 "지배계층은 형벌로 다스리지 않고, 일반 서민에게는 예를 적용하지 않는다"는 차별적 통치 방식을 채택했다. 등급이 엄격하게 차등화된 위계사회에서 법 앞에 모든 사람이 평등해야 한다는 주장은 진부한 것이었다. 법가의 이념에 기반을 둔 신흥 지주계급이 표적으로 삼은 것은 구체제의 고착된 질서체계였다.

한비의 관점에서 유가의 인정(仁政)을 빙자한 인치(人治)는 통치자와 피통치자의 관계를 제도가 아닌 사람 관계를 중심으로 규율한 것이다. 따라서 법의 적용에도 신분에 따라 엄격한 차등이 존재할 수밖에 없었다. 이들이 목표로 하는 대동사회도 절대적으로 신뢰할 수 있는 인간이 존재해야만 이루어질 수 있는 이상사회였다. 반면 법의 평등성을 강조하는 한비는 이해관계가 인간을 매개하는 고리라고 생각했다. 모든 인간은 자신을 위주로 하는 마음을 갖고 있다. 따라서 사람과 사람 사이의 관계는 서로 자신에게 유리한 것을 계산하는 마음, 즉 '이익을 좋아하고 해가 되는 것을 싫어하는' 타산적 합리성이 전제된 적나라한 이해관계의 토대 위에서 행해진다.

한비는 부모의 자애로움과 자식의 효성이 상호 인정되고, 형의 우애와 아우의 공경심이 서로 존중되는 부자, 형제 관계도 이해관계가 지배한다고 주장한다. 부모가 자식을 낳을 때도 아들을 낳으면 기뻐하고 축하하지만 딸을 낳으면 서운해하고 심지어 몰래 버리는 경우도 있다. 왜 아들은 모두 반기며 좋아하고 딸은 심지어 그 생명을 지우려 하는가? 한비는 모든 이유가 마음속에 자신들의 이익을 취하려는 이해관계를 둘러싼 타산적 합리성이 작동하기 때문이라고 주장한다. 형제간의 관계도 마찬가지로 결국은 이해관계에 따라 규정된다. "봄철의 춘궁기에 굶주리고 있는 자신의 동생들이 찾아와도 그들에게 먹을 것을 나누어 주는 데 인색하면서도, 곡식의 여유가 있으면 먼 곳에서 온 소원한 자라도 손님들을 불러 음식을 나누었다. 이 또한 멀고 가까운 관계, 즉 형제나 손님의 관계나 음식의 여유로움이 문제가 아니라 함께 식사하는 것이 자신에 유리한지 불리한지를 따지는 이기적인 속셈"에서 비롯된다는 것이다.

한비는 이러한 인간관을 정치 현실에 그대로 적용했다. 사람의 근본적인 걱정은 타인을 믿는 데서 비롯된다. "군주가 신하를 보살피면 신하는 임금을 섬기는 법이다. 군주와 신하의 교제는 이처럼 계산된 것이다." 따라서 군주에게 유리하지만 자신들에게 해가 되는 것에 대해 신하들은 관심이 없고, 신하들에게 유리하지만 군주에게 불리한 것은 군주가 허락할 수 없는 것이다. 이처럼 군주와 신하의 관계는 상호 이익에 따라 유동적이다. 인간의 이기성을 전제하면 도덕적 존재로서 인간은 부정되고, 도덕의 사회적 가치나 의미도 폄하되기 마련이다. 결국 나라를 다스리는 것은 덕에 있는 것이 아니라 법에 있다. 따라서 한비는 법과 제도에 따라 군주와 신하의 관계를 규율함으로써 개개인의 사사로운 이기성이 개입할 여지를 없애는 것이 중요하다고 생각했다.

결국 한비자의 법치는 "법은 신분이 귀한 자에게 아부하지 않는다"는 평등한 법 적용과 중형주의(重刑主義)에 바탕을 둔 엄정한 법 집행으로 귀결된다.

법은 귀한 자에게 아부하지 않고, 먹줄은 굽은 모양에 따라 구부려 사용하지 않습니다. 법이 제재를 가하면 지혜로운 사람도 변명할 수 없으며, 용맹스러운 사람도 감히 다투지 못합니다. 잘못을 범함에 있어 대신이라도 피할 수 없으며, 착한 행동을 상 주는 데 있어 필부(匹夫)라도 빠뜨릴 수 없습니다. 그렇게 해야 윗자리에 있는 자의 잘못을 바로잡을 수 있고 아랫사람의 사악함을 꾸짖을 수 있으며, 어지러운 것을 다스리고 그릇된 것을 해결할 수 있습니다. (『한비자』「유도」)

그렇다면 법과 형벌은 왜 필요한 것인가? 한비에 따르면 법의 효용은 백성의 잘못된 행위를 규제하고 백성의 사고와 옳고 그름의 기준을 단일한 규범으로 통일시키는 데 있다. 형벌은 "재능이 있어도 권세가 없다면 현명하더라도 어리석은 자를 제어할 수 없다"(『한비자』「공명」)는 관점에서, 권세를 지닌 군주가 상과 벌로 장려의 정치와 공포의 정치를 행하는 중요한 지렛대이다. 즉 형벌은 관리를 격려하거나 백성들에게 위엄을 드러내 보이고 사람들이 일상의 삶에서 행하는 음란과 나태, 거짓과 속임수를 그치게 하여 행위를 강제하거나 금지하는 기능을 한다(『한비자』「유도」). 그런데 여기서 더욱 중요한 것은 법은 공공성과 공정성의 토대 위에서 분명하게 적용되어야 하고 형벌은 엄중하게 집행되어야 한다는 것이다. 군주와 신하를 구분하는 기준도 바로 여기서 비롯된다.

앞에서 지적했듯이, 현대의 법치적 관점에서 한비의 법치사상이 지니는 한계는 법을 제정하는 주체의 문제에 있다. 한비는 '세상이 변하면 모든 것이 변한다'는 변고(變故)와 변법(變法)의 역사관, 발전사관의 관점에서 영원히 강성하거나 허약한 나라는 있을 수 없다고 말한다. 그리고 한 국가가 떠오르거나 가라앉는 원인도 법을 만드는 주체가 힘이 있느냐 없느냐 하는 문제로 귀결된다는 것이다. 이에 따르면, 한 국가가 쇠락의 길로 떨어지는 것은 군주의 힘이 약해지고 신하와 관리들이 법의 테두리를 벗어나 군림하면서 사리사욕에 빠지기 때문이다. 한비는 이러한 현실을 섶을 지고 불을 끄러 들어가는 모습[負薪救火]으로 비유했다(『한비자』「유도」).

현명한 군주는 신하나 관리가 함부로 권위를 사용하도록 방치해서는 안 되고, 사회질서와 백성들의 행위를 규제할 수 있는 통제권도 신하가 공표하도록 맡겨둬서는 안 된다. 왜냐하면 법이 신의를 잃으면 법 제정자, 법 집행자로서 군주의 행동이 위태로워지고, 형벌이 결단력을 잃으면 사악한 행동을 제어할 수 없기 때문이다. 따라서 한비는 사사로이 [법을] 없애려는 마음을 없애고 공적인 법으로 나아가게 하면 백성들은 편안해지고 나라는 잘 다스려질 것이라고 강조하면서, 사태의 추이에 대한 판단력이 뛰어나고 법도의 준칙을 가지고 있는 자를 중용해야 한다고 주장한다. 이러한 전제조건 아래서 법치가 제대로 작동할 수 있다.

뛰어난 목수는 눈대중으로 먹줄을 사용한 것처럼 맞출 수 있지만 반드시 규(規)와 구(矩)를 가지고 재며, 뛰어난 지혜를 가진자는 민첩하게 일을 처리해도 사리에 들어맞지만 반드시 선왕의법도를 귀감으로 삼습니다. 그러므로 먹줄이 곧아야 굽은 나무도곧게 자를 수 있고, 수준기(水準器)가 평평해야 고르지 못한 면도 다듬을 수 있으며, 저울로 무게를 재야 무거우면 덜고 가벼우면 더할 수 있고, 되와 말을 갖춰야 많으면 줄이고 적으면 보탤수 있는 것과 같은 이치입니다. 그러므로 법을 가지고 나라를 다

230

스리면 손을 들었다 내리는 것만큼 수월할 것입니다. (『한비자』
「유도」)

4. 법치와 관계의 리더십

『한비자』의 「세난(說難)」 편은 작게는 공동체, 크게는 국가의 지
도자가 위기의 순간을 무엇으로 어떻게 헤쳐 나가야 하는지를 분명
하게 보여준다. '역린(逆鱗)' 이야기는 그 절정을 이룬다. "용이란
짐승은 잘 길들이면 등에 올라탈 수도 있다. 그러나 그 목줄기 아래
에 한 자쯤 되는 거꾸로 돋아난 비늘이 있다. 만약 사람이 이를 건
드리면 반드시 죽인다. 군주에게도 용과 비슷하게 거꾸로 돋은 비
늘이 있다. 군주의 거꾸로 돋친 비늘을 건드리지 않으면서 군주를
설득할 수 있다면 유세를 잘하는 사람이라 할 수 있다."

　한비는 '말'로 사람을 설득하는 일의 어려움을 분명히 인지하고
있었다. 유세의 어려움은 자신의 지식으로 상대를 설득하는 어려움
에 기인하는 것도 아니요, 자신의 언변으로 자신의 의사를 분명히
밝히지 못하는 데서 연유하는 것도 아니다. 또 자신이 해야 할 말,
하고 싶은 말을 자유분방하게 다 하기 어려운 데 있는 것도 아니다.
유세의 어려움은 모름지기 상대방(즉 군주)의 마음을 잘 알아, 자신
의 말을 거기에 잘 들어맞게 하는 데 있다(『한비자』「세난」).

　그렇다면 한비는 '역린' 이야기를 통해서 무엇을 말하고 싶었을
까? 군주에게 시대의 변혁과 개혁을 역설하고 또 그 개혁의 주체가
되려면 간도 쓸개도 빼놓은 채 군주 입속의 혀처럼 살아야 한단 말
인가? 군주의 비위를 건드리지 않게 매사에 마치 살얼음을 밟듯 조
심조심 살아야 하는 것일까? 여기서 한비의 깊은 속내를 유추해 보

면 "절대군주도 길들일 수 있는 존재이며, 한번 길을 들인 뒤에는 데리고 놀면서 올라탈 수도 있다"는 무엄한 발상이 내포되어 있음을 알 수 있다. 진정한 개혁가가 되려면 천하에 지극히 높고 엄격한 존재이자 힘의 원천인 군주의 등에 올라타는 것은 필연적 운명, 아니 만들어야 할 운명이다. 그러나 결단코 한 가지 절대군주의 마지막 존재 근거인 '역린'을 건드려서는 안 된다. 그것은 곧 죽음이기 때문에, 그리고 그것으로 개혁의 이상은 물거품처럼 흩어지고 말 것이기 때문에.

그렇다면 성공적인 유세는 어떻게 이룰 수 있을까? 유세에서 중요한 것은 상대방이 치켜세우는 것을 미화하고, 상대방이 미워하거나 싫어하는 것을 덮어버릴 줄 아는 것이다. 상대가 자신의 계책을 탁월하게 여긴다면 그의 결점을 들어 궁지로 몰아서는 안 된다. 자신의 결단을 용감한 것이라고 생각하면 반대 의견을 들어 화나게 해서는 안 된다. 자신의 능력을 과시하면 그가 해내기 어려운 일을 들어 눌러서는 안 된다(『한비자』「세난」). 자신의 의지와 계획을 구체적으로 실현하기 위해서 무엇보다 먼저 할 일은 군주의 마음으로부터 우러나오는 절대적인 신임을 얻는 것이다. 이런 점에서 진정한 개혁자에게 요구되는 덕목은 개혁을 향한 일관된 의지와 참을성이다.

유세자는 군주와 같은 일을 획책하고, 군주와 같은 행위를 하는 다른 사람을 칭찬하며, (군주와 같은 비루한 행위를 하는 사람이 있으면) 그 점을 두둔해 주어 해가 될 것이 없다고 해야 하며, 군주와 같은 실수를 범하는 자가 있으면 그에게 잘못이 없음을 명확한 언변으로 덮어주어야 한다. 군주가 유세자의 충심에 대하여 반감을 가지지 않고 언사에 대하여 배척함이 없는 뒤라야 유세자는 그의 지혜와 언변을 마음껏 펼칠 수 있는 것이다. 오랜 시일이 지나서 유세자에 대한 군주의 총애가 깊어지면, 심원(深遠)한 계략이라도 의심받지 않게 되고, 서로 논쟁하여도 죄를 받지 않을 것이니, 유세자는 이해를 명백하게 따져 군주가 공적을 이룰 수 있게 하며, 시비를 직접적으로 지적하여 군주가 언행을 단정히 하도록 한다. 이러한 관계를 서로 유지하게 된다면, 그것은 유세가 성공한 것이다. (『한비자』「세난」)

개혁자의 원대한 포부와 개혁에의 열망도 군주의 의지와 믿음에 달려 있다. 군주의 일시적인 신임에 쉽게 말하고 가볍게 행동하는 것은 개혁의 좌초는 물론 자신의 신상에 위기를 자초할 뿐이다. 개혁을 꿈꾸는 유세자가 섣불리 군주의 믿음에 편승하여 자신을 내세울 때가 바로 유세자의 신상에 위태로움이 다가오는 순간이다. 시대의 개혁자로서 지도자가 되기 위해서는 권력자, 군주의 속내를 정확히 꿰뚫는 혜안이 필요하다. 물론 단순히 군주를 권력을 획득하기 위한 수단으로만 간주해서는 그 마음을 헤아릴 수 없다. 중요한 것은 군주와 개혁의 지향점을 공유하고 시대의 문제의식을 공감할 수 있어야 한다. 진정성을 전제한 소통만이 상대의 속내를 읽는 최선의 방법이다.

상대방이 높은 명성을 얻고자 하는데 유세자가 큰 이익을 얻도록 설득한다면 속된 사람이라고 천시받을 것이니, 그 사람은 등용되지 못하고 배척당할 것이 틀림없다. 그런데 상대방이 큰 이익을 얻고자 하는데 유세자가 높은 명성을 얻도록 설득한다면 몰

상식하고 세상물정에 어둡다고 하여 틀림없이 받아들여지지 않을 것이다. 상대방이 속으로는 큰 이익을 바라면서도 겉으로는 높은 명성을 얻고자 하는 척할 때에 유세자가 높은 명성을 얻도록 설득한다면 겉으로는 유세자를 받아들이는 척하지만 실제로는 그를 멀리할 것이며, 만약 이런 경우에 큰 이익을 얻도록 설득하면 속으로는 유세자의 의견을 채용하면서도 공개적으로는 그를 배척할 것이다. 이런 점을 유세자는 잘 알아두어야 한다. (『한비자』「세난」)

그렇다면 시대의 개혁을 꿈꾸는 유세자는 영원히 권력자의 생각을 고분고분 따르는 부수적 존재인가? 「고분(孤憤)」에서 '고(孤)'는 기득권 세력에 포위되어 고립된 개혁가를 말한다. '분(憤)'은 권력을 사유화하여 모순으로 가득 찬 시대의 어둠을 비호하는 기득권 세력이 군주를 등에 업고 멋대로 정치를 농단함으로써 나라가 존망의 위기로 내몰리는 현실을 목격하면서 의분에 복받치는 개혁가의 심정을 나타낸다. 이는 군주의 귀와 눈을 막고 권력을 독점하여 장악한 중신들이 전횡을 일삼음으로써 지혜롭고 능력 있는 법술지사(法術之士)가 시대개혁의 주변부에 밀려나 있는 현실에 대해 강한 분노를 드러낸 정치비판론이다.

한비에 따르면, '지술지사(智術之士)'는 반드시 멀리 내다보고 사안을 명확하게 꿰뚫어 보며 사사로이 일을 꾸미는 것을 분간해 낼 수 있는 혜안이 있는 사람이고, '능법지사(能法之士)'는 의지가 강하고 굳센 일을 엄정하게 처리할 수 있는 사람이다. 이에 반해 절대 권력의 주변을 장악하여 막강한 권세를 누리는 '중인(重人)'은 군주의 명령 없이 제멋대로 행동하여 일상적으로 법을 어기고, 국가 재정을 자신의 곳간처럼 쉽게 여겨 사사로운 이익을 도모하는 존재다. 사태의 이면을 명철하게 통찰할 수 있다는 점에서, '지술지사'는 중인의 은밀하게 저지르는 불의한 행위를 드러내는 데 적격자다. 또한 간사하고 사악한 무리를 바로잡는 데 무엇보다 엄정한 일처리가 중요하다는 점에서, '능법지사'는 탁월한 능력을 발휘하여 시대의 폐단을 바로잡는 데 적합한 인물이다. 결국 지술지사, 능법지사와 군주의 주변을 장악한 실권자는 공존할 수 없는 적대적 관계에 있다(『한비자』「고분」).

한비가 직접 목격한 바에 따르면, 중신(重臣)들의 반민적, 초법적 행위가 극단에 이르렀음에 불구하고 그들은 여전히 권력의 중심에서 흔들림 없는 권세를 누리고 있었다. 이러한 현실은 새로운 시대에 동행할 수 있는 개혁가와 이를 뒷받침하는 제도의 혁신 없이는 도저히 넘어설 수 없는 견고한 벽이었다. 이는 중신들의 조직화된 권력구조에 기인한 것이기도 하지만, 무엇보다 부정한 권력 집단과 결탁하여 작은 사익에 자족하며 비판정신과 저항의 동력을 저당 잡힌 아류(亞流) 권력의 이기적 지지가 있었기에 가능했다.

개혁가를 자임하는 '법술지사'의 입지는 협소하고 낮았다. "그들이 차지할 지위는 더없이 낮았고, 신분도 천하며 패거리도 고독하였다." 반면, 군주의 주변을 둘러싼 채 교묘한 언술과 잘 꾸민 얼굴빛으로 군주의 눈과 귀를 흐리는 중신들의 힘은 날로 기승을 떨쳤다. 만승(萬乘)의 나라, 즉 큰 나라의 근심거리는 중신들의 권력이 지나치게 크다는 것이고, 천승(千乘)의 나라, 즉 작은 나라의 근심거리는 측근들이 지나친 신임을 받아 권력을 전횡할 가능성이 높다는 것이다.

한비는 신불해와 상앙의 이론이 상호 적대적인 것이 아니라 음식과 의복처럼 상호 보완적이라는 점을 인지했다. 따라서 그는 상앙의 법률에 관한 이론[法], 신불해의 관료주의적 방법과 기술에 관한 이론[術]에 신도의 권위의 위세에 관한 이론[勢]을 흡수하여 집대성함으로써 법가의 정치이론을 완성하였다. 그는 신불해가 추구한 술수정치의 한계를 "술을 추구하나 법을 따르지 않는다"라고 비판했다. 즉 신불해가 한나라 무후를 보좌할 때, 비록 최고 통치자에게 술을 사용하도록 하였으나, 관리들을 대할 때 법을 엄격하게 적용하지 않았기 때문에 한나라가 당대의 패권국이 되지 못했다고 지적한 것이다. 상앙에 대해서는 반대로 "법을 따랐으나 술을 활용하지 못했다"라고 술이 수반되지 않은 법치의 한계를 지적했다. 상앙이 진나라 효공을 섬기고 있을 때, 법치를 시행하여 진나라를 부국강병의 길로 나아가게 했지만, 권력과 술수를 제대로 활용하지 못했기 때문에 임금은 이익을 얻을 수 없었고, 대권을 장악하지 못해 결국 제왕의 통치를 실현하지 못했다는 것이다. 결국 한비의 대안은 법과 술을 동시에 활용하는 통치였다. 따라서 신도의 권세를 통한 통치술을 받아들였다. 한비자의 술(術)은 군주가 지니는 통치의 방법, 신하를 다루는 술책으로 신하의 능력을 정확하게 헤아려 능력에 적합한 직책과 일을 맡기는 것이다. 술은 군주 가까이에서 보좌하는 측근들로 감지할 수 없는 군주의 통치방법으로 공개적인 법과는 달리 은밀하게 실행된다. 따라서 법과 술은 분명한 차이가 있다. 첫째, 법이 밝게 드러내야 하는 공개적인 성질을 지니는 반면, 술은 드러내 보이지 않는 폐쇄적 성격을 띤다. 다시 말하면, 법은 구체적으로 공개되는 규율과 조항이지만, 술은 은밀한 성질을 지닌 정치수단이다. 둘째, 법이 백성들을 다스리는 정치론의 원칙이라면, 술은 군주가 신하를 부리는 통치술이다. 셋째, 법은 누구도 예외 없이 군주를 포함한 모든 구성원이 지켜야 할 원칙이지만, 술은 군주 홀로 굳게 지니거나 지켜야 하는 것이다.

한비자의 법치(法治)와 술치(術治)는 지배계급의 특권을 엄격히 제한한다는 점에서, 군주에게 지술지사, 능법지사, 법술지사 들을 중용해 권력을 독점하여 정치를 농단하는 중인들을 견제해야 한다는 점을 역설했다. 결국 제도는 군주의 권위에 달려 있다. 제도와 법이 지닌 강제력은 위세에서 나온다. 위세가 없다면 군주는 사회 질서를 유지하는 모든 비인격적 법률과 통제적 장치의 궁극적인 원천이 될 수 없다.

5. 공(公)과 사(私)의 문제

한비 사상의 핵심을 한마디로 축약하면 공과 사의 영역 구분으로 표현할 수 있다. "공과 사는 서로 반대된다. 지금 공과 사의 이해가 일치하리라고 생각한다면 이는 사물을 깊이 살피지 못한 데 따른 것이다."(『한비자』「오두」) 한비가 공과 사를 철저하게 갈라서 통치하는 방식은 크게 넷 ― 노자의 도치(道治), 상앙의 법치(法治), 신불해의 술치(術治), 신도의 세치(勢治) ― 으로 구성된다. 전국시대 초기 위나라 대부 이회(李悝, B.C. 455-395)에서 상앙(商鞅, B.C. 390-338)으로 이어지는 법치는 공과 사의 영역을 가르고 변별하는 정치의 절정에 해당한다. 한비가 군주의 권력을 공적인 권력, 신하의 권력을 사적인 권력으로 대비하여 규정한 것은 군주를 백성들의 사람다운 삶을 도모하는 궁극적인 결정자이자 책임자로 자리매김했기 때문이다. 공과 사의 영역이 뒤섞여 무너지는 것은 권력을 독점한 신하가 사사로운 시혜권(施惠權)을 행사함으로써 군주의 통치권을 침해하고 있었기 때문이다.

한비에 있어 공과 사의 의미와 영역 구분을 살펴보기에 앞서, 전
국시대 말에서 후한에 이르는 시기로 한정해서 공과 사의 본래 의
미를 추적해 보자. 한비는 '사(厶 = 私)'를 '자환(自環)', 즉 스스로
에워싼다는 의미로 풀이했는데, 『설문해자』에서는 간사의 의미로
해석하고 있다. 다른 한편 한비는 '공'을 사사로움을 등진다는 의미
로 해석했는데, 이는 에워싼 것을 개방한다는 뜻을 함축한다. 여기
서 여러 사람과 함께한다는 관점에서 '공(共)', 보통 백성들과 더불
어 소통한다는 의미에서 '통(通)'의 의미를 찾을 수 있다. 그러나 공
을 공공의 이익을 추구한다는 관점에서 이해하면, 모든 이익을 사
적인 경계 안으로 수렴하여 홀로 독점하는 '자환'과 상반된 의미로
공평한 분배를 이끌어낼 수 있다. 이는 "많은 데서 덜어내어 적은
데 더해 주고 사물의 많고 적음을 헤아려 공평하게 베푼다"(『주역』
「겸괘」)는 유학의 공평한 베풂과 유사하다.

앞에서 간략하게 제시한 공과 사의 의미와 관련하여 진시황의 경
제적 후견인으로 알려진 여불위는 『여씨춘추』에서 다음과 같이 말
하고 있다.

옛날 성왕이 천하를 다스릴 때에는 반드시 공을 우선했다. 공
으로 하면 천하는 태평해지는 것이니, 태평은 공에서부터 나온다.
… 천하를 얻는 것은 공에서 비롯되며, 천하를 잃는 것은 반드시
치우침에서 비롯된다. 천하는 한 사람의 천하가 아니라 세상 모
든 사람의 천하다. … 단이슬과 때맞은 비는 한 사물에 사사로이
하지 않으며, 만민의 주인은 한 사람에 치우치지 않는다. (『여씨
춘추』「귀공」)

공은 사사로운 치우침에 대비되는 치우침 없이 고름이며, 사의 자환, 간사와 상반된 의미로 보편성과 소통 그리고 공평성, 공정성의 뜻이 담겨 있음을 알 수 있다.

그런데 여기서 제기되어야 할 문제는 사회의 공공성을 실현하는 주체가 누구인가 하는 점이다. 유학에서는 세상은 공공성을 지향한다는 관점에서 천리(天理)와 공공성을 하나로 묶고 백성의 여론을 천심(天心)으로 간주하는 유교적 민본주의가 사회정치사상의 핵심을 이룬다. 따라서 천리와 하나가 되는 공공성, 천리와 민생이 만나는 지점에서 생성되는 공공성을 민본적 공공성 또는 사회적 공공성이라 일컬을 수 있다. 그러나 중요한 점은 공, 즉 공공성의 실현 주체가 절대 권력을 지닌 지배자로서 군주 한 개인의 덕성으로 환원된다는 것이다.

앞에서 여불위가 언급한 공도 마찬가지로 군주 개인의 덕성으로 수렴된다. 한나라의 가의가 "신하가 된 자는 군주를 위해 자신을 잊고, 나라를 위해 집을 잊고, 공을 위해 사를 잊는다"라고 발언한 데서 드러난 것처럼 군주와 신하 사이의 위계가 사적 욕망에 대한 공적 질서의 우선성을 확인하는 근거가 된다.

군주가 법을 세우는 것은 그것이 옳다고 생각하기 때문이다. 오늘날 신하들은 대부분 법을 그르다고 생각하며 간사함을 가지고 지혜롭다고 생각하고, 법을 그르다고 하며 지혜를 세우려고 하는데 이와 같은 것을 금지하는 것이 나라를 다스리는 군주의 도이다. 현명한 군주의 도는 반드시 공적인 것과 사적인 것의 구분을 명확히 하고 법과 제도를 분명히 해서 사사로운 온정을 물리쳐야 한다. 명령은 반드시 실행하고, 금지된 것은 반드시 그치도록 해야 한다. 이것이 군주의 공적인 의리다. (그러나) 반드시 그 사사로움을 행하여 친구들에게 신의를 얻지만 상을 주어 권할 수도 없고 벌을 내려 막을 수도 없는 것이 신하들의 사사로운 의리다. 사사로운 의리가 행해지면 나라가 어지럽게 되지만, 공적인 의리가 행해지면 다스려지므로 공과 사는 구분이 있어야 한다. (『한비자』「식사」)

한비가 군주의 권력을 공적인 권리, 공적 의리로, 신하의 권력을 사적인 권리, 사사로운 의리로 짝지어 대비한 것도 사적 권력의 절대 권력화가 공적 영역의 사유화를 의미하고, 이것이 곧장 군주 권력의 붕괴와 국가의 패란으로 이어지는 사태를 경계했기 때문이다. 역설적으로 군주의 권력을 공공성을 담보하는 근원으로 인정한 것도 군주에게 권력이 집중되는 통치체제에서 공정이나 공평의 실현을 기대했기 때문이다. 역사가 입증하듯이 권력을 독차지한 군주가 가족국가체제의 사유 권력으로 추락할 때, 군주는 백성의 신뢰를 잃은 고독한 한 사람[獨夫]이나 백성을 해치는 도적[民賊]에 지나지 않는다.

일반적으로 공공성은 '공적인 것의 속성'이라는 문자적 의미에서 파생된 것으로 공동체를 유지하고 발전시키는 데 필요한 공동 이익의 범위, 공동체 성원들의 역할과 행동의 규칙, 제도를 가리킨다. 타자의 시각에서 바라보는 능력이 공존의 삶을 위한 전제조건이라면, 공공성은 개인의 행동이 다른 사람들에게 미치는 영향을 이해할 수 있는 능력이나 자신의 입장에서 벗어나 전체를 볼 수 있는 능력으로서 '성숙성'을 의미한다. 공공성을 의미하는 'public'은 정치적 동물, 사회적 동물로서 인간의 개념을 함축하는데, 정치적 동물로서 성숙한 인간은 정치라는 공동체 안에서 공동선을 추구하는 삶을 살아가는 가운데 사람다움을 실현한 수 있다.

하버마스는 공공성을 의사소통의 맥락에서 설명하면서 공공성을 공론장과 연결시킨다. 공론장에서는 모든 관련자들이 합리적 담화의 참여자로서 동의할 수 있는 규범적 규제와 행동방식만 정당성을 주장할 수 있다. 따라서 제도 권력은 의사소통 권력에 복종하여 시민들이 동의하는 한에서만 행사되어야 한다. 이런 맥락에서 한비가 말한 사회적 삶의 결정자로 군주 권력이 공공성을 확보하기 위해서는 공동체 성원의 동의와 지지를 얻어야 한다.

공의휴(公儀休)는 노나라의 재상을 지냈는데, 물고기 먹기를 좋아했다. 그러자 온 나라 사람들이 다투어 물고기를 사서 그에게 바쳤으나 공의휴는 이를 받지 않았다. 그의 제자들이 그에게 물었다. "선생님께서는 물고기 드시기를 좋아하시면서 물고기를 받지 않으시니 왜 그렇습니까?" 공의휴가 대답했다. "물고기 요리를 좋아하기 때문에 바로 그래서 물고기를 선물로 받지 않는 것이다. 만약 내가 물고기를 받는다면 반드시 남에게 자기를 낮추어 대하는 기색을 비치기 마련이다. 남에게 자기를 낮추어 대하면 언젠가는 법을 굽힐 때가 온다. 법을 굽히면 재상 자리에서 면직당하게 된다. 그러면 비록 내가 물고기 먹기를 즐기더라도 그 사람들이 면직당한 내게 다시 물고기를 보내줄 리 없을 것이며, 나 또한 내 봉급으로도 물고기를 구할 수 없게 된다. 만약 사람들이 보내주는 물고기를 받지 않아서 면직되지 않으면, 내가 물고기를 즐기더라도 내가 스스로 오랫동안 물고기를 구할 수 있게 된다." 이는 남에게 기대는 것이 자기 자신을 의지하는 것만 못하다는 도리를 밝힌 것이며, 다른 사람이 나를 위해 주는 것이 내가 스스로 나를 위하는 것만 같지 않다는 이치를 밝힌 것이다. (『한비자』「외저설하」)

공의휴는 물질적 욕구의 '가장자리'를 아는 사람이다. 사람이 사사로운 정에 얽매이면 판단력을 상실하여 공명정대하게 일처리를 할 수 없다. 정치가와 관료에게 가장 중요한 덕목은 무엇일까? 그것은 공(公)과 사(私)의 경계를 정확하게 헤아릴 수 있는 판단 능력일 것이다. 학연, 지연, 혈연 등 연고주의가 삶의 질서를 구성하는 사회는 사적인 연분이 공적인 연대를 좌우하는 가족주의가 확산되어 공적 질서를 흐트러뜨린 것에 지나지 않는다. 따라서 한비자는 한결같이 사적인 감정과 편애가 생길 수 있는 통치 방식을 철저하게 차단하려 한 것이다.

결국 공과 사를 철저하게 가르며 사적 욕망을 공적인 질서체계로 포섭하려는 한비의 법치적 사고는 청렴의 윤리로 귀결된다. 노자는 사익 추구에 매몰된 관리와 국고의 탕진, 그리고 여기에 기인하는 백성들의 일상화된 빈곤과 문화의 황폐화 현상을 지적하였다.

만일 나에게 군건한 지혜가 있다면 큰 길로 가고 오직 베푸는 것을 두려워한다. 큰 길은 매우 평탄하건만 사람들은 지름길을 좋아한다. 조정은 대대적으로 숙청을 하고, 밭은 너무 황폐화되었고, 창고는 텅 비어 있다. 무늬가 화려한 옷을 입고 날카로운 칼을 차고 물리도록 먹고 마시고 재물이 여유가 있으면, 이를 일러 도둑의 사치[豪奢]라고 하니, 도가 아니다. (『노자』 58)

한비자는 이 구절의 해석을 통해 정치권력, 경제권력과 내통하여 사익을 극대화하는 부패한 관리를 '도적의 괴수[盜竽]'라는 한마디로 질타하였다.

조정이 대대적으로 숙청을 했다는 것은 소송이 빈번하다는 것이다. 소송이 빈번하게 일어나면 전답은 황폐해지고, 전답이 황폐해지면 창고가 비게 되며, 창고가 비면 나라가 가난해지고, 나라가 가난하면 백성의 풍속이 음란하고 사치스러워지며, 백성의 풍속이 음란하고 사치스러워지면 입고 먹는 생계가 끊어지게 된다. 입고 먹는 생계가 끊어지면 백성들은 교묘하게 꾸미고 속이지 않을 수 없게 되며, 교묘하게 꾸미고 속이면 겉모습을 치장하는 것만 알게 된다. … 지금 크게 간사한 행동을 하는 자가 있으면 세속의 백성들이 답할 것이고, 세속의 백성들이 답하면 작은 도적이 반드시 답하게 될 것이다. 그래서 말했다. "화려한 무늬가 있는 옷을 입고 예리한 칼을 차고 아주 배부르게 먹고 마시고도 재물이 남은 자", 이를 도적의 괴수[盜竽]라고 한다. (『한비자』 「해로」)

노자는 깨끗하고 맑은 품성과 행실을 지닌 관리가 주변 사람을 대하는 태도를 완곡하게 그리고 있다. "성인은 방정하되 해치지 않고 청렴하되 상처 내지 않고, 곧되 방자하지 않고 빛이 있으되 빛내지 않는다."(『노자』 53) 한비는 노자를 해체론적 관점에서 해석하면서 청렴의 가치를 구성하는 중요한 개념인 방(方), 직(直), 염(廉)에 대해 탁월한 해석을 내놓고 있다. 즉 '방'이란 안과 밖이 서로 호응하고 말과 행동이 서로 부합하는 것이며, '염'이란 살고 죽는 때를 분명히 하여 재물을 가볍게 여기는 것이다. 또한 '직'이란 의론이 공정해서 마음이 한쪽으로 치우치지 않는 것이며, '광'이란 벼슬자리와 작위가 존중되고 귀하며 의복이 거창하고 화려한 것을 말한다. 이러한 논의를 종합하면 다음과 같이 말할 수 있을 것이다. "지나치게 과격한 행동과 각박한 정사와 같은 것은 인정에 맞지 않아 군자가 내치는 바이니 취할 것이 아니며", "자기가 베푼 것은 말도 하지 말고 덕을 주었다는 표정도 짓지 말고 다른 사람에게 이야기도 하지 말 것이다. 또한 전임자의 허물도 말하지 말 것이다. 나의 작은 은혜 베풂을 가지고 다른 사람의 보통 하는 일을 비방하는 것은 예가 아니다."(『한비자』「해로」)

세계 반부패운동을 주도하는 비정부단체인 국제투명성기구가 발표한 '2016년 기준 국가별 부패지수'에 따르면, 한국은 100점 만점에 53점으로 2015년보다 3점이 떨어지면서 국가 순위도 176개 전체 조사 대상국 가운데 52위로 전년도 37위에서 15계단이나 하락했다. 경제협력개발기구(OECD) 35개 회원국 가운데서도 29위로 최하위권에 머물렀다. 2000년 40점으로 48위에 머물다가 2005년 50점으로 40위, 2010년 54점으로 39위, 2015년 56점으로 37위에 올라 점진적인 개선 추세를 보였으나, 2016년 급격하게 악화되었다. 부패지수는 70점은 넘어야 사회가 전반적으로 투명하다는 평가를 받는다. 한국이 얻은 53점은 겨우 절대부패 상태에서 벗어났다는 것을 의미한다. 덴마크와 뉴질랜드가 90점을 얻어 공동으로 국가 청렴도 1위를 차지했고, 핀란드(89점)와 스웨덴(88점)이 3, 4위로 뒤를 이었다. 아시아에서는 싱가포르가 7위(84점)로 가장 순위가 높다. 이어 홍콩 공동 15위(77점), 일본 20위(72점)로 모두 한국보다 높다. 소말리아는 10점으로 세계 최하위의 불명예를 안았다.

북한 역시 174위(12점)로 최하위권이다.

　김일수 교수는 '청렴, 투명성, 부패'라는 주제의 강연에서 최근 부패의 경향성을 다섯 가지로 정리했는데, 다시 정리하면 세 측면으로 요약할 수 있다. 첫째, 뇌물죄의 범죄 주체가 자연인으로서 개인에서 법인과 단체로 확장된 점이다. 둘째, 부패범죄의 주체가 신분론에서 직무론으로 이전되고 있다는 점이다. 종래 공직자 신분을 중심으로 이루어졌던 부패범죄는 오늘날 공사 영역 전반에서 공직 역할을 담당하는 직무 담당자들에게까지 확대되고 있다. 셋째, 부패범죄의 대상이 재물 및 재산상의 이익뿐만 아니라 개인 욕구를 충족시킬 수 있는 각종 유무형의 이벤트나 기회 제공에까지 확대되고 있다는 점이다. 이러한 지적을 받아들인다면 현재 한국 사회에서 부패범죄는 공과 사의 경계를 넘나들면서 광범위하게 확장되고 있는 것이다.

　이런 점은 한비가 계속해서 지적했듯이 공과 사의 경계를 모호하게 만드는 사사로운 욕망의 확장에 기인한다. 따라서 한비의 중형주의와 엄혹한 공포의 정치를 그대로 수용하는 것은 경계해야 하지만, 부패 문제에 초점을 맞춰 '불관용의 원칙'을 강조함으로써 법적 강제에 의한 규제를 천명하는 것은 '공정사회' 실현이라는 점에서 중요하다. 아울러 예로부터 공직자의 최고의 미덕으로 장려되어 온 청렴의 의무, 청렴의 윤리를 사회 전반의 사적 영역으로까지 확장하여 행위윤리의 근본으로 구조화하는 노력이 필요하다.

■ 법과 덕

현명한 군주가 자신의 신하를 통제할 수 있는 근거는 두 개의 칼자루[二柄]뿐이다. 두 개의 칼자루란 형(刑)과 덕(德)이다. 무엇을 형과 덕이라고 하는가? 죽이고 도륙하는 것을 형이라 하고, 치하하여 상을 내리는 것을 덕이라고 한다. 신하 된 자들은 처벌되는 것을 두려워하고 칭찬받고 상 받는 것을 이롭게 여기므로 군주가 직접 그 형과 덕을 관장한다면 신하들은 그 권위를 두려워하여 이로운 쪽으로 돌아갈 것이다.

그러나 세상의 간신들은 그렇지 않으니, 미워하는 자가 있으면 군주로부터 형벌의 권한을 얻어내 죄를 씌우고 좋아하는 자가 있으면 군주에게서 포상의 권한을 얻어내 상을 준다. 오늘날 군주가 이처럼 상벌의 권위와 이익을 스스로 내지 못하고 신하의 말만 듣고서 상벌을 시행한다면, 온 나라의 백성들은 모두 그 신하면 두려워하고 군주를 가볍게 여길 것이며, 백성들의 마음은 군주를 떠나 신하에게로 돌아갈 것이다. 이것은 군주가 형과 덕을 잃었기 때문에 생겨나는 환난이다. (『한비자』「이병」)

■ 공과 사

신하들에게는 사사로운 마음도 있고 공적인 의리도 있는데, 몸을 닦아 깨끗이 하고 공적인 것을 행해 행동을 바르게 하며, 관직에 있음에 사사로움이 없는 것이 신하의 공적인 의리다. 행동을 추악하게

246

하고 욕망을 좇으며 몸을 편안히 하고 집안을 이롭게 하는 것은 신하의 사사로운 마음이다. 현명한 군주가 위에 있으면 신하들은 사사로운 마음을 버리고 공적인 의리를 행하지만, 어지러운 군주가 위에 있으면 신하들은 공적인 의리를 버리고 사사로운 마음을 행하게 된다. 그래서 군주와 신하는 마음이 다른 것이다. (『한비자』「식사」)

칭찬만을 기준으로 능력 있는 것으로 간주하여 등용한다면 신하는 군주를 떠나 아래로 무리를 만들 것이니, 만약에 붕당을 근거로 관리를 임용한다면 백성들은 친교에만 힘을 기울일 뿐 법에 따라 등용되기를 구하지 않을 것입니다. 그러므로 관리들 중에서 능력 있는 자를 잃게 된다면 그 나라는 어지러워질 것입니다.
칭찬한다고 상을 주고 비난받는다고 벌을 준다면 상을 좋아하고 벌을 싫어하는 사람들은 공적인 행동을 내버려두고 사사로운 술책을 부려서 몰래 결탁해 서로를 위해줄 것입니다. 또 군주를 잊어버리고 [조정] 밖에서의 교제만을 하며, 자기 패거리들을 추천하려고 하면 아랫사람은 윗사람에 대한 충성이 희박해지는 까닭이 될 것입니다. 교류가 넓고 따르는 사람들도 많아서 [조정] 안팎으로 파당이 있으므로 비록 중대한 잘못을 저질렀다 하여도 죄를 숨겨줄 사람이 많을 것입니다.
충직한 신하는 죄가 없는데도 위태로워지거나 죽임을 당하며, 사악한 신하들은 공이 없어도 편안함을 누리고 이익을 봅니다. 충신들이 위태로워지거나 죽게 되면서도 그들의 죄 때문이 아니라고 한다면 어진 신하들은 숨어버릴 것입니다. 사악한 신하들이 공이 없어도 편안함과 이익을 누린다면 간신들만이 등용될 것입니다. 이것이 [나라가] 망하는 근원입니다. (『한비자』「유도」)

■ 여론

장의는 진나라, 한나라, 위나라의 세력을 이용해 제나라와 초나라를 정벌하자고 하고, 혜시는 제나라, 초나라와 동맹을 맺어 전쟁을 그만두게 하자고 해서 두 사람은 논쟁을 벌었다. 신하들과 주변의 측근들은 모두 장의의 말이 옳다며 제나라와 초나라를 공격하는 것이 유리하다고 보고 아무도 혜시의 말을 따르지 않았다. 왕도 과연 장자의 말을 듣고 혜자의 말은 불가하다고 생각했다. 그리하여 제나라와 초나라를 공격하는 일이 결정되자, 혜자는 궁궐로 들어가 왕을 알현했다. 왕이 말했다. "선생께서는 말하지 마시오. 제나라와 초나라를 공격하는 일이 과연 이로울 것이오. 온 나라가 그렇다고 여기고 있소." 혜시가 이 말을 받아 말했다. "살펴보지 않을 수 없습니다. 무릇 제나라와 초나라를 공격하는 일이 진실로 이로운 것이며, 온 나라 사람들이 전부 이롭다고 여기는 것이 어찌 지혜로운 자가 많아서 그렇겠습니까? 게다가 제나라와 초나라를 치는 일이 진실로 불리한 것인데도 온 나라 사람들이 전부 이롭다고 생각하면 어찌 어리석은 자가 많아서 그렇겠습니까? 무릇 모의한다는 것은 의심하는 것이며, 의심하는 것은 진실로 의심스럽기 때문이니, 의심스러운 점이 진실로 의심스럽다면 옳다고 생각하는 자가 반쯤은 되고 그르다고 생각하는 자도 절반은 될 것입니다. 지금 한 나라가 전부 옳다고 생각하니 이것은 왕께서 절반을 잃은 것입니다. 왕을 위협할 자는 바로 잃어버린 그 반일 것입니다. (『한비자』 「내저설상 칠술」)

방공이 태자와 함께 한단에 인질로 가면서 위나라 왕에게 일러 말했다. "지금 어떤 한 사람이 시장에 호랑이가 있다고 말하면 왕께서는 믿으시겠습니까?" 왕이 말했다. "믿을 수 없다." 방공이 말했다. "두 사람이 시장에 호랑이가 있다고 말하면 왕께서는 믿으시겠습니까?"
왕이 말했다. "(여전히) 믿을 수 없다." "세 사람이 시장에 호랑이가
있다고 말하면 왕께서는 믿으시겠습니까?" 왕이 말했다. "과인은 믿
을 것이다." 방공이 말했다. "무릇 시장에 호랑이가 나타날 수 없다
는 것은 분명합니다. 그런데도 세 사람이 같은 말을 하자 호랑이가
나타나게 되었습니다. 지금 한단은 위나라에서 시장보다 멀리 떨어
져 있고, 신을 비난하는 자는 세 사람보다 많을 것이니 왕께서는 이
점을 살펴주시기 바랍니다." 방공은 한단에서 돌아왔지만 끝내 왕을
만나지는 못했다. (『한비자』「내저설상 칠술」 '이구동성(異口同
聲)')

초나라 왕이 전구에게 말했다. "묵자란 자는 이름난 학자다. 그 행동
은 옳지만 말은 장황하고 유창하지 못하다. 왜 그런가?" 전구가 대
답했다. "옛날에 진백이 그 딸을 진나라 공자에게 시집보낼 때 진나
라에서 신부 의상을 꾸미도록 하고 화려한 옷을 입힌 시녀 칠십 명
을 딸려 보냈습니다. 진나라에 이르자, 진나라 공자는 그 첩들을 좋
아하고 공녀는 업신여겼습니다. 이것은 첩을 잘 시집보냈다고 말할
수는 있어도 딸을 잘 시집보냈다고 말할 수는 없습니다. 또 진주를
정나라에 팔려는 초나라 사람이 있었습니다. 목란나무로 상자를 만
들어 계수나무와 산초 향을 피우고 주옥을 매달아 붉은 보석으로 장
식하고 (비취색의) 물총새 깃털을 모아 그 속에 넣었습니다. 정나라
사람은 그 상자만을 사고 진주는 돌려주었습니다. 이것은 상자를 잘
팔았다고 말할 수는 있어도 진주를 잘 팔았다고 말할 수는 없습니
다. 지금 세상에서 말하는 담론이란 모두 교묘하게 꾸민 말을 입에
올리는 것입니다. 군주는 꾸민 것만을 보고 그 쓰임새에 대해서는
잊어버립니다. 묵자의 주장은 선왕의 도를 전하고 성인의 말을 논하

여 널리 사람들에게 알리는 것입니다. 만약 말을 꾸며서 하면 사람들이 그 꾸밈에 마음이 끌려 진실을 잊을까 두렵습니다. 꾸밈 때문에 쓰임새를 해치게 된다는 것입니다. 이것은 초나라 사람이 진주를 팔려고 한 것과 진백이 딸을 시집보낸 일과 같은 부류입니다. 따라서 그 말이 장황하고 유창하지 못한 것입니다." (『한비자』「외저설 좌상」 '매독환주(買櫝還珠)')

■ 인(仁), 의(義), 예(禮)

인(仁)이란 흔쾌히 다른 사람을 사랑하는 것이다. 다른 사람이 행복해지는 것을 좋아하고, 다른 사람에게 재앙이 있는 것을 싫어하는 것은 타고난 품성 때문에 그칠 수 없는 것이지 보답을 바라고 그러는 것은 아니다. 그래서 『노자』에서는 이렇게 말했다. "최상의 인이란 하되 인위적으로 함이 없다."

의(義)란 군주와 신하, 윗사람과 아랫사람이 그 직분의 일을 하는 것이고, 아버지와 아들의 귀하고 천한 차이이며, 마음을 알아주는 친구 사이의 교제이고, 친근한 사람과 소원한 관계에 있는 자를 가까이할 것인가 멀리할 것인가 구분하는 준칙이다. 신하가 군주를 섬기는 것이 마땅하고, 아랫사람이 윗사람을 따르는 것이 마땅하며, 아들이 아버지를 섬기는 것이 마땅하고, 천한 이가 귀한 자를 존경하는 것이 마땅하며, 아는 사이 친구 간에 서로 돕는 것이 마땅하며, 친한 자는 가까이하고 소원한 자는 멀리 두는 것이 마땅하다. 의란 그 마땅함을 말한다. 마땅하므로 그것을 실천하는 것이다. 그래서 말했다. "최상의 의는 하되 인위적으로 한 데가 있다."

예(禮)란 감정을 겉으로 드러내는 방법이며, 모든 의로움을 꾸미는 것으로 군주와 신하, 아버지와 아들 간의 관계를 만들고, 귀함과 천함, 현명함과 어리석음을 분별하는 수단이다. 마음속으로만 흠모해서는 상대방이 깨닫지 못하므로 종종걸음으로 달려가 몸을 낮추어 절을 함으로써 그 마음을 나타내는 것이다. 그리고 진실로 마음속으로는 사랑하지만 상대방이 이를 알 수 없으므로 듣기 좋은 말을 많이 늘어놓아 믿도록 한다. 예란 밖으로 드러나는 절도로 속내를 깨닫게 하는 것이다. 그래서 말했다. "예란 감정을 겉으로 드러내는 방법이다." (『한비자』「해로」)

■ 참고문헌

김예호, 『한비자』, 한길사, 2010.
벤자민 슈월츠, 나성 옮김, 『중국 고대 사상의 세계』, 살림, 1996.
왕광빈 해설, 황효순 편역, 『한비자』, 베이직북스, 2012.
이상수, 『한비자, 권력의 기술』, 웅진, 2010.
임홍빈 외, 『동서철학에 나타난 공적 합리성 논쟁』, 철학과현실사, 2005.

2
부

현대의 물음들

9장 피터 싱어
동물은 도덕적 고려의 대상인가?

1. 문제의식

동물들은 자신들을 위해서 동물해방을 요구하거나 착취에 반대해서 투표나 데모나 폭탄으로 항의할 수 없다. 따라서 동물해방은 다른 어떤 종류의 해방운동보다 인간의 입장에서 더 많은 이타주의를 요구한다. (피터 싱어)

피터 싱어(Peter Singer, 1946-)는 1946년 오스트레일리아 멜버른에서 태어났으며, 멜버른 대학교와 옥스퍼드 대학교에서 철학을 공부했다. 오스트레일리아의 모나시 대학교 교수를 거쳐 현재 프린스턴 대학교 생명윤리학 교수로 재직하고 있다. 싱어는 국제생명윤리학협회를 창립하여 초대 회장을 역임했으며, 윤리학, 실천윤리학 분야에서 20여 권의 저서와 20여 권의 편저서 등 많은 학문적 업적을 냈다.

싱어의 철학적 영향력은 북미 지역과 유럽 대륙은 말할 것도 없고 우리나라에까지 매우 광범위하다. 10여 권의 저서와 6권의 편저서가 우리말로 번역되었다는 점, 그리고 싱어의 실천윤리가 대학의 전공과 교양 과목에서 폭넓게 가르쳐지고 있는 점을 증거로 들 수 있겠다. 심지어 어린이와 청소년을 위한『피터 싱어가 들려주는 동물해방 이야기』라는 제목의 책이 나와 있을 정도다.1) 또한 싱어의 실천철학은 대중들의 일상적인 삶의 변화를 이끌어내는 데도 적지 않은 성공을 거두고 있다. 북미와 유럽에서 채식주의가 광범위하게 확산되었으며, 동물실험이나 공장식 가축사육 방식이 점차 사라지고 있다는 사실을 그 예로 들 수 있다.

싱어는 보통 실천윤리학의 거장, 동물해방론의 선구자, 혹은 행동하는 실천철학자로 소개되곤 하는데,『뉴요커(*The New Yorker*)』는 싱어를 "살아 있는 철학자 중에서 가장 논쟁의 대상이 되는 철학자이며, 가장 영향력 있는 철학자 중 한 명임이 분명하다"고 평가한다.2) 싱어를 실천철학계의 일약 스타로 만들어준 저작인『동물해방』(1975)이 우리말로 번역된 1990년대 이후 싱어의 많은 저술들이 우리말로 소개되었다. 즉『실천윤리학』(철학과현실사, 1993),『이렇게 살아가도 괜찮은가』(세종서적, 1996),『사회생물학과 윤리』(인간사랑, 1999),『삶과 죽음』(철학과현실사, 2002),『세계화의 윤리』(아카넷, 2003),『죽음의 밥상』(산책자, 2008),『이 시대에 윤리적으로 살아가기』(철학과현실사, 2008),『물에 빠진 아이 구하기』(산책자, 2009),『모든 동물은 평등하다』(오월의봄, 2013) 등이다.

---

1) 김익현,『피터 싱어가 들려주는 동물해방 이야기』, 자음과모음, 2008.

2) 피터 싱어, 구영모 외 옮김,『이 시대에 윤리적으로 살아가기』, 철학과현실사, 2008, 21쪽 참조.

피터 싱어 (출처: 구글 이미지)

아래에서 우리는 싱어가 제시한 실천윤리학의 주요한 테제들과 그 이론적, 실천적 함의를 음미해 보려고 한다.

2. 윤리학의 패러다임 혁명

오늘날 적지 않은 사람들은 도덕이나 윤리가 시대에 뒤떨어진 것이라고 생각한다. 왜냐하면 도덕을 더 이상 구속력이 없는 고약한 금지조항의 체계라고 간주하기 때문이다. 따라서 우리는 우리 시대가 요구하는 절실한 윤리적 문제들이 무엇인지 다시금 숙고해 보고, 이를 통해서 윤리의 본질과 의미, 그 영역에 대해 새롭게 이해해야 한다. 이러한 관점에서 싱어는 윤리에 대한 새로운 시각이 필요함을 역설한다.

우리 시대에 중요한 도덕적 문제는 낙태와 동성애와 같은 것들이 아니다. 오히려 도덕가들은 이것을 물어야 한다. 수많은 사람들이 소말리아에서 서서히 굶어 죽어가는 이때 보다 부유한 나라에 사는 우리들의 의무는 무엇인가? 보스니아, 아제르바이잔, 로스앤젤레스 등과 같은 곳에서 일어나는, 평화를 저해하는 인종차별주의적 증오를 해소할 방법은 무엇인가? 과연 우리는 알량한 미각을 만족시키기 위해 수십 억 마리의 동물들을 가축농장에서 사육하고 잔혹하게 살해해도 되는가? 그리고 생명체 전체가 의존하고 있는 생태계를 보존하기 위해 우리는 어떻게 행동해야 하는가? 등이 우리 시대가 요구하는 절실한 윤리적 문제들이다. … 일단 윤리가 성적인 문제에 사로잡힌 보수적인 기독교 윤리와 동일하지 않다고 인식되어야, 우리의 사회적, 정치적 그리고 생태학적 삶의 개선에 인본주의주적이고 긍정적인 윤리가 토대를 제공할 수 있는 여지가 생긴다.3)

싱어 스스로 밝히고 있듯이, 윤리학의 중심적 논의 대상과 더불어 윤리의 의미와 본질이 바뀌어야 한다. 이러한 전제에서 출발하여 싱어가 주로 다루는 실천윤리학의 문제들은 소수민족 문제, 남녀평등 문제, 동물학대 문제, 환경보존 문제, 임신중절 문제, 안락사 문제, 빈민구제 문제 등이다. 이를 큰 틀에서 다음과 같이 범주화해 볼 수 있을 것이다. (1) 동물해방 : 동물의 처우에 대한 문제, (2) 환경문제 : 빈곤과 기아 문제, 지구 온난화, (3) 생명윤리 : 의학과 생명과학 분야에서의 생사 판정의 도덕적 기준 문제 등.

---

3) 피터 싱어, 정연교 옮김, 『이렇게 살아가도 괜찮은가』, 세종서적, 1996, 39쪽 이하.

윤리에 대한 새로운 시각과 더불어 싱어는 윤리의 보편적 관점의 중요성을 역설한다. 그것은 윤리가 상대적이거나 주관적이라는 주장을 거부하고 보편적 관점을 취할 것을 요구한다. 만약 우리가 윤리를 특정한 사회에 따라 상대적인 것이라고 생각한다면, 그것은 언제나 가장 비현실적인 결과를 불러온다는 것이다. 일례로 우리 사회가 노예제도를 부정하는 반면 다른 사회가 그것을 긍정하고 있다면, 우리는 이러한 상충되는 견해들 중에서 어떤 것을 선택할 아무런 근거도 가지지 못하게 된다. 싱어는 윤리의 보편적 관점에 대한 의미를 다음과 같이 정리한다.

윤리가 보편적인 관점을 취한다는 의미는 윤리적 판단을 할 때 우리는 우리 자신의 좋음과 나쁨을 넘어서야 한다는 것이다. … 윤리는 나와 너를 넘어서서 보편적인 법칙, 보편화 가능한 판단, 불편부당한 관망자 혹은 이상적인 관찰자, 그것을 무엇이라 부르든 간에, 그러한 관점으로 나아갈 것을 요구한다. … 윤리적 판단이 보편적인 관점에서 내려져야만 한다는 것을 받아들이게 되면, 이익(interest)이 단지 그것이 나의 이익이라는 이유만으로 어떤 다른 사람의 이익보다 더 중요한 것으로 간주될 수 없다는 것을 또한 받아들이게 된다. … 나는 이제, 나 자신의 이익 대신에, 나의 결정에 의해서 영향을 받을 모든 사람들의 이익을 고려해야만 한다. 이러한 고려는 나에게 모든 이익을 측정해서 영향 받는 사람들의 이익을 최대화할 것으로 보이는 행동을 채택할 것을 요구한다.[4]

---

4) 피터 싱어, 황경식·김성동 옮김, 『실천윤리학』, 철학과현실사, 1993, 33쪽 이하.

3. 동물해방론

싱어의 주장을 한마디로 표현하면, '모든 동물은 평등하다'는 것이다. 인간에게 적용된 평등의 원리에 근거해 볼 때, 동물을 동등하게 고려하지 않을 이유가 있는가를 싱어는 반문한다. 싱어는 인간이 아닌 존재들에 대한 우리의 태도가 매우 오래된 편견과 독단적인 차별에 근거하고 있다고 생각한다. 따라서 싱어는 인종(인종차별주의)이나 성(성차별주의)으로 인한 편견 못지않게 다른 종(종차별주의)에 대한 차별적 태도가 더 이상 견지될 수 없는 편견이라고 주장한다. 여기서 종차별주의란 "자기가 속한 종의 이익을 옹호하면서 다른 종의 이익을 배척하는 편견 또는 왜곡된 태도"를 말한다.5)

싱어는 종차별주의를 극복하고 이익 평등 고려의 원칙(principle of equal consideration of interests)을 견지해야 한다고 주장한다. 여기서 평등이라는 기본원리는 평등한 또는 동일한 대우를 뜻하지 않는다. 각 존재의 이익관심의 평등한 고려를 요구하는 것이다. 평등한 고려는 각각의 이익에 따라 다르게 대우하는 것이며, 각 존재의 특성에 따라 서로 다른 권리를 인정한다는 의미다.6) 말하자면 이익 평등 고려의 원칙은 우리가 도덕적 사고를 하는 데 있어서 우리의 행위에 영향을 받을 사람들의 이익을 동등하게 고려한다는 것이다. 싱어에 따르면 이익 평등 고려의 원칙은 궁극적으로 모든 존재에게, 즉 흑인이건 백인이건, 남성이건 여성이건, 인간이건 인간이 아닌 존재이건 관계없이 확대 적용되어야 한다.

---

5) 피터 싱어, 김성한 옮김, 『동물해방』, 인간사랑, 1990, 41쪽.
6) 같은 책, 35쪽 이하 참조.

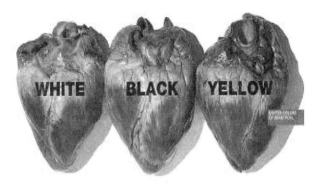
피부색은 달라도 심장 모양은 같음 (출처: Benetton Group)

싱어가 말하는 평등 개념을 분명하게 정리해 볼 필요가 있다. 평등은 사실이 아니라 도덕적 이념을 나타내는 개념이다. 따라서 사람들 간의 능력의 차이가 차별이나 차등을 정당화하는 근거가 될수 없다. 평등의 원리는 사람들이 실질적으로 평등하다는 사실을 기술(description)하는 원리가 아니라, 사람들을 어떻게 대우해야 하는가를 규정(prescription)하는 원리인 것이다.[7]

이러한 평등 원리에 비추어 보면 인종차별주의, 성차별주의, 그리고 종차별주의는 그릇된 가치관이며, 더 이상 견지될 수 없는 잘못된 이데올로기다. 말하자면 인종차별주의자들은 자기 종의 이익과 다른 종의 이익이 충돌할 때 자기 종의 이익에 더 큰 비중을 둔다. 성차별주의자들은 자신이 속한 성의 이익을 항상 더 우위에 두며, 종차별주의자들은 자기 종의 이익을 위해 다른 종의 이익을 배척한다. 이 세 경우 모두 평등 원리를 위반하고 있는 것이다.[8]

---

7) 같은 책, 39쪽.
8) 같은 책, 45쪽 참조

보론: 벤담의 통찰

공리주의의 창시자인 벤담은 이미 오래전에 도덕적 고려의 기준을
이성에서 고통 감수 능력(capacity for suffering)으로 바꿔야 한다
고 주장했다. 고통이나 쾌락의 감수 능력이 이익의 중요한 전제조건
이라는 것이다.

"폭군이 아니라면 그 누구에게도 빼앗기지 않을 권리를 인간이 아
닌 동물이 획득하게 될 날이 올지도 모른다. 프랑스 사람들은 피부
색깔이 검다는 이유로 어떤 사람을 멋대로 괴롭혀서는 안 된다고 생
각하며, 괴롭힘으로 인한 피해를 단지 피부색이 다르다고 방치하면
안 된다는 사실을 이미 깨닫고 있다. 설령 다리의 숫자, 피부에 털이
있는지의 여부, 또는 천골(薦骨, os sacrum)의 끝 모습 등에서 차이
가 있다고 하더라도 그러한 차이가 감각을 느낄 수 있는 존재의 고
통을 방관하는 이유가 될 수 없음을 깨닫게 될 날이 올지도 모른다.
그렇다면 차별을 정당화할 수 있는 특징은 무엇이겠는가? 이성 능력
인가? 그렇지 않으면 담화를 나눌 수 있는 능력인가? 하지만 완전히
성장한 말이나 개는 갓난아기 또는 태어난 지 일주일이나 한 달이 지
난 아이보다도 훨씬 합리적이다. 또한 우리는 어린아이에 비해 그들
과 훨씬 원활하게 의사소통을 할 수 있다. 하지만 설령 그들의 능력
이 우리가 생각하는 바와 다르더라도 무슨 상관이 있겠는가? 문제는
그들에게 이성적으로 사고할 능력이 있는가, 또는 대화를 나눌 능력
이 있는가가 아니다. 문제는 그들이 고통을 느낄 수 있는가이다."9)

---

9) 같은 책, 42쪽 재인용.

그런데 우리는 동물이 고통을 느끼는 것을 어떻게 알 수 있는가? 어떤 존재도 다른 존재의 의식을 직접적으로 관찰할 수 없다. 우리의 직접적 경험은 우리 자신의 의식뿐이다. 물론 우리는 유비추리를 통해서 다른 존재의 의식을 추론할 수 있다. 싱어에 따르면 우리는 세 가지 방식으로 동물의 고통을 추론할 수 있다. (1) 동물들이 우리에게 고통을 주는 상황을 가정하면, 우리는 동물들이 우리가 경험하는 고통을 경험하리라 믿게 된다. (2) 동물들은 우리와 아주 비슷한 신경계를 가지고 있으며, 우리의 뇌와 유사한 임펄스의 전달 경로를 가지고 있다. (3) 인간과 동물은 공통된 진화론적인 근원을 공유하고 있다. 따라서 모든 포유류, 나아가 조류가 고통을 느낄 수 있다는 것은 명백한 사실이다. 물고기와 무척추동물이 고통을 느끼는가는 논란의 대상이다. 그러나 최근의 연구는 물고기들이 고통을 느낄 수 있다는 것을 시사하고 있다. 만약 확신할 수 없다면 그것들에게 의심의 혜택을 주는 것이 좋다. 즉 그런 동물들이 고통을 받을 수 있다면 그런 동물들에게 고통을 가하는 것을 피해야 한다.10)

여기서 논쟁적인 두 가지 질문을 던져볼 수 있다. (1) 호모 사피엔스의 구성원이라는 근거에 기초하여 인간의 우월성이나 우선권을 정당화할 수 있는가? 종차별주의를 방어할 수 있는 논거는 있는가? (2) 만일 종차별주의를 방어할 수 없다면 인간에게 더 많은 도덕적 의미를 부여하고 그것을 정당화할 수 있는 인간의 특성은 무엇인가? 영국의 현대 윤리학자 버나드 윌리엄스(Bernard Williams, 1929-2003)는 「인간의 편견」이라는 논문에서 종차별주의를 옹호한

---

10) 피터 싱어, 구영모 외 옮김, 『이 시대에 윤리적으로 살아가기』, 철학과현실사, 2008, 176쪽 참조.

다.11) 윌리엄스가 주장한 요점은 우리의 모든 가치는 인간적 가치, 즉 인간이 부여한 가치라는 점이다. 물론 윌리엄스는 우리의 가치가 인간의 가치이기 때문에 동물을 배려하는 것이 잘못된 것이라고 주장하는 것은 아니다. 오히려 반대로 동물들을 어떻게 다루어야 하는가에 대해 관심을 갖는 것은 인도주의적 태도라고 생각한다. 윌리엄스는 싱어가 동일선상에 올려놓고 비판하는 인종차별주의, 성차별주의, 종차별주의가 같은 종류의 문제인가를 의심한다. 말하자면 종차별주의는 인종차별주의, 성차별주의와 다르기 때문에 도덕적으로 반대할 만한 것이 아니라는 것이다. 예를 들어 정상적인 인간과 캥거루 사이의 차이는 다른 인종 간의 차이와 남성과 여성의 차이보다 훨씬 크다는 것이다.12)

윌리엄스의 주장에 맞서 싱어가 제시한 반론은 이렇다. 다음과 같은 경우에 주목해 본다면 문제의 소지가 무엇인지 분명해질 것이다. 어떤 사람들은 개나 돼지의 정신 능력보다 탁월한 정신 능력을 가지고 있지 않지만, 다른 사람과 동일한 도덕적 지위를 갖는다. 우리는 침팬지와 원숭이, 개, 돼지들을 고통스럽고 치명적인 실험에 기꺼이 사용한다. 만일 이런 실험에 사람들을 사용한다면 우리는 그것이 인간의 권리를 침해하는 것이라 간주할 것이다. 따라서 종차별주의는 인간과 동물을 구별하는 정신적 능력과 아무런 관련이 없다는 점이 밝혀진다. 따라서 우리는 이렇게 반문하지 않을 수 없다. 인종이 도덕적으로 적절한 경계가 아니라면 왜 종이 도덕적으로 적절한 경계여야 하는가?13) 나아가 싱어는 특별한 도덕적 지위

---

11) 같은 책, 161쪽 이하 참조.
12) 같은 책, 165쪽 참조.
13) 같은 책, 167쪽.

를 가진 인간존재와 그런 지위를 갖지 않는 동물존재의 경계를 나누는 우리의 현행 방식에 대해 매우 강력하고 극단적인 반대 논변을 피력한다.

만일 우리가 모든 인간들은 그들의 지적 능력에 상관없이 동일한 기본적 권리를 갖는다고 주장하는 현재 통용되는 도덕적 수사학을 받아들인다면, 인간이 아닌 많은 동물들이 — 최소한 모든 정상적인 조류들과 포유류들이 — 일부의 인간들만큼 이성적이고 자의식적이고 자율적이라는 사실은 모든 동물들은 생명권을 포함한 기본적 권리들을 가진다는 것을 주장하는 강력한 기초처럼 보인다. 다른 한편으로, 만일 심한 지적 장애를 가진 사람들이 우리가 지금 같은 지적 수준에 있는 동물들이 권리를 가지고 있지 않다고 믿는 것처럼 그들도 권리를 갖고 있지 않다고 믿는다면, 우리는 동물들을 고통스럽고 치명적인 실험에 사용하는 것처럼 그런 사람들도 그런 실험에 사용할 수 있는 것처럼 보인다.14)

오늘날 동물실험, 공장식 집단사육농장 등 인간과 동물의 관계에 주목해 보면, 싱어의 동물해방론은 우리에게 적지 않은 반성을 요구한다. 그러나 싱어가 말하는 동물해방에 대한 도덕적 요구는, 싱어 스스로도 인정하고 있는 것처럼, 매우 극단적인 주장을 담고 있다. 싱어는 동물해방운동을 인간의 본성에 대한 시험이라고 평가하면서 다음과 같은 의미심장한 말을 던졌다. 어렵겠지만 동물해방운동이 성공한다면, 그것은 "인간의 마음속에 잔인함과 이기심 외에

---

14) 같은 책, 173쪽.

더 많은 가능성을 가지고 있다고 믿어온 사람들의 입장을 입증하는 길이 될 것이다."15)

4. 생명윤리의 문제

싱어는 이익 평등 고려의 원칙을 생명윤리적 쟁점을 해결하는 데도 일관되게 적용한다. 말하자면 이 원리를 안락사, 낙태 등 생명윤리 문제에 일관되게 적용한다. 싱어는 뇌간사설, 임신중절, 배아줄기세포 연구를 지지하며, 적극적 안락사의 정당성을 주장한다. 이러한 입장은 생명윤리 문제에서 가장 극단적인 주장에 속한다. 인간 생명이 신성하다는 서양 전통의 윤리사상은 더 이상 견지될 수도 옹호될 수도 없다고 싱어는 생각한다. 서양 정신사를 지배해 온 인간 생명의 신성성의 윤리를 전면적으로 부정하는 것이다. 오히려 인간의 삶의 질적 가치에 기초한 생명윤리가 필요하다고 생각한다.

싱어는 무고한 인간의 생명을 빼앗는 것은 항상 잘못이라는 생각에 의문을 던진다. 인간을 죽이는 것이 인간 아닌 동물을 죽이는 것보다 더 나쁜 일이라면 그 차이는 어떤 종류의 인간인가 하는 점과 분명히 관련이 있다. 싱어는 그 차이가 동물에게는 없는 인간의 정신능력과 관련이 있음을 부정하지는 않는다. 다만 동물을 죽이는 것에 비해 인간을 죽이는 것을 훨씬 더 나쁘게 생각하는 이유는, 인간이 단지 의식을 넘어서 자의식, 즉 미래에 대한 계획을 세울 수 있기 때문이다.

만약 수백만 명이 고생하는 주요 질환의 치료에 줄기세포가 진정

---

15) 같은 책, 180쪽.

으로 유망하다면, 그리고 인간 배아가 이러한 줄기세포의 최적의 자원이라면, 우리는 줄기세포를 얻어야 할 윤리적 의무가 있다고 봐야 한다. 치료중단으로 죽게 내버려두는 것과 신속하고 인도적으로 죽음을 앞당기기 위해 적극적으로 개입하는 것을 심리적, 정서적으로 다르게 받아들일 수는 있다. 하지만 양자 사이에 도덕적 차이가 존재한다고 볼 수는 없다. 엄밀히 말해서 후자가 덜 고통스럽기 때문에 도덕적으로 더 나은 선택이라고 생각할 수 있다.[16]

■ 참고문헌

피터 싱어, 김성한 옮김, 『동물해방』, 인간사랑, 1990.
피터 싱어, 황경식 · 김성동 옮김, 『실천윤리학』, 철학과현실사, 1993.
피터 싱어, 정연교 옮김, 『이렇게 살아가도 괜찮은가』, 세종서적, 1996.
피터 싱어, 구영모 외 옮김, 『이 시대에 윤리적으로 살아가기』, 철학과현실사, 2008.

---

16) 같은 책, 219쪽 이하 참조.

10장 안락사
죽음을 결정할 권리가 우리에게 있는가?

1. 문제 제기

아래 글은 2015년 11월 중순에 작성된 것이다. 아버지 장례를 마치고 조문객들에게 감사의 마음을 전할 목적으로 다소간 길게 쓴 편지글이다.

마음 깊이 감사 인사를 올립니다. 이번 저희 아버지 상사 시에 조문해 주시고 위로해 주셔서 장례를 치르는 데 큰 힘이 되었습니다. 아버지를 잘 모실 수 있도록 베풀어주신 후의를 마음 깊이 되새기며 심심한 감사의 말씀을 드립니다. 머리 숙여 거듭거듭 감사의 인사를 올립니다.

아버지는 80세를 일기로 세상을 떠나셨습니다. 폐 섬유화증이라는 지병 때문에 8년을 고생하시다가 삶의 마지막 3개월간은 차마 말로는 다 할 수 없는 고통을 겪으면서 돌아가셨습니다. 아버지의 죽음이 무척 슬프고 애통한 일이지만 이제 영면에 드신 것을 다행으로 생각하고 있습니다.

아버지는 당신 삶의 마지막 순간에 저에게 삶과 죽음에 대하여 생각해 볼 수 있는 많은 기회를 주었습니다. 제가 미련하여 모든 것을 남김없이 깨닫지는 못했지만 삶의 적지 않은 통찰을 얻게 되었습니다. 곧 정신을 가다듬고서 아버지가 당신의 죽음을 통해서 저에게 남기신 엄중한 숙제를 이론적, 실천적으로 해결하는 데 노력해 볼 생각입니다. 인간은 삶의 마지막인 죽음의 순간까지도 존엄성과 품위를 유지해야 하며, 고통을 피해야 하며, 쉽고 편하고 점잖게 죽음을 맞이할 수 있어야 합니다. 이러한 삶의 가치가 우리 사회에서도 10년, 아니 20년 내에 실현될 수 있기를 간절히 희망하고 있습니다.

일일이 찾아뵙고 인사를 드리는 것이 도리이오나 우선 서면으로 감사의 뜻을 전하게 됨을 널리 용서해 주시기 바랍니다. 아울러 귀댁의 경조사 시에 꼭 알려주셔서 은혜에 보답할 수 있도록 해주시기를 부탁드립니다. 감사합니다.

죽음을 앞둔 몇 달 동안, 아버지는 쉽고, 편하고, 점잖고, 품위 있게 죽고 싶어 하셨다. 그렇게 할 수 있도록 해달라고 자식인 나에게, 그리고 담당 교수에게 거의 매일 애원하다시피 매달렸다. 현실성이 없는 얘기지만, 어떤 날은 스위스 존엄사 병원에 가서 편하게 죽고 싶다고 말했다. 호흡기내과 담당 교수와 여러 차례 상의를 했지만, 당시에 아버지의 요구를 들어줄 수 있는 합법적이고 정당한 방법은 없었다. — 현대 의학은 죽음을 앞둔 환자들을 제대로 돕지 못하는 경향이 있다.

아버지의 죽음은 나에게 적지 않은 깨달음을 주었다. 그것은 적지 않은 삶의 통찰과 동시에 내가 앞으로 해결해야 할 중요한 과제를 던져주었다. 위 글에서 분명히 밝힌 것처럼, "인간은 삶의 마지막인 죽음의 순간까지도 존엄성과 품위를 유지해야 하며, 고통을 피해야 하며, 쉽고 편하고 점잖게 죽음을 맞이할 수 있어야 한다." 머지않은 미래에 이러한 생각과 가치가 실현될 수 있는 날이 올 것이라 믿는다.

그런데 아버지가 돌아가신 후 얼마 지나지 않아 우리 사회에서도 적지 않은 변화가 일어났다. 2016년 2월에 '호스피스·완화의료 및 임종과정에 있는 환자의 연명의료결정에 관한 법률'이라는 긴 이름의 법이 제정되었다(시행일 2017년 8월). 짧게는 '연명의료결정법' 혹은 '웰다잉법'으로 불리는 이 법은 "호스피스·완화의료와 임종과정에 있는 환자의 연명의료와 연명의료중단 등 결정 및 그 이행에 필요한 사항을 규정함으로써 환자의 최선의 이익을 보장하고 자기결정을 존중하여 인간으로서의 존엄과 가치를 보호하는 것을 목적으로 한다." 무의미한 연명치료를 중단할 수 있는 합법적이고 정당한 가능성이 열림으로써 회생 가능성이 없는 환자가 존엄하게 생을 마감할 수 있는 법적인 근거가 마련된 것이다.

아래의 그림 이미지가 보여주는 것처럼, 무의미한 연명치료를 중단할 수 있는 대상 환자는 회생 가능성이 없고, 질병의 원인을 치료하는 의료행위에 반응하지 않으며, 급속한 임종단계에 있는 환자로 제한된다. 이 법에 따르면 연명치료의 중단은 네 가지 방식으로 가능하다. 즉 (1) 환자가 의식이 있을 때, 환자 스스로 명확한 의사를 표시하는 방식(연명의료계획서 혹은 사전의료의향서 작성), (2) 환자가 이미 의식이 없을 때, 환자의 의사를 추정하여 연명의료를 중

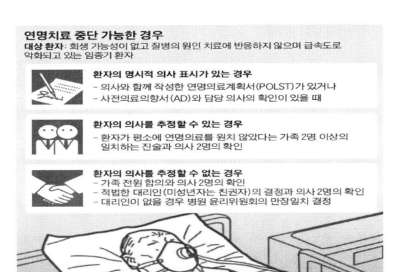

연명치료 중단 가능한 경우
대상 환자: 회생 가능성이 없고 질병의 원인 치료에 반응하지 않으며 급속도로 악화되고 있는 임종기 환자

환자의 명시적 의사 표시가 있는 경우
- 의사와 함께 작성한 연명의료계획서(POLST)가 있거나
- 사전의료의향서(AD)와 담당 의사의 확인이 있을 때

환자의 의사를 추정할 수 있는 경우
- 환자가 평소에 연명의료를 원치 않았다는 가족 2명 이상의 일치하는 진술과 의사 2명의 확인

환자의 의사를 추정할 수 없는 경우
- 가족 전원 합의와 의사 2명의 확인
- 적법한 대리인(미성년자는 친권자)의 결정과 의사 2명의 확인
- 대리인이 없을 경우 병원 윤리위원회의 만장일치 결정

연명치료 중단 가능한 경우[1]

단하는 방식(가족 2명 이상에 의한 환자의 평소 의견 확인과 더불어 의사 2명이 확인하는 방식), (3) 환자가 의식이 없으며 평소 생각의 확인이 불가능할 때, 그러한 경우에 환자가 미성년자라면 법정 대리인인 친권자가 결정하고, 환자가 성인이라면 가족 전원의 합의와 의사 2명이 확인하는 방식으로 결정한다. 마지막으로 법정 대리인이나 가족이 없을 경우에는 의료기관 윤리위원회의 만장일치로 결정할 수 있다.[2]

---

1) 이지혜 보건의료전문기자, 「연명치료 중단 환자가 선택 … '웰다잉法' 小委 통과」, http://news.chosun.com/site/data/html_dir/2015/12/09/2015 120900377.html
2) 같은 기사 참조.

2. 안락사의 문제

최근 우리나라에서 연명의료법이 시행된 것은 매우 다행스러운 일이며, 어떤 측면에서 우리 사회가 진일보한 것이라고 긍정적인 평가를 내릴 수 있다. 우리 사회에서 무의미한 연명치료의 중단으로 '죽도록 내버려두는 것(letting die)', 즉 소극적 의미의 안락사가 가능하게 된 것이다. 잘 알려진 것처럼, 네덜란드, 스위스, 벨기에와 같은 나라는 이미 오래전부터 의사의 도움 하에 환자들이 목숨을 끊을 수 있도록 허용하고 있다. 적극적 안락사, '죽이는 것(killing)'이 합법화되어 있다. 불치병으로 고통을 받고 있거나 연명치료로 힘들어하는 환자와 가족들은 존엄하고 품위 있는 죽음을 원한다. 나아가 환자 스스로 죽음을 결정할 수 있는 권리를 주장한다. 반면에 이를 반대하는 입장에서는 생명의 불가침성, 신성성, 그리고 존엄성을 주장하며, 오남용의 가능성과 부작용 문제를 지적한다.

생명의 불가침성의 문제인가, 아니면 삶의 질이나 가치 선택의 문제인가? 죽음을 선택하고 결정할 권리가 우리에게 있는가? 생명은 신이나 자연의 영역에만 속하는 문제는 아닌가? 의사는 질병치료의 목적이 아니라 쉽고 편안한 죽음을 위하여 환자에게 독약 주사를 주어도 되는가? 이와 관련하여 우리는 수많은 질문들을 던질 수 있으며, 그에 대한 논의의 실마리로 두 가지 사례를 제시한다.

3. 김할머니 사건과 잭 케보키언 사례

연명의료결정에 관한 법은 하루아침에 제정된 것은 아니다. 여러 차례 입법의 시도가 있었는데, 그 과정에서 결정적 계기로 작용한 것은 김할머니 사건이라고 말할 수 있다. 그 사건의 개요를 간략하게 정리하면 이렇다.

2008년 2월에 김할머니는 폐암 조직검사를 받다가 과다출혈로 식물인간이 되었다. 김할머니는 지속적 식물인간 상태에 있으면서 병원의 중환자실에서 인공호흡기를 부착한 채 생명을 연장하고 있었다. 김할머니의 자녀들은 연명치료의 중단을 요청하였으나 병원 주치의 등은 가족들의 요청을 거부하였다. 이에 김할머니의 자녀들은 무의미한 연명치료를 중단하고 자연스러운 죽음을 맞이할 수 있도록 인공호흡기를 제거해 달라는 소송을 제기했다. 2009년 5월에 최종 재판소인 대법원은 김할머니 가족의 손을 들어주었다. 대법원의 판결에 따라 김할머니는 인공호흡기를 떼었으나 6개월 정도를 더 생존하다가 2010년 1월에 사망하였다.[3]

김할머니 사건에 대한 대법원의 판결 요지는 다음과 같다. "식물인간 상태인 고령의 환자를 인공호흡기로 연명하는 것에 대하여 질병의 호전을 포기한 상태에서 현 상태만을 유지하기 위하여 이루어지는 연명치료는 무의미한 신체침해 행위로서 오히려 인간의 존엄과 가치를 해하는 것이며, 회복 불가능한 사망의 단계에 이른 환자가 인간으로서의 존엄과 가치 및 행복추구권에 기초하여 자기결정권을 행사하는 것으로 인정되는 경우에는 연명치료 중단을 허용할 수 있다."[4] 대법원의 이 판례는 연명치료가 무의미할 수 있음을 밝히고, 존엄사를 법적으로 인정한 첫 판례라는 점에서 의미를 갖는다.

미국 사회에서 안락사의 논쟁을 불러일으킨 사람은 잭 케보키언

---

3) https://ko.wikipedia.org/wiki/김할머니_사건 참조.

4) 같은 글.

(Jack Kevorkian, 1928-2011)이다. 케보키언은 죽음의 의사로 불린다. 케보키언은 1990년부터 1998년까지 130여 명의 환자들을 안락사시켰다. 그는 안락사를 도운 2급 살인죄로 10년형을 언도받고 복역하던 중 8년 6개월 만에 가석방되었다. 그의 가석방 조건은 안락사와 관련된 일체의 자문이나 상담을 하지 않겠다는 것이었다.5) 케보키언은 자신의 파란만장한 일생을 그린 다큐멘터리 「케보키언」에서 죽음에 대해 이렇게 언급했다. 죽음의 의사로 불리는 것을 어떻게 생각하느냐는 질문에 그는 "생명의 의사라고 한다면 사람들이 좋아할 텐데"라고 답변한 뒤, 안락사에 대한 사람들의 위선적인 태도를 다음과 같이 지적했다. "사람이 태어날 때는 의사가 도와줄 수 있는데 세상을 떠날 때 왜 도와줄 수 없느냐."6)

---

5) 한국경제신문, 2007년 6월 27일자, 「죽음의 의사 케보키언, 영웅인가 살인마인가?」, http://news.hankyung.com/article/2007062726407?nv=o

6) LA 중앙일보, 2010년 6월 30일자, 「안락사 전문 의사 케보키언 ⋯ "나도 죽음 두렵다" 실토」, http://www.koreadaily.com/news/read.asp?art_id=1052590

11장 차이가 차별을 정당화할 수 있는가?

1. 차이와 차별

우리는 '차이 때문에 차별이 있어서는 안 된다'는 주장을 심정적으로는 당연한 것으로 받아들인다. 그러나 실제 삶의 주변에서는 경제적, 문화적 차이가 차별로 왜곡되어 드러나는 수많은 사례를 목격할 수 있다. 극단적인 부의 집중과 빈부의 차이가 사람을 차별화하는 근거로 작용하고 기회의 자유마저 박탈하는 사태로 번지기도 한다. 인종의 차이가 인종차별로 극단화되어 나타나고, 지역의 차이가 지역주의로 비화되어 지역 간 갈등과 전쟁으로 이어지기도 한다.

특히 우리 사회에서 경제적 계층의 차이가 사회적 차별의 통로가 되고 있다. 또한 다문화 가정이 늘어나면서 시민사회에서 문화적 차이가 대우의 차별로 전이된다. 노동 현장에서 이주 노동자의 차별과 인격적 모욕 등도 차이가 차별로 확산되어 가는 현실을 잘 보여준다. 이러한 양상은 다양한 모습의 사람들이 각각의 차이를 인정하면서 서로 조화를 이루며 살아가는 호혜의 공동체를 구성하는 데 큰 걸림돌이 되고 있다.

차이는 유럽 파시즘에 뿌리를 두고 있는 개념으로 위계적이고 배타적인 사고방식으로 식민화되어 왔다. 전체주의적인 파시즘의 정치체제는 차이를 생물학적 결정론으로 정의하고 열등성 혹은 폄하적인 타자성(他者性)으로 구성되었던 많은 사람들을 고통과 죽음으로 몰아넣었다. 특히 나치의 유대인 대학살이 '차이'로부터 지어낸 착취적이고 살인적인 용법은 도저히 복구 불가능한 지점으로 남아 있다. 이러한 맥락에서 차이는 지배와 배제의 관계를 나타내는 것이었기 때문에, 'ㅇㅇ과 다르다'는 'ㅇㅇ보다 못하다', 'ㅇㅇ보다 가치 없다'를 의미하게 되어 차별을 정당화하는 근거로 왜곡되었다. 차이는 이를 열등한 것으로 환원하는 권력관계를 통해 식민화되어 왔다. 그래서 차이는 본질주의적이면서도 치명적인 의미를 함축하게 되었다.[1]

차이의 문제를 이해하고 논리적으로 정립하고 해결하는 방식은 다를 수밖에 없다. 본래 차이는 실체가 다른 것을 나타낸다. 그러나 전 지구화 시대에 글로벌과 로컬이 연계하여 작동하는 글로컬 환경에서 차이는 성적, 문화적, 종족적, 인종적 정체성에서 상대적으로 다른 타자가 내포한 요소를 말하는 점에서 의미 개념과 정체성 개념을 합친 구성적인 것이다. 이러한 차이를 이유로 사회적, 정치적, 경제적으로 정당한 지위와 대우를 받지 못하는 것을 차별이라고 한다. 그리고 차별의 대상이 되는 이들을 소수자라고 부른다.[2] 그렇

---

1) 로지 브라이도티, 박미선 옮김, 『유목적 주체』, 여이연, 2004, 232-237쪽 참조.

다면 차이의 의미를 어떻게 이해하여 받아들이느냐에 따라 차이가 차별로 왜곡되는 현상을 치유하고 차이의 존중이 사회적 삶의 방식이 되는 길을 찾을 수도 있다. 왜냐하면 차이를 존중하는 사회는 서로 다른 주체에 바탕을 두고 서로 다른 주장을 하며 서로 다른 해결책을 요구하며 갈등을 드러내지만, 상호 소통의 여지는 항상 남아있기 때문이다.

차이는 흔히 귀속적 차이와 후천적 혹은 사회적 차이로 구분할 수 있다. 귀속적 차이는 태어나면서부터 짊어질 수밖에 없는 태생적 한계를 의미한다. 후천적 혹은 사회적 차이는 성장해 가면서 사회에 의해 규정된 운명을 뜻한다. 귀속적 차이와 후천적 차이는 분명히 사회에서 배제당한다는 점에서 공통되지만, 한편에서는 할당제를 실시하면 차이의 문제가 어느 정도 해소될 수 있다고 본다. 예컨대 대학 입시에서 농어촌 특별전형제를 도입해서 교육환경이 낙후된 농어촌 지역 학생들을 정원 외로 선발함으로써 교육받을 기회를 보장하는 경우가 있다. 미국의 소수집단 우대 정책도 이와 비슷한 사례다.

결국 차이가 차별로 확장되는 현상을 막기 위해서 가장 중요한 것은 각각의 차이를 인정하여 차이의 조화를 이루되 차이를 동일성으로 환원시키지 않는 공동체의 합의와 제도의 마련이다. 즉 자아를 단일한 가치로 환산하는 획일적인 척도를 없애고 차이가 차별로 왜곡되지 않는 건강한 차이들의 생태계를 만드는 것이다.[3]

---

2) 부산대학교 한국민족문화연구소 엮음, 『차이와 차별의 로컬리티』, 소명출판, 2013, 3-4쪽.

3) 이남석, 『차이의 정치: 이제 소수를 위하여』, 책세상, 2005, 60-66쪽 참조.

2. 경제적 차별과 기회의 박탈

수십 년 전, 한 거인 정령이 미국 상공에 나타나 이 나라를 끔찍한 양자택일의 기로에 세워두었다고 상상해 보자. "지금의 경제 상태를 유지하면서 그대로 밀고 나가는 거야…, 아니면 이런 추측을 해볼 수도 있겠군! 다음 세기가 시작되면 당신네들 가운데 몇몇은 엄청난 부자가 될 거야. 대다수는 구매력이 늘어나고, 경제도 팽창되겠지. 하지만 그게 다는 아닐걸. (정령은 껄껄대며 웃는다.) 그 이면이 있을 테니 말이야. 고용안정은 빈말이 되고, 수입도 예측할 수 없게 되며, 빈부의 차가 더 벌어지고…, 당신네 사회는 박살이 나고 말 거야. 전보다 훨씬 많이 일하면서 남는 시간은 점점 줄어들 거야…. 선택은 당신네들이 하시길!" (로버트 라이히, 『완전한 미래』)

자본가들은 자본주의를 전혀 믿지 않는다. 그들은 부자들을 위한 사회주의를 믿는다. 그들은 정부가 오직 자신들만을 돌보기를, 그리고 다른 이들은 그 사실을 눈치채지 못하기를 바란다. (마이클 무어)[4]

부르주아 경제학자들은 시장을 자기조직적 시스템으로 보았다. 즉 애덤 스미스의 '보이지 않는 손'의 이미지, 그리고 생산은 스스로 수요를 창출한다는 장 바티스트 세(Jean-Baptiste Say)의 법칙에 맞게 균형 상태에서 크게 벗어나지 않으면서 스스로 균형을 찾아갈

---

4) 파스칼 브뤼크네르, 이창실 옮김, 『번영의 비참』, 동문선, 2003, 17쪽에서 재인용.

수 있는 시스템으로 보았다. 애덤 스미스의 말 중에서 이후 스미스주의자들이 지속적으로 인용하는 유명한 구절은 다음과 같다. "우리가 저녁을 기대하는 것은 푸줏간 주인, 술도가 주인, 빵집 주인의 자비심 덕분이 아니라 자기애에 호소하며, 우리의 필요가 아니라 그들의 이익만을 그들에게 이야기할 뿐이다." 스미스에 지나치게 열광하는 찬양자들은 이 구절을 스미스를 자기 이익의 정신적 지주로 만드는 근거로 활용한다. 그러나 경제학의 내부나 외부에는 단지 자기 이익만을 추구하는 것이 그다지 도움이 되지 못하는 다른 활동들이 존재한다. 스미스는 자신의 어떤 저술에서도 자기 이익의 추구에 우월한 지위를 부여하지 않았다. 그는 교역을 금지하거나 제한하는 것에 반대했지만, 그렇다고 가난한 사람들에 대한 공공 지원을 거부하지는 않았다. 오히려 스미스가 기아의 원인으로 실업과 낮은 실질임금을 지적한 것은 다양한 공공 정책적 대응을 제시하는 것이다.

마르크스는 1848년 '민중의 봄' 직전에 "한 유령이 유럽을 배회하고 있다. ─공산주의라는 유령이"라는 유명한 말로 시작되는 「공산당 선언」을 발표했다. 이 선언은 혁명을 선언하는 서두만큼 유명한 말로 끝을 맺는다. "그러므로 현대의 산업 발전은 부르주아지가 생산을 하고 그 생산물을 전유하는 바로 그 기반을 발밑에서부터 무너뜨린다. 따라서 부르주아지가 생산하는 것은 무엇보다도 그 자신의 무덤을 파는 일꾼들이다. 그들의 파멸과 프롤레타리아트의 승리는 똑같이 필연적이다." 마르크스는 자본의 가격과 희소성의 원리에 관한 리카도 모형을 자본주의 동학에 대한 철저한 분석의 바탕으로 삼고 있다. 그리고 그 주요 결론은 자본은 계속 축적되면서 소수에 집중되는 경향을 띠고 그 과정에 어떤 제약도 작동하지 않는다는 '무한축적의 원리'로 귀결된다. 이에 따르면 자본의 수익률이 끊임없이 감소하거나 국민소득 가운데 자본가의 몫이 무한히 증가해 결국 자본주의는 최후를 맞는다는 것이다. 마르크스 주장의 타당성 여부는 차치하더라도 분배와 불평등의 문제가 자본주의의 운명을 좌우하는 중요한 변수라는 지적은 정확하다.

그러나 마르크스와 대척점에서 지속적인 성장이 소득 불평등을 포함한 자본주의의 문제점을 해결할 수 있다는 낙관주의도 있다. 이들의 철학은 "성장은 모든 배를 뜨게 하는 밀물이다"라는 한 문장으로 요약된다. 쿠즈네츠가 보기에 머지않아 성장이 모든 이에게 이득이 될 터이므로 참고 기다리는 것으로 충분했다. 이러한 쿠즈네츠의 견해는 불평등의 악순환에 관한 리카도와 마르크스의 생각에 정면으로 반대하는 것이며, 19세기 종말론적인 예언들과 완전히 상반되는 것이다.5)

토마 피케티는 『21세기 자본』에서 세습 자본주의로부터 미래를 구해야 한다는 인식 아래 마르크스의 자본주의 종말론이나 쿠즈네츠의 성장 자본주의적 낙관론과 결별하면서 역사적 경험에 근거한 실존적인 결단을 요구한다. 이에 따라 토마 피케티가 일관되게 문제 삼는 것은 부의 분배와 합리적 불평등이다. 불평등은 그 자체로 반드시 나쁜 것은 아니다. 중요한 것은 그 불평등이 정당화될 수 있는가, 그 불평등에 합당한 이유가 있는가이다. 이러한 점을 강조하듯 『21세기 자본』서장의 첫머리에 "사회적 차별은 오직 공익에 바탕을 둘 때만 가능하다"라는 1789년 프랑스 혁명 당시 인간과 시민의 권리에 관한 선언 제1조를 내세웠다.

---

5) 토마 피케티, 장경덕 외 옮김, 『21세기 자본』, 글항아리, 2014, 21쪽.

최근 세계 경제의 중심 화두는 크게 둘로 갈라진다. 하나는 "밀물이 밀려들면 모든 배가 떠오른다"는 비유를 표어로 삼고, 성장이 사회적 불평등을 해소할 수 있는 유일한 길이라고 확신하는 부류다. 이들은 얻는 사람이 있으니 잃는 사람이 있는 것은 당연하다고 인정하고, 파이를 어떻게 나누느냐가 아니라 어떻게 파이의 크기를 키우느냐가 중요하다고 주장한다. 이에 따르면 불평등은 오히려 바람직하다. 불평등은 인적 자원을 촉진하고 사회적 이동성을 발생시켜 빠른 경제성장의 동력으로 작용한다. 문제가 되는 것은 가난(특히 극심한 가난)이다. 이들은 자유 시장에 기초한 자본주의를 대체 불가능한 삶의 방식으로 확신한다.

반면 불평등을 사회적 변화와 진보를 가로막는 장애물로 인식하고 분배와 복지를 통해 성장을 이끌어내는 것이 유일한 해결책이라고 주장하는 부류가 있다. 이들은 성장주의자들이 확신하는 낙수 효과(trickle down effect)가 이미 한계를 드러냈다고 비판하며, 정의로운 분배를 지향하는 복지를 통해 분수 효과(trickle up effect)를 촉진하는 것이 불평등을 해소하여 새로운 사회로 나아가는 동력이 될 수 있다고 주장한다. 2011년 "월스트리트를 점령하라", "우리는 99퍼센트다"라는 구호로 떠들썩했던 미국 사회는 신자유주의적 자본주의가 야기한 불평등한 현실을 상징적으로 드러낸다. 조지프 스티글리츠(Joseph E. Stiglitz)는 이러한 부의 집중 현상을 "1퍼센트의, 1퍼센트에 의한, 1퍼센트를 위한" 사회로 규정했다. 무엇보다 심각한 문제는 불평등이 갈수록 심해지는 현상과 기회의 문이 갈수록 좁아지는 현상은 동전의 양면처럼 맞물려 있다는 것이다. 1퍼센트 부자들의 '기회 사재기(opportunity hoarding)'가 교육 불평등, 사회 불평등으로 이어지고 변화의 동력을 상실한 침체 사회로 귀결되고 만다는 것이 이들의 인식이다.

억만장자에도 좋은 억만장자와 나쁜 억만장자가 있다. 루치르 샤르마(Ruchir Sharma)는 억만장자 명단에 새로운 사람들이 올라온다는 사실이 경제에 긍정적인 신호일 수 있다고 주장하면서 지대 추구(rent-seeking) 산업[6] 밖에서 등장하는 경제주체를 좋은 억만장자로 분류한다. 또한 경제성장에 생산적인 기여를 하는 것으로 알려져 있거나 혁신적인 방법으로 부를 증진시키는 경제계의 거물들을 좋은 억만장자로 호칭한다.[7] 반면 나쁜 억만장자들은 허술한 제도 때문에 오래된 가족들이 부패한 정치와 유착하기 쉬운 신흥 국가에서 가족 제국을 통해 등장하는 경향이 있다. 그런데 자수성가로 이룬 억만장자의 재산과 상속에 의존하여 생긴 재산을 구분하는 『포브스』에 따르면, 혈연이 경쟁과 생산성을 저하시킬 가능성이 크다. 2015년 기준으로 10대 경제 선진국 중 스웨덴, 독일, 프랑스에서 억만 장자 재산 가운데 상속 재산 비중이 65%를 넘었다. 미국과 영국에서는 이 비중이 30%를 약간 넘는 수준으로 떨어졌고, 일본은 14%에 지나지 않았다. 10대 신흥 경제국 중에는 상속 재산 비중의 범위가 넓게 나타났다. 인도와 인도네시아, 터키는 50%를 넘었고, 중국은 1%에 불과했다. 가장 높은 나라는 한국으로 80%를 넘었다. 가족 재산의 출처를 정확하게 파악하는 데 신중해야 하겠지만, 가족 재산의 강력한 집중 현상이 경제에 부정적인 신호 — 깨끗

---

6) 지대 추구(rent-seeking)란 경제주체들이 자신의 이익을 위해 비생산적인 활동에 경쟁적으로 자원을 낭비하는 현상을 말한다. 지대 추구 산업은 건설, 부동산, 도박, 광산, 철강, 알루미늄, 기타 금속, 석유, 가스 및 주로 땅에서 천연자원을 채굴하는 산업들이 포함된다.

7) 루치르 샤르마, 이진원 옮김, 『애프터 크라이시스』, 더퀘스트, 2017, 165쪽 참조.

하고 개방적인 기업 지배구조의 적 — 라는 주장은 어김없는 진실이다.8)

대한민국 헌법 전문에는 정치, 경제, 사회, 문화의 모든 영역에서 국민의 기회균등과 국민생활의 균등한 향상을 분명하게 제시하고 있다. 제34조에는 모든 국민의 인간다운 생활을 할 권리를 규정했다. 구체적으로 국가는 사회보장, 사회복지의 증진에 노력할 의무를 진다는 점을 명시했다. 자유 시장을 기반으로 한 자본주의적 삶에 대한 논쟁적 성찰은 다문화 사회의 수용이나 성격과 긴밀한 관계를 갖는다. 성장주의냐 복지주의냐 하는 논쟁은 단순히 정책의 문제로 국한되는 것이 아니라 삶의 방식, 문화의 양태와 연계되어 나타난다.

서구 국가들은 일찍이 지금과 같은 풍요를 누리지 못해 왔으며, 마찬가지로 지금과 같이 극심한 불평등을 경험하지도 않았다. 현재 유럽에는 수천만 명의 빈곤층과 소외계층이 존재하고 있다. 따라서 이러한 문제를 해결하기 위해서는 새로운 목표를 지향해야 할 것이다. 특히 노동과 소득 그리고 사회권의 관계를 단절시킬 수 있는 연대경제라는 목표를 지향해야 하는 것이다.

생태주의자인 전 유럽회의 의원 리피에츠는 제3섹터가 가지는 가치를 '사회적 광채'라고 표현했다. 우리는 이 말에서 연대경제가 실업 빈곤층을 위한 자활 지원이나 일자리 창출 사업에서만 빛나지 않고 사회 양극화 문제를 해결함으로써, 공동체적 유용성을 가지고,

---

8) 같은 책, 170-171쪽 참조.

공동의 자산을 형성하며, 문화와 지역 개발의 영역에서 파급될 수 있다는 희망을 갖는다.

3. 다문화 사회에서 차이와 차별

결혼 이주자와 이주 노동자들이 급격하게 늘어나면서 한국 사회가 다문화 사회로 바뀐 지 오래되었다. 한국 거주 외국인은 2007년 100만 명을 넘어서 세간의 화제가 되었는데, 그 후 10년도 채 안 된 2016년에 200만 명을 돌파했다. 전체 인구 가운데 약 4%가 외국인인 셈이다.9) 따라서 우리 사회가 다양한 문화가 조화와 갈등을 겪으면서 공존한다는 점에서 다문화에 대한 새로운 인식과 정책이 필요한 시점이다. 특히 다문화 사회로의 빠른 변화는 우리 사회의 외국인에 대한 인식의 변화, 문화의 다양성을 인정하고 더불어 살아가는 삶의 방식과 가치의식의 변화를 요청한다.

한국적 다문화 사회는 단일민족국가라는 오랜 인식의 영향으로 한국적인 것과 속성을 달리할 경우 무조건 타자로 매도하는 성향과 혈연적 편견에 오리엔탈리즘의 요소가 부가되는 특성을 지닌다. 백인 문화에 대한 동경과 반대로 개발도상국과 후진국의 문화에 대해서는 무시하는 인식이 뒤섞여 있는 것이다. 조금씩 그 색깔이 퇴색

---

9) 법무부 출입국 외국인정책본부에 따르면, 2016년 5월 31일 기준, 한국 거주 외국인 200만 명 가운데 거주인구수 1위는 중국 사람으로 101만 명, 2위는 미국 사람으로 15만 명, 3위는 베트남 사람으로 14만 명이다. 200만 명 가운데 10%에 해당하는 20만 명이 불법체류자다. 한때 거의 절반 가까이가 불법체류였던 점을 감안하면 많이 낮아졌지만 여전히 높은 편이다. 통계청에 따르면, 2015년 8월 기준으로 결혼 이민자는 베트남 여성(25.9%)이 가장 많았으며 중국 여성(20.8%)이 뒤를 이었다.

하고 있기는 하지만, 우리 사회는 여전히 단일민족의 신화와 혈통 중심의 가족주의가 뿌리 깊게 남아 있다는 점에서 조화와 통합을 강조하는 공동체주의가 배타적 전체주의로 왜곡될 개연성이 있다. 따라서 시민사회가 다문화 사회로의 이행에 온전한 역할을 하고 소수민족과 조화로운 전통을 지닌 서구 사회에 비해 다문화주의에 취약한 요소를 지니고 있는 것은 빠른 시간 안에 극복할 수 없을지도 모른다.

한국 사회의 다문화 담론에서 소수자들은 결혼 이주자, 귀화인, 새터민, 이주 노동자 등이 대다수를 이룬다. 캐슬(Casles)과 밀러(Miller)에 따르면, 다문화 사회에서 타 문화를 대하는 방식에는 세 가지 유형이 있다. 차별적 배제 모형, 동화주의 모형, 다문화주의 모형이 그것이다. 다양한 다른 문화를 받아들이는 통로가 열려 있느냐 닫혀 있느냐를 기준으로 할 때, 우리의 다문화는 다문화주의 형과는 거리가 먼 차별형과 동화형에 속한다. 원래 차별적 배제 모형은 노동력을 받아들이는 사회가 외국인 노동자나 이주자를 3D 직종의 노동시장과 같은 특정 경제 영역에서만 받아들이고, 사회정치 영역에서 복지 혜택이나 국적, 그리고 시민권, 선거권, 피선거권 등 성원으로서 기본적 권리는 부여하지 않는 것을 말한다.

국민을 차별적 혈연 공동체로 정의하는 나라들이 주로 차별적 배제 모형을 채택하고 있다. 이는 한 국가 내의 인종적 소수인을 온전한 문화적 주체로 인정하지 않고 소수인종과 소수문화를 단지 국민의 단일성과 통일성을 위협하는 요인으로 인식한다. 따라서 인종적 소수자를 제거하거나 최소화하는 것을 정책 목표로 삼고, 인종 청소를 통해 인종적 소수자의 배제를 꾀한다. 동화주의 모형은 소수문화를 주류 문화에 흡수하여 동화시키는 데 목적이 있다. 이는 외국인 노동자나 이주자가 출신국의 언어적, 문화적, 사회적 고유성을 완전히 포기하여 주류 사회의 성원들과 차이를 없애게 하는 것이다. 따라서 각 문화를 존중하고 고유한 가치를 인정하지만, 문화를 우등한 문화와 열등한 문화로 위계화하여 우등한 문화가 열등한 문화를 흡수하는 것을 목표로 한다. 즉 한 국가 내에 공존하는 주류 문화와 비주류 문화 중에서 주류 문화를 통한 사회통합을 지향한다. 차별형과 동화형은 주류 문화를 중심으로 하는 통합을 지향하기 때문에 다문화 사회에서 발생하는 문화적 갈등과 삶의 방식의 차이, 가치 갈등의 사태를 해결하는 데 근본적인 한계가 있다.

다문화주의 모형은 자유민주주의에 대한 광범위한 합의와 지지 그리고 이에 기초하여 다양한 문화 주체들의 특수한 삶의 권리에 대한 보장이라는 원칙을 선결 조건으로 한다.[10] 이에 따르면 이주자가 문화적 정체성과 고유성을 지켜나가는 것을 인정하고 장려하며, 정책 목표도 소수민족의 주류 사회로의 동화가 아닌 다양성의 공존에 둔다. 이 모형은 다양한 문화와 가치, 다양한 민족 집단과 민족 고유의 언어와 습관을 한 나라 안에서 공존하게 하는 정책이다.

다문화 정책에서 전제되어야 할 점은 새로운 사회에 소속된 소수자들을 사회통합을 가로막는 문제 집단으로 인식하거나 한 민족으로 동화시켜야 할 대상으로 파악하는 데서 벗어나야 한다는 것이다. 이런 점에서 다문화주의는 같은 사회 공간 내에 복수의 문화가 공존하는 것을 인정하고 그에 따라 정책적 정비를 갖추는 것을 포함하는 개념이다. 따라서 다문화주의란 문화적 현상을 포착하고 있

---

10) 유문무, 「다문화 사회로의 전환과 다문화 담론 모색」, 『아시아연구』, 2010, 90쪽.

는 정태적, 수동적 개념이면서 동시에 국가를 비롯한 관리자의 힘이 작용하여 문화 현상을 주도할 수 있다는 동태적, 능동적 개념이다. 다문화주의는 인종적, 민족적, 문화적 차별을 극복하는 것을 뜻하며, 한 사회의 구성원들이 서로의 차이를 인정하고 법과 제도적 장치를 통해 평등한 대우를 보장하는 것을 핵심으로 한다. 결국 다문화주의의 과제는 다른 문화와 종족, 종교 집단에 속한 개인의 인간으로서의 존엄성을 인정하고 더불어 사람다움을 실현하는 것이다. 이런 점에서 다문화주의는 민주주의를 의미하며 개인의 권리 존중이 중심 가치가 된다.[11] 소수인종과 소수민족, 소수파 종교 신자 등은 문화의 다양성과 다원성을 역설하였다. 이에 부응하여 다문화주의는 차이의 시민적, 정치적 권리 신장에 큰 역할을 해왔다. 다문화 사회로 나아가는 우리 사회에서 중요한 것은 차이의 상호 동등한 이해와 다양성에 대한 존중이다. 우리는 차이 때문에 위협감을 느끼는 대신 자신이 성장한다고 느끼는 법을 배워야 한다. 문화적 자폐아는 인지적 결함 때문에 '정신적 맹인'인 것이 아니다. 그는 우선 감정적으로 닫혀 있기 때문에 정신적 맹인이다.

한국에서는 빠르게 진행되는 다문화 사회에 대응하여 2008년에 '다문화가족지원법'을 제정하고, 시대의 변화를 반영하여 2015년에 개정하였다. "이 법은 다문화 가족 구성원이 안정적인 가족생활을 영위하고 사회 구성원으로서의 역할과 책임을 다할 수 있도록 함으로써 이들의 삶의 질 향상과 사회통합에 이바지함을 목적으로 한다"고 명시하였다. '다문화가족지원법'은 다문화 가족에 대한 이해

---

11) 강권찬, 「다문화주의의 현장: 이상적 공존제도화의 실현」, 『민족연구』, 2003; 구견서, 「다문화주의의 이론적 체계」, 『현상과 인식』, 2003; 정상준, 「다문화주의를 넘어서」, 2001 참조.

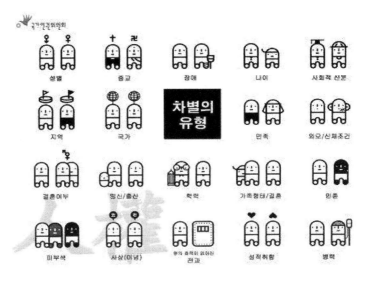

국가인권위원회법에 예시된 차별 사유 19가지 (국가인권위원회)

증진과 다문화 교육이 중심을 이룬다. 구체적으로 "국가와 지방자치단체는 다문화 가족에 대한 사회적 차별 및 편견을 예방하고 사회 구성원이 문화적 다양성을 인정하고 존중할 수 있도록 다문화 이해교육을 실시하고 홍보 등 필요한 조치를 하여야 한다." 또한 "학교에서는 다문화 가족에 대한 이해를 돕는 교육을 실시하기 위한 시책을 수립하여 시행한다." 다문화 가족의 실태를 조사할 때는 다문화 가족 구성원인 아동, 청소년의 교육 현황 및 아동, 청소년의 다문화 가족에 대한 인식 등에 관한 사항을 반영해야 한다. 학교의 교원에 대해서도 다문화 이해교육 관련 연수를 실시해야 한다.

자유주의 국가에서 자유주의를 견지하면서 소수집단의 불이익을 완화시키기 위해서 성원권과 집단권을 인정하면, 이러한 사상을 자유주의적 문화주의라 할 수 있다. 현재 자유주의적 문화주의는 다문화 현상의 해결책에 가장 유력한 사상이다. 자유주의의 기본전제는 개인주의, 선거, 민주주의, 인권, 권리 등이다. 자유주의 입장에서 다문화주의에 접근하면, 자유주의적 기본전제만 거부하지 않으면 소수집단의 문화적 차이와 언어 차이 등은 용인된다.12) 찰스 테일러에 따르면, 나의 자기 정의는 '나는 누구인가'라는 질문에 대한 대답으로 이해된다. 나는 어떤 대화자들과 관계를 맺을 때에만 자아이다. 나는 내가 어느 곳에서 말하는지를 정의함으로써 내가 누구인지를 정의한다. 나의 가계에서, 사회적 공간에서, 사회적 지위와 직능의 자리에서, 사랑하는 사람과의 친밀한 관계에서, 그리고 결정적으로, 나를 가장 중요하게 정의하는 관계가 이루어지는 도덕적, 정신적 방향의 공간에서. 자아는 '대화의 망(webs of interlocution)' 안에서만 존재하는 것이다.13) 우리 사회도 이제 차별형과 동화형의 닫힌 문화 인식 태도에서 벗어나 자유주의적 문화주의를 받아들여 다문화 사회에서 파생되는 여러 문제점을 해결해 나가야 한다.

4. 차별에서 관용과 인정, 그리고 연대로

차이 때문에 차별받아서는 안 된다는 말이 삶의 실천원리로 작동하기보다는 선언적 명제에 불과한 것이 되어버린 지금, 차별적 조

---

12) 서울대학교 철학사상연구소 엮음, 『처음 읽는 윤리학』, 동녘, 2013, 604쪽.
13) 찰스 테일러, 권기돈·하주영 옮김, 『자아의 원천들』, 새물결, 2015, 80-83쪽 참조.

치를 금지하는 강제성을 띤 제도적 대안 외에는 어느 것도 실효성이 없는 것처럼 보인다. 그러나 아무리 탁월한 법과 제도를 만들어서 차별을 막는다 하더라도 차이와 차별에 대한 인식의 전환, 낯선 타자에 대한 관용과 연대, 인정의 윤리가 전제되지 않는다면 그 제도나 법은 일시적인 미봉책에 지나지 않는다.

차이가 차별이라는 폭력으로 악화되는 것을 막는 훌륭한 처방은 서로서로 자신의 두려움을 이야기하고 타인의 두려움에 귀를 기울이며 서로의 연약함을 공유하면서 새로운 희망을 발견하는 대화다.14) 대화는 곧 윤리적인 것이자, 자유롭지 못하고 정의롭지 못한 것에 대한 강력한 비판이며 수정 명령이기도 하다. 윤리학은 약자와 소수자에게 자유를 선언하는 가장 강력한 세속적 복음이자 마지막 거주지다.

오늘날 흔히 사회적 갈등을 넘어 화해의 공동체를 만들어가는 데 있어 가장 중요한 지침으로 제시하는 관용 혹은 똘레랑스라는 말은 기본적으로 정치사회적 소수자 혹은 부정적 대상에 대한 기존 사회의 인내 내지 수용 능력을 전제한다.15) 따라서 관용을 삶의 일상에서 실천하는 것은 빈부의 차이, 외모의 차이, 인종의 차이를 넘어서 인간과 인간이 인격적으로 만날 수 있는 최적의 유대다. 관용이라는 말은 성가신 존재들이 옆에 있더라도 참고 견디며 함께 살아갈 수밖에 없는 현실 상황에 대한 체념의 의미를 원초적으로 담고 있다. 이러한 현실 체념이 도덕적 당위로 승화되어 이념의 형태로 나타난 것이 바로 관용인 것이다.

---

14) 조너선 색스, 임재서 옮김, 『차이의 존중』, 말·글빛냄, 2010, 16쪽.
15) 프랑스어 tolerance는 '참다', '견디다'라는 의미의 라틴어 tolerlo의 현재 분사 tolerans에서 파생한 명사 tolerantia에서 유래했다.

관용은 최근 세계화 및 다문화 시대가 전개되면서 일반적으로 타인의 생각과 행동방식의 자유 및 타인의 정치적, 종교적 의견의 자유를 존중하는 태도를 의미한다. 따라서 관용을 삶 속에서 실천하기 위해서는 극단주의를 벗어나 비타협보다는 양보로, 처벌이나 축출보다는 설득과 포용으로, 홀로 서기보다는 연대로, 힘의 투쟁보다는 대화의 장으로 인도하도록 요구해야 한다.

그러나 관용이 바로 차이의 소멸이나 차이의 배제를 의미하는 것은 아니다. 관용이 고귀한 사회적 덕목이라는 점은 누구도 부인하지 않는다. 그러나 차이마저도 부인하고 배제하는 것을 관용의 태도로 인식한다면 세상은 더 나아지고 조화로워질 수 있을까? 다음은 프랑스 사회학자 메르메(Gerard Mermet)가 '독이 든 선물들'이라고 부른 것 가운데 하나인 '기준을 화해시키고 토론을 맥 빠지게 하는 관용'을 언급한 부분이다.

생활방식과 규범의 다양한 가치에 대한 관용이 일반화된 것은 분명한 진보로 볼 수 있는데, 이것은 다문화 사회의 통합과 이해를 위한 중요한 요소다. 하지만 이러한 태도는 때때로 타인에 대한 일종의 무관심의 결과이기도 하다. 그 결과 모두들 '자기 좋은 식으로' 행동하게 되어 지금까지 많은 사람의 귀감 역할을 해왔던 모델로 사라지게 된다. 이처럼 도덕적 확신이 사라진 가운데 사람들은 모두 자기 느낌대로 행동한다. 요즘 들어 많이 느낄 수 있는 이 같은 기준 소멸 현상은 오늘날 사회적 불안의 상당 부분을 설명해 주고 있다.

메르메는 다양한 생활방식과 규범에 대한 관용이 다문화 사회의 소통과 이해에 중요한 요소라는 점은 인정한다. 그러나 차이의 해소까지 포함하는 관용은 타인에 대한 일종의 무관심으로 귀결될 수 있다는 점을 지적한다. 무관심(indifference)은 원래 뜻대로 '차이가 없다'는 것을 의미한다. 관용이 곧 차이가 없다는 것을 함축한다면, 관용은 타인에 대한 무관심한 태도로 오인될 수도 있다. 따라서 오히려 차이를 정확하게 인식하고 인정하는 것이 타인을 배려하고 보살피는 선행조건일 수 있다.

인간은 다른 인간을 모방함으로써 그제야 비로소 인간이 된다. 그런데 아도르노가 모방을 '사랑의 원(原) 형식'이라고 말했을 때, 그 말 속에는 '탈중심화(脫中心化)'의 의미가 자리하고 있다. 다시 말하면 세계에 대한 타자의 관점을 중요한 것으로 경험 가능케 하는 타자에 대한 일종의 실존적, 나아가 정서적 공감 말이다.16) 그것은 자의적이지 않은 열림, 헌신과 사랑을 포함한다. 우리는 모습과 생각이 서로 다른 사람들과 자유롭게 교제하고 또 모방하는 태도를 취함으로써 타자를 더 이상 도덕적 의무 충족을 위한 단순한 대상으로 지각하는 것이 아니라, 그 인격이 지닌 모든 차이를 고려하면서 그 타자를 인식한다. 이렇게 했을 때, 우리는 망각된 주변부에서 주춤거리는 사회경제적 약자, 이주민, 성소수자 등 다른 정체성을 소유한 사람들을 배제하고 억압하는 야만의 상태에서 벗어날 수 있다.

여기서 가장 중요한 것은 '배려'를 강조하는 윤리적 입장이다. 이는 한 공동체 내에서 각 개인에게 동등한 권리를 부여함으로써 인간적 보편성을 인정하는 것, 개인의 생활방식과 능력에 가치를 부

---

16) 악셀 호네트, 강병호 옮김, 『물화: 인정이론적 탐구』, 나남, 2006, 54쪽.

여하여 연대를 이룸으로써 개인적 특수성을 인정하는 것, 친밀한 사람들을 사랑하는 정서적 존재로서 개인에 대한 인정을 포함한다.

사회를 이루고 살아가는 개인들이 각자의 차이를 존중하면서 '차이의 공동체', '조화의 공동체'를 구성하기 위해서는 무엇보다 실천적 연대의식이 중요하다. 모든 실천적 담론은 연대라는 도덕적 관점을 지향한다. 왜냐하면 그 담론 안에서 참여자들이 서로를 단지 평등한 권리를 가진 인격으로서 뿐만 아니라 동시에 독특한 개별자로서 인정해야만 하기 때문이다. 이런 점에서 연대는 정의의 다른 측면으로 이해될 수 있다. 연대관계에서 모든 주체는 다른 사람들, 그러니까 평등한 권리를 가진 존재로서 그들과 인간의 의사소통적 삶의 형식을 공유하고 있는 다른 사람들의 안녕을 위해 서로서로 노력한다. 이렇게 했을 때 우리는 차이를 인정하고 존중하면서 인간이 인간을 모욕하지 않고 사회가 인간을 모욕하지 않는 품위 있는 사회를 이룰 수 있다.

■ 참고문헌

로지 브라이도티, 박미선 옮김, 『유목적 주체』, 여이연, 2004.

루치르 샤르마, 이진원 옮김, 『애프터 크라이시스』, 더퀘스트, 2017.

부산대학교 한국민족문화연구소 엮음, 『차이와 차별의 로컬리티』, 소
　　명출판, 2013.

서울대학교 철학사상연구소 엮음, 『처음 읽는 윤리학』, 동녘, 2013.

악셀 호네트, 강병호 옮김, 『물화: 인정이론적 탐구』, 나남, 2006.

이남석, 『차이의 정치: 이제 소수를 위하여』, 책세상, 2005.

조너선 색스, 임재서 옮김, 『차이의 존중』, 말·글빛냄, 2010.

찰스 테일러, 권기돈·하주영 옮김, 『자아의 원천들』, 새물결, 2015.

토마 피케티, 장경덕 외 옮김, 『21세기 자본』, 글항아리, 2014.

파스칼 브뤼크네르, 이창실 옮김, 『번영의 비참』, 동문선, 2003.

12장 인공지능
테크노피아인가 디스토피아인가?

1. 문제 제기

2016년 3월 9일부터 15일까지 구글의 바둑 인공지능(Artificial Intelligent), 딥마인드 알파고와 이세돌 9단 간 세기의 대결에서 알파고가 4승 1패로 승리하였다. 당시 이세돌은 대결에 앞서 희망과 염려가 섞인 목소리로 이렇게 말했다.

당연히 이길 자신이 있어서 받아들였다. 지금도 그 생각이 변함없는 것이 구글이 나를 어떻게 생각하는지는 알 수 없지만, 나는 구글에서 이 알파고라는 프로그램이 완성 단계로 들어서기 위한 시험 단계라고 보기 때문에 여기서 인간이 진다, 내가 진다… 인간이 진다는 것은, 그것은 인간이 너무 무력한 것이 아닌가 하는 생각이 든다. 물론 내가 한 판, 많게는 두 판까지 질지언정 3 대 2라도 내가 이길 것 같고 4 대 1이냐 5 대 0이냐, 이 정도가 맞지 않느냐 이렇게 보고 있다.

AI라고 하면 으레 조류독감(Avian Influenza)에 익숙해져 있던 사람들은 인공지능의 위력을 실감하면서, 다가올 미래, 어쩌면 '이미 와 있는 미래'에 대해 기대 반 우려 반의 시선을 보내기도 했다. 벌써 2년 가까이 시간이 지났지만, 당시 우리가 느꼈던 충격의 여진은 새로운 차원으로 이어지고 있다. 그리고 지금 우리의 사회, 경제, 문화, 교육 시스템으로는 인공지능 시대를 헤쳐 나가기 어렵다는 공감대를 이루면서 '4차 산업혁명'이라는 말을 우리 삶의 핵심 지반으로 받아들이게 되었다. 4차 산업혁명과 관련된 서적이 봇물처럼 쏟아져 나오고, 사회의 여러 영역에서 광범위한 논의가 진행되고 있다.

알파고와 이세돌 (출처: 삼성 뉴스룸)

제2의 기계시대
(출처: 구글 이미지)

296

디지털 하드웨어, 소프트웨어, 통신망의 시대에 이루어지는 기술의 발전은 기하급수적 성장, 디지털화, 재조합 혁신이라는 세 가지 특징을 지닌다.[1] 디지털 기술의 발전은 아주 오랜 세월 느리게 진행되다가 어느 순간 급격하게 가속된다. 만물의 디지털화는 제2의 기계시대를 떠받치는 중요한 힘이다. 디지털화는 이해를 증대시키며 엄청난 양의 자료에 쉽게 접근할 수 있도록 해준다. 자료는 과학의 생명선이다.[2] 재조합 혁신은 범용 기술(GPT, General Purpose Technology), 즉 어디에나 있고, 시간이 흐르면서 개선되며, 새로운 혁신을 낳을 수 있는 기술을 창출하는 데 기여할 것이다.

기술의 기하급수적 성장, 디지털화, 재조합 혁신으로 인해 우리는 인공지능의 시대, 공통의 디지털망을 통해 세계 대부분의 사람을 연결하는 시대를 맞고 있다. 세계는 이제 제2의 기계시대라는 사회, 경제의 변곡점을 지나고 있다. 우리는 이 변곡점이 풍요와 자유가 확산되는 바람직한 방향으로 휘어지기를 바라지만, 예측 불가능한 과제와 선택이 재앙으로 다가올지도 모른다는 우려가 앞서는 것도 사실이다.

2. 인공지능과 인문학

전통적인 인문학에 정통한 사람이 미래의 기술 주도 사회에서 적응해서 살기 힘들다는 주장이 여기저기서 터져 나온 것은 어제오늘의 일이 아니다. '문송합니다(문과라서 죄송합니다)', '인구론(인문

---

1) 에릭 브린욜프슨·앤드루 맥아피, 이한음 옮김, 『제2의 기계시대』, 청림출판, 2014, 56쪽.
2) 같은 책, 91쪽.

계 졸업생의 90퍼센트는 논다)' 같은 말이 유행처럼 번졌다. 인문계 학과 출신은 열심히 공부해도 졸업 후 취업하기 어려운 현실을 빗댄 말이다. 과학, 기술, 공학 전공자처럼 직업에 필요한 기술을 갖고 있지 않다는 이유로 말이다. 겉으로는 이공계 우대 현상이 뚜렷해진 데 원인이 있지만, 그 이면에는 4차 산업혁명의 가시적 출현과 더불어 우리의 삶의 지형이 디지털화, 인공지능, 블록체인 등 기술혁명과 관련된 영역으로 재편되는 과정에 있다는 데 기인한다. 어쩌면 과학 발전의 역사에서 피할 수 없는 자연스러운 현상인지도 모른다.

그렇다면 우리는 이미 돌아올 수 없는 다리를 건넌 것인가? 인공지능의 시대에 인문학은 '쓸모없는 잡학'에 지나지 않는 것인가? 찰스 스노우(Charles Percy Snow)는 '과학과 인문학의 조화로운 만남을 위하여'라는 부제가 달린 『두 문화』라는 책에서 인문학과 과학 종사자들 사이에 생긴 단절을 한탄했다. 그에 따르면, 우리는 두 문화(인문학과 과학) 사이에 진지한 교류가 있었더라면 놓치지 않았을 중요한 점을 지나치고 말았다. 사상과 창조의 핵심을 이루는 최상의 기회 말이다. 정신활동의 역사에서 돌파구가 열린 것도 바로 두 문화가 충돌하는 지점인데, 우리는 서로 접촉하여 대화를 나누지 못하기 때문에 이러한 기회를 진공상태 속에 방치하고 말았다는 것이다.3)

대학에서는 여전히 학문 간의 벽이 자리하고 있지만, 최근 '통섭'과 '융합'이 학문의 주류를 이루면서 인문학과 과학, 예술이 경계를 넘어 뒤섞이면서 새로운 흐름을 형성하고 있다. 기술의 눈부신 진

---

3) C. P. 스노우, 오영환 옮김, 『두 문화』, 사이언스북스, 2007, 28-29쪽.

화로 누구나 언제 어디서나 쉽게 기술을 접할 수 있는 '유비쿼터스
(ubiquitous)' 세상이 현실로 다가오면서, 시대를 초월하는 인문학
적 질문과 인간의 필요나 욕망에 대한 인문학적 성찰이야말로 기술
적 도구 개발에 반드시 필요한 요소가 되었다.[4] 스티브 잡스는 훌
륭한 제품을 만드는 데 인문학이 얼마나 중요한지에 관해 이렇게
말하기도 했다. "기술만으로는 충분치 않습니다. 기술이 인문학, 인
본주의와 결합될 때 가슴 뛰는 결과물이 나옵니다."

자동화는 인간 노동자를 대체하는 것이 아니라 인간만이 할 수
있는 업무에 더 많은 시간을 쓰도록 사람들을 해방시켜 주는 결과
를 낳은 것이다.[5] 우리가 직면한 다양하게 중첩된 문제에 대한 해
결책을 찾으려면 '코딩'뿐만 아니라 '인간적 맥락'에 대한 이해가
필요하다. 데이터와 윤리 둘 다 필요하고, 딥러닝(deep learning) 인
공지능뿐만 아니라 인간에 대한 깊은 사고가 필요하며, 기계뿐 아
니라 사람이 필요하다. 나도 모르는 사이에 알고리즘에 녹아든 편
견에 대해 따져야 하고, '어떻게 만들 것인가' 뿐만 아니라 '왜 만드
는가', '무엇을 개선하고 싶은가'를 깊이 있게 물어야 한다.[6] 이런
점에서 인문학을 공부한 사람이야말로 빠르게 진화하는 세계에 적
응하는 데 필요한 지식과 기술을 갖추었다고 말할 수 있다. 유발 하
라리(Yuval Noah Harari)의 주장은 인공지능의 시대에 인문학의 힘
과 인간의 주체적 존재 가능성을 잘 표현하고 있다.

인문학은 상호주관적 실재들을 매우 중요하게 취급한다. 상호

---

4) 스콧 하틀리, 이지연 옮김, 『인문학 이펙트』, 마일스톤, 2017, 7쪽.
5) 같은 책, 26쪽.
6) 같은 책, 8쪽.

주관적 실재들은 호르몬과 뉴런으로 환원될 수 없다. 역사적으로 생각한다는 것은 인간의 상상이 만들어낸 이야기의 내용에 실질적인 힘을 부여한다는 뜻이다.7)

다른 어떤 동물들도 우리에게 맞서지 못하는 것은 그들에게 영혼이나 마음이 없어서가 아니라, 그러기 위해 필요한 '상상'을 할 수 없기 때문이다. … 이렇게 상호주관적인 실재들을 창조하는 능력은 인간을 다른 동물들에게서 분리할 뿐만 아니라, 인문학을 생명과학에서 분리한다.8)

여기서 중요한 것은 과학으로 분명하게 증명할 수 있는 것과 여전히 철학의 문제일 수밖에 없는 것을 구분하는 것이다. 어떤 측면에서 철학이란 과학이 아직 완벽하게 밝혀낼 수 없는 문제들이 잠시 머무는 대피소와 같은 것이다. 따라서 과학이 어떤 문제를 풀 수 있는 수준으로 발전하면 철학은 다른 문제로 관심사를 옮겨갈 것이며, 또다시 언젠가는 철학의 관심사를 과학이 해결해 낼 것이다.9) 존 설(John Searle)의 진술은 이러한 사례를 잘 보여준다.

우리는 뇌가 의식과 함께 특정한 생물학적 메커니즘을 유발한다는 사실을 안다. … 기본적으로 의식은 소화, 수유, 광합성, 유사분열과 같은 생물학적 과정이라는 것을 알아야 한다. … 뇌는 기계다. 물론 생물학적 기계이긴 하지만 어쨌든 기계다. 따라서

---

7) 유발 하라리, 김명주 옮김, 『호모데우스』, 김영사, 2015, 214쪽.
8) 같은 책, 214쪽.
9) 레이 커즈와일, 윤영삼 옮김, 『마음의 탄생』, 크레센도, 2017, 294쪽.

우선은 뇌가 어떻게 의식을 유발하는지를 알아내야 하고, 그 다음에는 뇌와 똑같이 의식을 유발할 수 있는 인공기계를 만들어야 한다.10)

존 설은 현상을 구체적인 개별 단위로 쪼개어 설명할 수 있다고 주장하는 '환원주의자'인가, 아니면 '의식의 신비'를 옹호하는 철학자인가?

초지능 시대에 철학의 학문적 지향과 자리매김하는 지점에 대한 닉 보스트롬(Nick Bostrom)의 주장으로 인공지능과 인문학의 관계에 대한 논의를 마치기로 하자.

지능 대확산이 일어날 것이라는 전망은, 지혜에 대한 고전적인 질문에 새로운 답을 던지고 있다. 이런 관점은 직접적으로 철학적 이론을 만드는 등의 철학적 활동을 하는 것보다는 간접적인 통로를 통해서 철학적 발전이 최대로 이루어질 수 있다는 것을 시사한다. 초지능(또는 적절하게 진보된 인간지능)이 현재의 지식인들의 예상을 능가할 수 있는 여러 일들 중의 하나는 과학과 철학의 근본적 질문에 답하는 것이다. 이러한 생각으로부터 욕구 충족을 뒤로 미루는 전략이 만들어진다. 즉 더욱 긴급한 현안을 주의를 집중하여 다루기 위해서 더 유능할 것으로 기대되는 다음 세대에게 문제 해결을 맡김으로써 잠시 동안 몇몇 영원한 문제들에 대한 해결을 미룰 수 있다. 즉 유능한 다음 세대가 실제로 탄

---

10) John R. Searle, "I Married a Computer," in Jay W. Richards, ed., *Are We Spiritual Machine? Ray Kurzweil vs. the Critics of Strong AI*, Seattle: Discovery Institute, 2002. 같은 책, 294쪽에서 재인용.

생할 가능성을 높일 것이다. 이렇게 함으로써 더욱 영향력이 커
진 철학과 수학으로 발전될 것이다.11)

3. 인공지능과 미래의 일자리

제4차 산업혁명의 다양한 영향을 통해 새로운 기술혁명이 사회
에 다중적 영향을 미치게 될 것이라는 점은 분명해졌다. 그렇다면
기술혁명, 특히 인공지능은 우리의 삶에 어떤 영향을 미칠까? 인간
과 기계는 공생할 것인가, 경쟁할 것인가? 인공지능은 우리 사회의
평등에 기여할 것인가, 불평등을 심화하여 사회적 위계체계를 구조
화할 것인가?

마누엘 카스텔스(Manuel Castells)는 "주요 기술의 변화가 일어
나는 모든 순간마다 사람들과 기업, 기관들은 변화의 깊이를 체감
하지만, 변화가 가져올 영향에 대해 모르기 때문에 자주 압도당한
다"고 지적했다. 인공지능의 혁명적 발전이 가져올 변화에 대해서
도 기업과 기관의 체감도는 높지만, 그것이 초래할 미래의 삶에 대
해서는 막연한 기대와 불안만 있을 뿐 무지로 인해 압도당하고 있
는 현실이다.12)

'AI 경제'라는 말이 암시하듯이, 똑똑한 인공지능의 출현은 자본
주의 경제 시스템의 전면적 재편을 가져올 수도 있다. 이 과정에서
인공지능은 일자리를 둘러싸고 인간의 강력한 경쟁자로 등장할 수
있다. 앤드루 맥아피(Andrew McAfee)는 인공지능이 사람들의 노

---

11) 닉 보스트롬, 조성진 옮김, 『슈퍼인텔리전스』, 까치, 2017, 451쪽.
12) 클라우스 슈밥, 송경진 옮김, 『제4차 산업혁명』, 새로운 현재, 2017, 148
    쪽.

동과 일하는 방식에 가장 큰 파괴를 불러올 요소라고 주장했다. 에릭 브린욜프슨(Erik Brynjolfsson)도 기계가 인간이 가르쳐준 영역을 뛰어넘어 스스로 학습하는 '두 번째 파도'가 닥칠 것이라면서 이것이 사회와 경제에 영향을 미치는 가장 중요한 요소라고 말했다.[13] 대부분의 전문가들은 인공지능이 우리의 삶의 환경에 엄청난 균열을 일으키고 지속적으로 그 범위를 넓혀갈 것이라고 확신한다. 반대로 지금까지의 다른 기술혁신과 마찬가지로 지금은 상상할 수 없는 새로운 직업이 생겨날 것으로 낙관하는 사람도 있다.

사람들은 인공지능이 인간보다 더 똑똑해지고 언젠가 세계를 정복할 것이라고 걱정한다. 그러나 "기계는 멍청하고, 이미 세계를 정복했다"는 것을 현실로 받아들이기도 한다. 포레스터 리서치가 최근 발표한 보고서에 따르면, 앞으로 5년 뒤에는 미국 내 일자리에서 6%가 인공지능 시스템과 로봇으로 대체될 전망이다. 2018년 1월 제네바에서 열린 세계경제포럼은 인공지능과 머신러닝 등의 기술로 향후 몇 년 안에 700만 명 이상이 일자리를 잃게 된다는 전망을 내놓았다. 일자리와 관련하여 인공지능과 경쟁하는 미래에 대해 회색빛 전망을 내놓은 사람들은 순수한 새로운 직업은 생겨나지 않을 것이고 필요한 일손도 그다지 많지 않을 것이라고 주장한다. 단순한 반복 수동 작업이 자동화될 것이라는 데 의문을 제기하는 사람은 거의 없지만, 심지어 전문성을 요구하는 일자리도 인공지능으로 대체될 수 있다는 것이다. 수십 년 동안 교육을 받은 사람의 기술이 어느 순간 하찮은 것이 될 수 있다.

IP소프트의 '아멜리아(Amelia)'는 인공지능이 '비반복형, 지식노

---

13) IT World, 2017년 5월 29일자, 「산업파괴와 일자리, '약속과 위험이 공존하는 AI'」, www.itworld.co.kr/news/104977.

동형 업무' 영역까지 빼앗을 가능성을 나타내는 상징이다. 아멜리아는 언어 표현력이 우수하고, 표정과 동작도 융통성 있게 즉각적으로 나타난다. 애플의 시리(Siri)가 해괴한 질문에 유머로 대꾸한다면, 아멜리아는 공감 형성으로 대응한다. 아멜리아는 사용자와 공급자 사이에 이뤄지는 상호작용을 관찰하는 방식으로 학습해 나간다. 학습을 통해 고급 업무를 수행할 수 있는 것이다.[14] 아멜리아와 같은 인공지능이 범용기술로 등장한다면 자동화가 반복형 일자리를 침범한 충격을 넘어서는 여파가 있을 것이다. 1991년 육체노동과 지식노동을 포함한 반복형 일자리는 미국 노동시장 기준 58%를 차지했으나, 2011년 44%까지 감소했다. 반면 비반복형 및 지식노동형 일자리는 1991년 29%에서 2011년 39%로 증가했다.[15] "공장에서 일하던 사람들은 전부 어디에 있는지 아는가?"라는 질문이 수많은 노동자들이 자동화로 일자리에 밀려났음을 함축한다면, "사무실과 연구실에서 일하던 사람들은 전부 어디에 있는지 아는가?"라는 물음이 사회적 쟁점으로 부각될 날도 머지않은 것으로 보인다.

반면 로봇과 인공지능이 일자리를 뺏는 세상은 아직은 먼 미래의 일이라고 말하는 사람들도 있다. 그러나 이들도 앞으로 인공지능 기술이 기하급수적으로 발전하게 되면 지금과는 완전히 다른 유형의 세계가 열릴 것이라는 사실은 의심하지 않는다. 우울한 '회색빛' 전망만 있는 것은 아니다. 인공지능, 머신러닝, 자동화를 통해 산업화 시대의 반복적인 작업보다 훨씬 더 흥미롭고 창의적인 새로운 직업이 생길 것이란 전망도 있다. 과거에는 존재하지 않았던 AI 기

---

14) CIO Korea, 2016년 10월 12일자, 「인공지능이 빼앗을 다음 일자리, '비반복형 지식노동형 업무'」, www.ciokorea.com/news/26908.
15) 같은 기사 참조.

로봇 노동자
(출처: 구글 이미지)

협상로봇
(출처: 구글 이미지)

반의 기업, 비즈니스 모델, 제품과 서비스와 관련된 기회와 가능성은 우리의 삶에 새로운 여지를 제시할 수 있다는 것이다.

인공지능 스스로 애플리케이션을 구현하고, 거의 모든 IT 직종의 기능을 대체하는 시점은 아마 100년 정도 지나야 가능할 것이라고 예측하기도 한다. 미래가 '장밋빛'으로 찾아오는 것은 아니지만, 적어도 앞으로 20년 동안에는 IT 일자리가 감소하는 일은 없다는 것이다. 매킨지(McKinsey)도 인공지능이 기업 내부 IT 직종과 외부, 아웃소싱 컨설팅 직종 모두에서 전 세계적으로 2천만-5천만 개의 새로운 일자리를 창출하는 데 도움을 줄 것으로 예측한 바 있다. 인공지능을 축으로 새로운 일자리가 창출됨으로써 풍요롭고 자유로운 세계가 도래하리라고 낙관하는 것이다.

『인간만 적응하면 된다: 스마트 기계 시대의 승자와 패자(*Only Humans Need Apply: Winners and Losers in the Age of Smart Machines*)』 공동 저자인 토마스 데이븐포트(Thomas H. Davenport)에 따르면, 인공지능 시스템과 로봇은 우리가 일을 더 잘할 수 있도록 돕는 조수와 동료가 될 수 있다. 그는 『컴퓨터월드』와의 인터뷰에서 "많은 경우 우리가 이들 기계와 함께 일하게 될 것이라고 생각한다. 앞으로 일을 잘하는 사람은 기계와 함께 일하기를 좋아하는 사람이 될 것이다"라고 이야기했다.[16] 인간이 제4차 산업혁명 시대에 지혜롭게 적응하면 인간과 기계가 공존, 공생하는 세계가 시작된다는 것이다.

인공지능과 일자리의 관계에서 우리가 확증할 수 있는 한 가지는 약속과 위험이 공존한다는 사실뿐이다. 따라서 인공지능과 함께하는 미래를 이야기하는 전문가들은 한결같이 교육에 대한 기존의 생각을 바꾸는 것이 중요하다고 말한다. 에릭 브린욜프슨은 "아이들은 서로 이야기하고 함께 놀아야 한다"면서, "지금 아이들은 협업과 창의력이 아닌, 기존의 제1 기계시대에 맞는 교육을 받고 있다"고 말했다. 앤드루 맥아피 또한 이에 동의하며 "기업가들의 상당수는 학업 중퇴자들"이라고 말했다. 좋은 아이디어를 얻기 위해서 많은 아이디어를 떠올려야 하듯이, 인공지능 시대에 인간과 기계가 공존, 공생하는 삶의 환경을 만들기 위해서는 교육개혁을 통해 인간 스스로 협업과 창의력을 길러야 한다는 것이다.

---

16) CIO Korea, 2016년 9월 20일자, 「2021년 AI와 로봇이 미국 일자리의 6% 대신한다」, www.ciokorea.com/news/31262.

4. 인공지능 시대와 경제적 불평등

제4차 산업혁명은 인류에게 '풍요'의 빛과 '격차'라는 어둠을 동시에 드러낸다. 풍요는 현대 기술 발전으로 많은 제품들의 양, 다양성, 질이 증가하고 비용이 감소하는 것을 뜻한다. 오늘날의 경제 분야에서 가장 희소식인 셈이다. 반면에 격차 면에서는 그다지 좋은 소식이 없다. 부, 소득, 이동성 등 중요한 척도들을 볼 때, 경제적 성공 측면에서 사람들 사이의 격차가 점점 더 벌어지고 있기 때문이다.[17]

클라우스 슈밥(Klaus Schwab)은 제4차 산업혁명이 전개되면 사회의 다양한 구조적 변화로 인해 불평등이 더욱 심화될지도 모른다고 경계한다. 로봇과 알고리즘이 점차 노동을 자본으로 대체하고, 투자는 자본집약성이 완화된다는 것이다. 또한 노동시장은 전문기술의 제한된 범위로 편중되고, 전 세계적으로 연결된 디지털 플랫폼과 시장은 소수의 '스타'들에게 지나치게 많은 보상을 주게 되리라는 것이다.[18] 인공지능의 시대가 우리 삶의 중심으로 들어오게 되면, 그렇잖아도 자본주의 경제체제가 고질적으로 안고 있는 경제적 불평등이 더욱 심화될 것이라는 비관적 전망이다.

제4차 산업혁명에 대해 다양한 의견이 존재하지만, 노동경제로 이어질 가차 없는 자동화로 정의하는 데는 대체로 동의할 것으로 보인다. 그렇다면 '가차 없는 자동화'가 가져올 경제적 불평등이라

---

17) 에릭 브린욜프슨·앤드루 맥아피, 이한음 옮김, 『제2의 기계시대』, 청림출판, 2014, 18쪽.
18) 클라우스 슈밥, 송경진 옮김, 『제4차 산업혁명』, 새로운 현재, 2017, 148-149쪽.

는 파장을 완화하는 방법은 없는 것일까? 에릭 브린욜프슨과 앤드루 맥아피는 "체제로서의 자본주의는 완벽하지 않지만, 지금까지 시도된 대안들보다 훨씬 낫다"는 관점을 견지하면서 "중앙통제는 바람직하지 않고", "기본소득으로 돌아가야" 한다고 주장한다. 또한 가난한 사람을 위해 역소득세(negative income tax)를 물려야 한다고 강조하기도 한다.19) 그러나 어떤 것도 일자리를 능가할 수 없다. 볼테르는 그 이유를 탁월하게 요약했다. "노동을 하면 세 가지 크나큰 악에서 멀어질 수 있으니, 바로 권태, 방탕, 궁핍이다." 사람들은 권태, 방탕, 궁핍이라는 악에서 벗어나고, 대신에 일을 함으로써 숙달, 자율성, 목적을 찾고 싶어 한다.20) 이러한 대안의 기본전제는 생각하기에 따라 낙관적이고 순진하고 단순하다. 인공지능이 주도하게 될 미래는 우리에게 축복일까 재앙일까?

자동화가 상당히 이루어진 분야에서도 인간은 여전히 기여하는 바가 많다. 비록 현재 최고의 체스 컴퓨터를 이길 수 있는 사람은 아무도 없다고 해도, 인간과 디지털 노동력이 적절히 결합되면 그런 컴퓨터도 쉽게 이긴다. 따라서 어느 한 영역에서 컴퓨터가 인간을 능가한다고 해도 인간이 가치 없는 존재가 되는 것은 아니다. 기계에 맞서는 대신에 기계와 짝을 지어 달려간다면, 인간은 대단히 가치 있는 존재가 될 수 있다.21)

---

19) 미국의 보수적인 경제학자 밀턴 프리드먼이 설명한 바에 따르면 역소득세란 "소득이 손익분기점보다 낮을 때, 그중 일부를 정부로부터 지급받는 것, 세금을 내는 대신 돈을 받는 것"이다. 에릭 브린욜프슨·앤드루 맥아피, 이한음 옮김, 『제2의 기계시대』, 청림출판, 2014, 298쪽 참조.
20) 같은 책, 296쪽.
21) 같은 책, 304쪽.

우리는 여기서 두 가지 희소식을 찾을 수 있었다. 첫 번째는 경제학자들이 기본소득 보장만으로는 할 수 없는 방식으로 일자리와 보수를 늘릴 수 있는 개입 방안들을 개발해 왔다는 것이다. 두 번째는 혁신가들과 기업가들이 인간 노동을 대체하는 것이 아니라, 인간 노동을 보완하는 기술을 개발해 왔다는 것이다. 다시 말해, 디지털 도구는 경제에서 일자리를 뺏기만 하는 것이 아니다. 사람들이 일을 통해 경제에 기여할 새로운 기회도 창출한다. 기술이 계속 앞서 나갈 때, 최상의 접근법은 이 두 가지 희소식을 결합하고 노동자들이 경제를 유지하려 애쓰는 것이다. 그렇게 함으로써 볼테르가 말한 세 가지 악을 모두 피하고, 풍요로운 경제뿐 아니라 건강한 사회를 유지할 훨씬 더 좋은 기회를 얻게 될 것이다.22)

우리는 기술 행군을 멈추려는 시도나, 현재 일어나고 있는 기하급수적 성장, 디지털화, 조합적 혁신의 혼합물을 어떤 식으로든 무력화하려는 시도가 올바른 정책이라고 보지 않는다. 그런 정책은 모든 학교의 문을 닫고 모든 과학 문헌을 불태우는 것만큼이나 나쁠 것이다. 그런 시도는 기껏해야 개선이나 진보를 희생시키면서 현상 유지를 하는 꼴이 될 것이다. 이는 미래에 맞서 과거를 지키려고 애쓰는 것이다. 따라서 그런 시도는 미래의 기술을 방해함으로써 현재의 일자리를 지키려고 시도하는 셈이 될 것이다.23)

---

22) 같은 책, 298쪽.
23) 같은 책, 290쪽.

보론: 호모 사피엔스의 종말

현대는 역사상 처음으로 모든 인간이 기본적으로 평등하다는 사실을 인정하는 시대이며, 사람들은 이 사실을 자랑스러워한다. 하지만 우리는 이제 역사상 유례없는 불평등을 창조할 만반의 태세를 갖추고 있다. 역사를 통틀어 언제나 상류계급은 자신들이 하류계급보다 똑똑하고 강건하며 전반적으로 우수하다는 주장을 펼쳤다. 이들은 언제나 스스로를 속였다. 사실 가난한 농부에게서 태어난 아기의 지능은 황태자의 그것과 다를 바가 없다. 하지만 이제 새로운 의학적 능력의 도움을 받는다면, 상류계층의 허세가 머지않아 객관적 현실이 될지도 모른다. 이것은 과학소설이 아니다. 대부분의 과학소설 줄거리는 우리와 똑같은 사피엔스가 빛의 속도로 달리는 우주선이나 레이저 총 같은 우월한 기술을 지닌 세상을 그리고 있다. 거기서 핵심이 되는 윤리적, 지적 딜레마는 우리가 사는 이 세상에서 가져간 것들이다. 이런 소설은 미래를 배경으로 현재 우리의 정서적, 사회적 긴장관계를 재생산하는 데 불과하다.

하지만 미래 기술의 진정한 잠재력은 호모 사피엔스 자체를 변화시키려는 것이다. 단순히 수송 수단과 무기만이 아니라 우리의 감정과 욕망까지 말이다. 영원히 젊은 사이보그에 비하면 우주선은 아무것도 아니다. 이 사이보그가 번식도 하지 않고, 성별도 없으며, 다른 존재들과 생각을 직접 공유할 수 있다면 더욱 그렇다. 집중하고 기억하는 능력은 인간의 수천 배에 이르며, 화를 내거나 슬퍼하지 않는 대신 우리가 상상조차 할 수 없는 감정과 욕망을 가지고 있다면 말할 것도 없다. 과학소설이 이런 미래를 그리는 경우는 드문데, 왜냐하면 정의상 정확한 묘사가 불가능하기 때문이다. 한마디로 이해 불가능한 것이다. 어떤 슈퍼 사이보그의 삶에 대한 영화를 만든다는 것은 네안데르탈인 관객을 위해 연극「햄릿」을 만드는 것과 비슷하다. 아마도 우리와 미래의 주인공들의 차이는 우리와 네안데르탈인의 차이보다 더욱 클 것이다. 적어도 우리와 네안데르탈인은 같은 인간이지만, 우리의 후계자들은 신 비슷한 존재일 것이다.

물리학자들은 빅뱅을 특이점으로 정의한다. 그것은 알려진 모든 자연법칙이 존재하지 않는 지점이다. 시간도 존재하지 않았다. 그러므로 빅뱅 '이전'에 무엇이 존재했다고 말하는 것은 무의미하다. 우리는 새로운 특이점에 빠른 속도로 접근하고 있는지 모른다. 우리 세계에 의미를 부여했던 모든 개념 — 나, 너, 남자, 여자, 사랑, 미움 — 이 완전히 무관해지는 지점 말이다. 그 지점을 넘어서 벌어지는 일들은 그게 무엇이든 우리에게 아무 의미도 없다.[24]

---

24) 유발 하라리, 조현욱 옮김, 『사피엔스』, 김영사, 2015, 581-582쪽.

■ 참고문헌

닉 보스트롬, 조성진 옮김, 『슈퍼인텔리전스』, 까치, 2017.

에릭 브린욜프슨·앤드루 맥아피, 이한음 옮김, 『제2의 기계시대』, 청
    림출판, 2014.

클라우스 슈밥, 송경진 옮김, 『제4차 산업혁명』, 새로운 현재, 2017.

C. P. 스노우, 오영환 옮김, 『두 문화』, 사이언스북스, 2007.

레이 커즈와일, 윤영삼 옮김, 『마음의 탄생』, 크레센도, 2017.

유발 하라리, 조현욱 옮김, 『사피엔스』, 김영사, 2015.

유발 하라리, 김명주 옮김, 『호모데우스』, 김영사, 2015.

스콧 하틀리, 이지연 옮김, 『인문학 이펙트』, 마일스톤, 2017.

참고문헌

만프레드 가이어, 김광명 옮김, 『칸트 평전』, 미다스북스, 2004.

기대승, 성백효 외 옮김, 『국역고봉전서』 2, 민족문화추진회, 2007.

김상봉, 『호모 에티쿠스: 윤리적 인간의 탄생』, 한길사, 1999.

김양현, 「칸트 윤리학의 세 얼굴」, 『철학비평』, 제2호, 1999.

김예호, 『한비자』, 한길사, 2010.

김태길, 『윤리학』, 박영사, 1997.

F. 러벳, 김요한 옮김, 『롤스의 정의론 입문』, 서광사, 2013.

랄프 루드비히, 이충진 옮김, 『정언명령』, 이학사, 1999.

존 롤스, 황경식 옮김, 『사회정의론』, 서광사, 1985.

존 롤즈, 에린 켈리 엮음, 김주휘 옮김, 『공정으로서의 정의: 재서술』, 이학사, 2016.

리쩌 하우, 정병석 옮김, 『중국고대사상사론』, 한길사, 2013.

리우샤오간, 최진석 옮김, 『장자철학』, 소나무, 1997.

미조구치 유조, 정태섭·김용천 옮김, 『중국의 공과 사』, 신서원, 2006.

존 스튜어트 밀, 서병훈 옮김, 『자유론』, 책세상, 2005.

존 스튜어트 밀, 서병훈 옮김, 『공리주의』, 책세상, 2007.

롤랑 바르트, 김희영 옮김, 『텍스트의 즐거움』, 동문선, 2002.

쿠어트 바이어츠, 박창용·심지원 옮김, 『도대체 왜 도덕적이어야 하는가?』, 솔과학, 2009.

Wm. 시어도어 드 배리, 표정훈 옮김, 『중국의 '자유' 전통』, 이산, 1998.

제레미 벤담, 강준호 옮김, 『도덕과 입법의 원칙에 대한 서론』, 아카넷, 2013.

부산대학교 한국민족문화연구소 엮음, 『차이와 차별의 로컬리티』, 소명출판, 2013.

닉 보스트롬, 조성진 옮김, 『슈퍼인텔리전스』, 까치, 2017.

로지 브라이도티, 박미선 옮김, 『유목적 주체』, 여이연, 2004.

파스칼 브뤼크네르, 이창실 옮김, 『번영의 비참』, 동문선, 2003.

에릭 브린욜프슨·앤드루 맥아피, 이한음 옮김, 『제2의 기계시대』, 청림출판, 2014.

W. S. 사하키안, 송휘칠·황경식 옮김, 『윤리학의 이론과 역사』, 박영사, 1997.

루치르 샤르마, 이진원 옮김, 『애프터 크라이시스』, 더퀘스트, 2017.

조너선 색스, 임재서 옮김, 『차이의 존중』, 말·글빛냄, 2010.

마이클 샌델, 이창신 옮김, 『정의란 무엇인가』, 김영사 2010.

마이클 샌델, 안진환·이수경 옮김, 『왜 도덕인가?』, 한국경제신문, 2010.

마이클 샌델, 이양수 옮김, 『정의의 한계』, 도서출판 멜론, 2012.

서울대학교 철학사상연구소 엮음, 『처음 읽는 윤리학』, 동녘, 2013.

클라우스 슈밥, 송경진 옮김, 『제4차 산업혁명』, 새로운 현재, 2017.

벤자민 슈월츠, 나성 옮김, 『중국 고대 사상의 세계』, 살림, 1996.

C. P. 스노우, 오영환 옮김, 『두 문화』, 사이언스북스, 2007.

피터 싱어, 김성한 옮김, 『동물해방』, 인간사랑, 1990.

피터 싱어, 황경식 · 김성동 옮김, 『실천윤리학』, 철학과현실사, 1993.

피터 싱어, 정연교 옮김, 『이렇게 살아가도 괜찮은가』, 세종서적, 1996.

피터 싱어, 구영모 외 옮김, 『이 시대에 윤리적으로 살아가기』, 철학과현실사, 2008.

아리스토텔레스, 최명관 옮김, 『니코마코스 윤리학』, 서광사, 1984.

아리스토텔레스, 이창우 · 김재홍 · 강상진 옮김, 『니코마코스 윤리학』, 이제이북스, 2006.

J. L. 아크릴, 한석환 옮김, 『철학자 아리스토텔레스』, 서광사, 1992.

J. O. 엄슨, 장영란 옮김, 『아리스토텔레스의 윤리학』, 서광사, 1996.

왕광빈 해설, 황효순 편역, 『한비자』, 베이직북스, 2012.

이남석, 『차이의 정치: 이제 소수를 위하여』, 책세상, 2005.

이상수, 『한비자, 권력의 기술』, 웅진, 2010.

이상익, 『유가사회철학연구』, 심산문화, 2002.

이승환, 『유교담론의 지형학』, 푸른숲, 2004.

이진우, 『도덕의 담론』, 문예출판사, 1997.

임홍빈 외, 『동서철학에 나타난 공적 합리성 논쟁』, 철학과현실사, 2005.

임철규, 『눈의 역사, 눈의 미학』, 한길사, 2004.

진정염 · 임기염, 이성규 옮김, 『중국의 유토피아 사상』, 지식산업사, 1993.

채인후, 천병돈 옮김, 『맹자의 철학』, 예문서원, 2010.

임마누엘 칸트, 백종현 옮김, 『윤리형이상학 정초』, 아카넷, 2005.

레이 커즈와일, 윤영삼 옮김, 『마음의 탄생』, 크레센도, 2017.

크리스틴 M. 코스가드, 김양현 · 강현정 옮김, 『목적의 왕국: 칸트 윤리학의 새로운 도전』, 철학과현실사, 2007.

크리스틴 M. 코스가드, 강현정 · 김양현 옮김, 『규범성의 원천』, 철학과현실사, 2011.

폴 테일러, 김영진 옮김, 『윤리학의 기본원리』, 서광사, 2008.

찰스 테일러, 권기돈·하주영 옮김, 『자아의 원천들』, 새물결, 2015.

H. J. 페이튼, 김성호 옮김, 『칸트의 도덕철학』, 서광사, 1988.

토마 피케티, 장경덕 외 옮김, 『21세기 자본』, 글항아리, 2014.

안네마리 피퍼, 진교훈·유지한 옮김, 『현대윤리학의 입문』, 철학과현실사, 1999.

유발 하라리, 김명주 옮김, 『호모데우스』, 김영사, 2015.

유발 하라리, 조현욱 옮김, 『사피엔스』, 김영사, 2015.

스콧 하틀리, 이지연 옮김, 『인문학 이펙트』, 마일스톤, 2017.

악셀 호네트, 문성훈·이현재·장은주·하주영 옮김, 『정의의 타자』, 나남, 2009.

악셀 호네트, 강병호 옮김, 『물화: 인정이론적 탐구』, 나남, 2006.

존 호스퍼스, 최용철 옮김, 『인간 행위의 탐구』, 지성의 샘, 1996.

오트프리트 회페, 이상헌 옮김, 『임마누엘 칸트』, 문예출판사, 1997.

오트프리트 회페, 임홍빈 외 옮김, 『윤리학사전』, 도서출판 예경, 1998.

찾아보기

318

김양현은 전남대학교 철학과와 동 대학원을 졸업하였으며, 독일 뮌스터 대학교에서 철학, 사회학, 교육학을 공부하고 1997년에 철학박사학위를 받았다. 1999년부터 전남대 철학과 교수로 재직 중이며, 현재 전남대 인문대학 학장과 범한철학회 회장을 맡고 있다. 저서 및 역서로는 *Kantischer Anthropozentrismus und Ökologische Ethik*(칸트 철학의 인간중심주의와 환경윤리학, Münster, 1998), 『자유의 빛, 행복에의 염원: 윤리담론의 공간』(신지서원, 2005, 공저), 크리스틴 M. 코스가드의 『목적의 왕국: 칸트 윤리학의 새로운 도전』(철학과현실사, 2007, 공역)과 『규범성의 원천』(철학과현실사, 2011, 공역), 『병원인문학』(전남대 출판부, 2011, 공저), 『윤리학의 이해』(철학과현실사, 2011, 공저), 『한국 생태문학 연구총서』(학고당, 2011, 공저) 등이 있으며, 칸트 철학 및 실천윤리학과 관련한 다수의 논문이 있다.

장복동은 전남대학교 철학과에서 다산의 인간학 연구로 철학박사학위를 받았다. 현재 전남대 철학연구교육센터 전임연구원이며, 전남대 철학과에서 강의하고 있다. 동시에 '공부하는 시민, 세계시민적 시선'을 지향하는 시민자유대학 학장을 맡고 있다. 저서 및 역서로는 『다산의 실학적 인간학』(전남대 출판부, 2003), 『한국유학과 유교윤리』(문음사, 2004), 『소통인문학』(전남대 출판부, 2010, 공저), 『윤리학의 이해』(철학과현실사, 2011, 공저), 『19세기 호남유학의 재구성』(전남대 출판부, 2014, 공저)과 『주자대전』(한국학술정보, 2010, 공역), 『주자대전차의집보』(한국학술정보, 2010, 공역) 등이 있다. 주요 논문으로는 「정약용의 도덕철학에서 악의 문제」, 「정약용의 인식론과 실천윤리」, 「다산 경제 윤리의 실천구조와 경제적 합리성」, 「호남유학의 한국적 지평: 공공지식인의 출현과 그 사회적 역할」 등이 있다.

윤리학 강의

1판 1쇄 인쇄	2018년 2월 20일
1판 1쇄 발행	2018년 2월 25일
1판 2쇄 발행	2022년 3월 10일

지은이	김양현 · 장복동
발행인	전춘호
발행처	철학과현실사
출판등록	1987년 12월 15일 제300-1987-36호
	서울시 종로구 대학로 12길 31
	전화번호 579-5908
	팩시밀리 572-2830

ISBN 978-89-7775-807-0   93190
값 15,000원